热湖之国：吉尔吉斯斯坦

阿依古力·依明——编著

西南财经大学出版社

中国·成都

图书在版编目(CIP)数据

热湖之国:吉尔吉斯斯坦/阿依古力·依明编著.—成都:西南财经大学
出版社,2023.12
ISBN 978-7-5504-5669-3

Ⅰ.①热… Ⅱ.①阿… Ⅲ.①吉尔吉斯—概况 Ⅳ.①K936.4

中国版本图书馆 CIP 数据核字(2022)第 243654 号

热湖之国:吉尔吉斯斯坦

REHU ZHI GUO:JIERJISISITAN

阿依古力·依明 编著

策划编辑:孙 婧
责任编辑:李思嘉
责任校对:李 琼
封面设计:墨创文化
责任印制:朱曼丽

出版发行	西南财经大学出版社(四川省成都市光华村街55号)
网 址	http://cbs.swufe.edu.cn
电子邮件	bookcj@swufe.edu.cn
邮政编码	610074
电 话	028-87353785
照 排	四川胜翔数码印务设计有限公司
印 刷	四川五洲彩印有限责任公司
成品尺寸	170mm×240mm
印 张	15
字 数	273 千字
版 次	2023 年 12 月第 1 版
印 次	2023 年 12 月第 1 次印刷
书 号	ISBN 978-7-5504-5669-3
定 价	88.00 元

序

从中国西行,翻过天山山脉,就来到了年轻美丽的吉尔吉斯斯坦。说它年轻,是因为它充满蓬勃的活力;说它美丽,那真是当之无愧。在不到20万平方千米的国土上,有白雪皑皑的崇山峻岭,绿草如茵的山谷坡地,广袤无垠的田野草场,当然还有大自然慷慨赐予它的明珠——伊塞克湖。伊塞克湖烟波浩渺,横无际涯。近岸处湖水清澈见底,水天相接之处,一条长长的白线在晴朗的天空下泛着光,那是终年不化绵延不断的雪山。走进湖边的山谷,微风习习,流水淙淙,草木繁茂,风景如画。伊塞克湖,对我来说,始终有一种藏在深闺无人识的感觉。这里的人们要把他们的国家建设成亚洲的瑞士,就其自然禀赋而言,其完全具备这个条件。

在这片丰饶的土地上,生活着100多个民族,人数最多的当属吉尔吉斯族。他们的祖先是牧民。与他们交往时间久了,你可以感受到牧民的性格特点——坦诚、豁达、乐观,有点儿不拘细谨,鲜明地体现在他们身上。他们热情地邀请你到家里做客,同你一起大块吃肉,放声地笑,唱歌给你听。我尤其喜欢他们的歌曲,曲调悠远绵长,带着一丝丝的苍凉,让人一听就联想到生养他们的山川草木和悠久历史。

30年前,吉尔吉斯斯坦人的历史翻开了新的一页,他们迎来了独立。独立给他们带来了前所未有的发展机遇,也带来了严峻的考验。吉尔吉斯斯坦在过去庞大的苏维埃联盟中处于边缘地带,发展基础比较薄弱。计划经济体制给他们的劳动分工是向全联盟提供畜牧业产品和几种有色金属,别的东西几乎全部依靠从外面调拨进来,就是在这样的基础上他们着手建设自己的国家。令人高兴的是,他们取得了不俗的成就,克服了独立初期遇到的种种困难，走上了稳步发展的道路。30年来，在这条充满探索的道路上，他们有起有落。30年，对一个从头迈步、百业待兴的年轻国家来说，时间真的不算长。试想，哪个孩子在学步的时候没有跌过几次跤呢？重要的是它在成长，它需要成长的时间。请给它时间吧！如果可能，请伸以援手，在它需要的时候。

人们常说，利益是国家间关系的基础。这话不错。但我觉得，这话用在中吉关系上，似乎还不够。我认为，更重要、更起作用的是，双方对相互尊重、合作共赢这项国际关系原则的深刻理解和切实遵循。中吉双方坚信，信守这项原则的本身就是双方的利益所在，会给双方带来现实和长远的利益。

事实确实如此。中国尊重吉尔吉斯斯坦的独立，尊重并支持它按自己的意愿走自己的发展道路。吉尔吉斯斯坦赞赏中国的发展，为中国的成就由衷高兴。近些年来，中吉两国全方位的合作不断深入，为各自的发展赢得了良好的周边环境。

国之交在于民相亲。在推进"一带一路"建设的五大重要领域中，有一个领域就是要做到民心相通。这绝非偶然。在当前中国—中亚更加紧密地共建命运共同体形势下，新疆社会科学院的学者撰写的这本书可谓正当其时。这本书全面系统地介绍了吉尔吉斯斯坦，对加深中吉两国人民的了解，推动两国间的合作，无疑大有裨益。

中华人民共和国驻吉尔吉斯共和国前大使

张志明

2021 年 11 月

前言

　　吉尔吉斯斯坦地处中亚，是一个内陆国家，在地理上位于古丝绸之路的中段，是一个多民族聚居的国家。这里民族和谐、资源丰富，有得天独厚的矿产资源，也有优美的自然风光，人民生活悠闲，幸福感较高。独特的地缘位置让吉尔吉斯斯坦境内的丝绸之路成为连接东西方世界的重要走廊。近年来，中吉关系不断加深，中吉经济优势互补，不断助力中吉两国实现共同繁荣。吉尔吉斯斯坦也成为中国在中亚地区的重要战略伙伴。随着中国执行"与邻为善、以邻为伴""睦邻、安邻、富邻"的外交政策，中吉双边政治关系不断加强，促进了中吉在双边经贸合作内容上的不断丰富，层次不断提高。

　　传奇的丝绸之路已被时代赋予了更多内涵。依托中吉双边关系的不断升级以及"丝绸之路经济带"互联互通项目的建设，一条条"新丝绸之路"正在陆续铺开。在崭新的"陆上丝绸之路"不断延伸的同时，中吉两国的"空中丝绸之路"也在不断完善。吉尔吉斯斯坦不再是丝绸之路上的一个驿站，越来越多的中吉民众将对方国家作为旅行目的地。

　　吉尔吉斯斯坦于1998年加入世界贸易组织，贸易制度高度自由化，关税水平很低。多年来，吉尔吉斯斯坦已成为中国商品尤其是生活类消费品输往整个独联体地区的转口贸易中心。近年来，在上海合作组织框架内，中国向吉尔吉斯斯坦提供了大量援助、贷款，建设了一大批经济技术合作项目，以交通、电力等"互联互通"领域为主，这不仅带动了中国企业"走出去"，而且促进了吉尔吉斯斯坦经济发展。

　　吉尔吉斯斯坦除拥有丰富的水资源和生物资源外，矿产资源也较为丰富。中国企业在吉尔吉斯斯坦的矿业投资为该国提供了先进的采矿技术和大量资金，为吉尔吉斯斯坦带来了众多就业机会，并促进了相关地区经济发展。

2013年9月，习近平主席首次提出共建"丝绸之路经济带"。这一倡议是在上海合作组织比什凯克峰会召开前夕，在位于阿斯塔纳的纳扎尔巴耶夫大学演讲时提出的。它成为习近平主席在比什凯克对吉尔吉斯斯坦进行国事访问期间的讨论焦点。

中国领导人提出的建设"丝绸之路经济带"的倡议在亚洲地区国际化过程中将起到引领作用，并赋予这一过程具体的内涵。吉尔吉斯斯坦对这一倡议非常感兴趣。该倡议将为有关各方带来显著优势，最先创造的就是经济领域的优势。

中国石油天然气集团公司投资建设的中吉天然气管道项目，成为中国与中亚又一条"能源丝绸之路"，促进了中吉双方的能源合作。时任中石油中吉天然气管道有限公司常务副总经理的孟繁春在接受新华社记者采访时说，该项目的建设和运行是对"丝绸之路经济带"建设理念最好的诠释和实践。中吉天然气管道的建成投产，将为吉尔吉斯斯坦带来高额税收，创造大量就业机会，并培养一批管道建设、运行管理的专业人员。

中吉两国人民间的友谊已有2 000多年的历史。公元前138年汉武帝派使者赴西域，开辟了中国通向中亚的道路。与中国保持睦邻友好的关系符合吉尔吉斯斯坦人民的根本利益。近年来，中吉两国的合作显著加强。2013年9月，中国和吉尔吉斯斯坦的关系提升到更高水平——确立战略伙伴关系。确立战略伙伴关系后，两国在政治、经济、文化领域达成了很多协议。中国成为吉尔吉斯斯坦最大的投资国之一，计划在吉尔吉斯斯坦的投资总额超过30亿美元。在过去的一段时间内，中国政府为吉尔吉斯斯坦提供了数百万美元的贷款，用于建设高压变电站"达特卡"、建设"达特卡—科明"输电线、改造比什凯克中央热电站、建设"北南"公路，以及建设和经营"吉尔吉斯斯坦—中国"天然气管道。

中吉两国首脑也互动频繁。2018年6月，时任吉尔吉斯斯坦总统的热恩别科夫对中国进行了国事访问并出席上海合作组织成员国元首理事会第十八次会议，除了国务活动，热恩别科夫还专程访问了中国农业科学院。紧接着，2019年6月，中国国家主席习近平抵达比什凯克对吉尔吉斯斯坦进行国事访问，并出席上海合作组织成员国元首理事会第十九次会议。2021年，吉尔吉斯斯坦总统扎帕罗夫明确表示："中国是吉尔吉斯斯坦永远的邻居和朋友。我们为与中国建立全面战略伙伴关系感到自豪，并高度重视这种合作关系。"

中国是吉尔吉斯斯坦最大的贸易伙伴国之一。吉尔吉斯斯坦作为最早支持并积极参与共建"一带一路"的国家，历任国家领导人都表示共建"一带一路"倡议是中吉两国间实施合作项目以及发展基础设施的重要动力。吉尔吉斯斯坦将继续深化与中国在基础设施、交通运输、能源、旅游业、加工业、农业和采矿业等领域的合作，并已具备足够的条件扩大合作，为两国人民谋求更大的福利。中吉两国在大多数国际和地区问题上立场相似，并愿在开放和互信的基础上，在双边和上海合作组织等多边框架下保持密切合作，大力发展经济与人文交流与合作，进一步发展全方位的伙伴关系，这符合两国人民的利益。中国为吉尔吉斯斯坦的经济发展提供了大力援助，双方在较多领域建立起了卓有成效的合作关系，共同建设并丰富"一带一路"倡议的内涵，未来双方在政治、经济、社会、文化等多领域合作前景广阔。

唐朝诗人岑参在《热海行送崔侍御还京》中写道：

侧闻阴山胡儿语，西头热海水如煮。

海上众鸟不敢飞，中有鲤鱼长且肥。

岸旁青草长不歇，空中白雪遥旋灭。

蒸沙烁石燃房云，沸浪炎波煎汉月。

阴火潜烧天地炉，何事偏烘西一隅？

势吞月窟侵太白，气连赤坂通单于。

送君一醉天山郭，正见夕阳海边落。

柏台霜威寒逼人，热海炎气为之薄。

自独立以来，吉尔吉斯斯坦在政治上推行民主改革，致力于促进民族团结、振兴经济、消除贫困、改善人民生活。在经济上，吉尔吉斯斯坦稳步渐进地向市场经济转轨，推行以私有化改造为中心的经济体制改革，经济保持增长。在外交上，吉尔吉斯斯坦奉行平衡、务实的政策，以邻国、周边国家为重点，优先方向是维护和保障国家主权和领土完整，为经济发展创造良好外部条件。吉尔吉斯斯坦由于特殊的地理位置和资源优势，成为"丝绸之路经济带"建设中不可或缺的重要组成部分。相信在共建"丝绸之路经济带"倡议的带动下，吉尔吉斯斯坦的经济社会发展会迎来更美好的未来。

阿依古力·依明

2023 年 8 月

目录

第一章　基本概况

吉尔吉斯共和国，吉尔吉斯语"Qirghiz Respublikasi"意为"草原上的游牧民"，简称吉尔吉斯斯坦，是一个位于中亚的内陆国家，首都为比什凯克。1991 年从苏联独立。

第一节　地理环境

一、地理位置

吉尔吉斯斯坦是一个位于中亚的内陆国家，位于欧亚大陆的腹心地带。北面和东北接哈萨克斯坦，南邻塔吉克斯坦，西南毗连乌兹别克斯坦，东南和东面与中国接壤。其不仅是连接欧亚大陆和中东的要冲，还是大国势力东进西出、南下北上的必经之地。吉尔吉斯斯坦国土面积为 19.99 万平方千米，东西最长 925 千米，南北最长 454 千米。吉尔吉斯斯坦与邻国接壤的边界线总长 4 508 千米，其中与哈萨克斯坦 1 113 千米，与中国 1 049 千米，与塔吉克斯坦 972 千米，与乌兹别克斯坦 1 374 千米。

二、地形地貌

（一）地形特征

吉尔吉斯斯坦境内多山，素有"中亚山国"之称，其 1/3 地区的海拔达 3 000~4 000 米，4/5 的地区是重山叠峦的山地，群山之中雪峰谷地错落成趣，风光如画。山脉大致呈东西走向，地势高低悬殊（海拔从 7 000 多米到 400 多米），由东向西缓慢下降。其中，最高点为东部伊塞克湖州的胜利峰，海拔为 7 439 米；最低点为西南部巴特肯州莱列克区库伦达村附近，海拔为 401 米。

天山山脉和帕米尔—阿赖山脉绵亘于中吉边境，其中天山山脉西段盘踞境内东北部，西南部为帕米尔—阿赖山脉，高山常年积雪，多冰川。全国地势平均海拔为2 750米，90%的领土海拔在1 500米以上。低地仅占土地面积的15%，主要分布在西南部的费尔干纳盆地和北部塔拉斯河谷地一带。这种高山地形使吉尔吉斯斯坦拥有丰富的水力资源：在其境内有6个水力发电站，向邻近的几个国家提供电力。高山地形也为多种动植物的生长提供了良好的条件，山地之间有伊塞克湖盆地、楚河谷地等。牧场占国土总面积的43%。

（二）山脉

吉尔吉斯斯坦整片国土都处于天山和阿赖山山脉之中（景色如图1-1所示）。天山又被划分为中天山、内天山、北天山和西南天山。吉尔吉斯人称天山的支脉——吉尔吉斯阿拉套山为自己民族的摇篮。在吉尔吉斯斯坦北部、南部和中部均有海拔5 000米以上的冰峰雪岭。长度在300千米以上的山脉有卡克沙阿勒山（长582千米）、吉尔吉斯阿拉套山（454千米）、捷斯克依阿拉套山（354千米）、阿赖山（350千米）和突厥斯坦山（300千米）。海拔在5 000米以上的高山有：博兹克尔山（卡克沙阿勒山东段，平均海拔为6 100米）、埃尼勒切克山（平均海拔为5 100米）、梅里季奥纳勒内山（海拔5 050米）和阿舒乔尔山（海拔5 000米）。海拔在6 000米以上的山峰有：胜利峰（海拔7 439米）、坎捷尼尔套峰（海拔6 995米）、友谊峰（海拔6 800米）、阿舒乔尔山峰（海拔6 637米）和玛依巴斯山峰（海拔6 088米）。

图1-1　吉尔吉斯斯坦北部山脉

（三）河流

在吉尔吉斯斯坦境内，长度10千米以上的大小河流共计2044条，总长度大约3.5万千米。其中，大多数河流属于中亚第二大河——锡尔河水系。吉尔吉斯斯坦的河水80%靠消融的冰水供应，雨水在河水供应中所占的比重不大。最长的河是横贯吉尔吉斯斯坦的纳伦河。它源出中天山冰川，流经吉尔吉斯斯坦境内535千米，流域面积达5.37万平方千米，平均流量为429立方米/秒。河上建有著名的托克托古尔水电站和乌奇库尔甘水电站。纳伦河由东向西流入乌兹别克斯坦后与卡拉河汇合而成锡尔河。在吉尔吉斯斯坦北部，源出天山的楚河流经吉尔吉斯斯坦国境内260千米，流域面积达2.2万平方千米；平均流量为70立方米/秒，由东向西穿过伊塞克湖盆地、楚河盆地，逐渐消失于沙漠。河上建有奥尔托—托科依水库。该河河水可用于灌溉，但不能通航。楚河流域西北方是塔拉斯河流域（见图1-2）。塔拉斯河流经吉尔吉斯斯坦境内294千米，其上游平均流量大约为15立方米/秒。塔拉斯河向西穿越塔拉斯河谷，在哈萨克斯坦穆云库姆沙漠消失。吉尔吉斯斯坦的主要河流还有：克孜勒苏河（长222千米）、恰特卡尔河（长205千米）、萨雷贾兹河（长198千米）、阿克苏河（长167千米）、阿克赛河（长124千米）、秋普河（长120千米）和吉尔加兰河（长97千米）。

图1-2 塔拉斯河

（四）湖泊

吉尔吉斯斯坦境内有1923个湖泊，湖泊的水面总面积为6836平方千米，占国土面积的3.4%。绝大多数（94.8%）湖泊的水面面积不足1平方千米；

1平方千米以上的湖泊只有16个。84%的湖泊分布在海拔3 000~4 000米的山区。吉尔吉斯斯坦前三大湖泊分别是伊塞克湖、索恩湖和恰特尔湖。第一大湖伊塞克湖在伊塞克湖州的西北部，由118条高山河流汇集而成（景色如图1-3、图1-4所示）。该湖泊的面积为6 236平方千米，湖长为178千米；最大宽度为60千米，平均宽度为35千米；最大深度为668米，平均深度278.4米；湖岸线长688千米；蓄水量为1 738立方千米；位于海拔1 607米的高山上。就海拔高度和水面面积而言，伊塞克湖是仅次于南美洲玻利维亚和秘鲁的喀喀湖的世界第二大高山湖泊。湖水冬季不结冰，其表层温度在20℃（夏季）至4℃（冬季）之间升降。伊塞克湖的吉尔吉斯文为"伊塞克库利"，即"热湖"之意。

图1-3　碧波万顷的伊塞克湖

图1-4　夕阳西下的伊塞克湖

该湖无出口，湖水矿化不断加重。从 19 世纪中叶到 20 世纪末（1856—2000 年），该湖湖面高度下降了 8.5 米。20 世纪 80 年代末，湖面高度呈现稳定回升的趋势（3~13 厘米）。第二大湖索恩湖和第三大湖恰特尔湖都在与伊塞克湖州相毗邻的纳伦州。索恩湖湖面高度为 3 016 米，水面面积为 270 平方千米，最深处为 22 米（另一说为 15.1 米），平均深度为 9.2 米，湖长 29 千米，最大宽度为 18 千米，平均宽度为 9.6 千米，蓄水量为 2.64 立方千米，湖岸线长 96 千米。索恩湖为淡水湖，由 18 条小河注入、汇集而成，结冰期长达 9 个月。恰特尔湖湖面高度 3 520 米，水面面积为 161.1 平方千米，最深处达 19 米，绝大部分湖水深度为 2~3 米，湖长 22.8 千米，最大宽度为 10.5 千米，平均宽度为 7.4 千米，蓄水量为 0.85 平方千米，湖岸线长 58.5 千米。该湖由 24 条小河注入、汇集而成，水微咸，一年中大部分时间被封冻，最近 100 多年湖面高度下降了 4 米。

三、气候

吉尔吉斯斯坦地处欧亚大陆的中心，离海洋远，距沙漠近，为干旱的大陆性气候。大部分地区属温带，南部属亚热带，四季分明。年降水量中部为 200 毫米，北部和西部为 800 毫米。由于山区地形复杂以及受伊塞克湖的影响，吉尔吉斯斯坦的气候具有多样性。有的地区气候为极端大陆性气候，有的地区气候则近似海洋性气候。冬夏日照时间相差很大。有人曾形象地描写，夏季在吉尔吉斯斯坦旅游，一天之内既可以看见赤日炎炎的谷地、百花盛开的高山草原，也可以看到高耸云霄、布满皑皑白雪的冰峰。太阳辐射是影响气温的重要因素之一。6 月日照时间一般在 10 个小时以上，而 12 月日照时间只有 5~6 个小时，山间峡谷日照时间则更短。吉尔吉斯斯坦科学界根据本国地势的海拔高度划分出以下四个具有明显差别的气候带。

（一）谷地山麓气温带

谷地山麓气温带（海拔 500~1 200 米）的气候特点是夏季炎热（气温达 28 ℃），冬季不太冷，且无雪，降水量很少。这一地区，特别是在费尔干纳山麓，具有亚热带气候特点，平均温度为 20~25 ℃，1 月为 -4~-7 ℃，夏季最高温度可达 44 ℃。随着地势高度上升，高温降至 27~30 ℃，冬季绝对最低温度为 -22~-30 ℃，有些地方（如托克托古尔水电站和楚河水电站）达到 -40 ℃。

（二）中山气候带

中山气候带（海拔 900~2 200 米）是典型的温带气候。其夏季温和，冬季不太冷，经常下雪。平均气温 7 月为 18~19 ℃，1 月为 7~8 ℃，而 12 月和

2月一般为 3~5 ℃。在海拔 1 000~1 500 米的地区，无霜期会持续 7 个多月。

（三）高山气候带

高山气候带（海拔 2 000~3 500 米）的特点是夏季凉爽，冬季寒冷。其中，有些地方冬季多雪。平均温度 7 月为 11~16 ℃，1 月为 -8~-10 ℃。冬季时间长（当年 11 月至次年 3 月）。在这个气候带的最高处，无霜期缩至 3~4 个月，甚至更短。夏季有时温度会降至 0 ℃以下。

（四）雪原气候带

雪原气候带（海拔 3 500 米以上）的特点是气候严寒，到处是积雪冰川。在该气候带的低处，平均气温 7 月为 -4~-7 ℃，1 月为 -10~-22 ℃。因海拔不同，其地区气候各异：地势越高的地区，气温越低。地区方位不同，气候也不一样：最温暖的地区是位于西南和南部的巴特肯州、奥什州和贾拉拉巴德州的谷地山麓地区（景色如图 1-5 所示），这里年平均温度为 11~13 ℃；而地处北部山区的阿克赛、恰特尔湖等地区气温较低，年平均温度为 -8 ℃。其中，阿克赛区堪称吉尔吉斯斯坦的"寒极"地区，有纪录的绝对低温为 -53.6 ℃。

图 1-5　绿荫掩映下的谷地山麓

吉尔吉斯斯坦的降水量分布非常不均衡。有些地方雨量丰沛（年降水量为 1 500 毫米）；更多地方（特别是沙漠地带）降水量很少（年降水量为 150~200 毫米）；也有一些地方年降水量适中，达 500~800 毫米。降水量明显较多的是费尔干纳山脉西南坡的中山气候带（年降水量为 1 000 毫米）、吉尔吉斯阿拉套山北坡的高山气候带和雪原气候带、恰特卡尔山坡（年降水量为 1 000 多毫米）以及克明谷地和伊塞克湖地区东部（年降水量约为 900 毫米，见

图 1-6）。雨量偏少的地区是塔拉斯谷地和楚河谷地（年降水量为 250~500 毫米）、奥什州和贾拉拉巴德州的谷地山麓气候带（年降水量为 300~700 毫米）以及内天山和中天山的大部分地区（年降水量为 200~300 毫米）。雨水最无保障的地区是伊塞克湖西岸（巴雷克奇地区，年降水量为 110 毫米）、费尔干纳地区（巴特肯地区，年降水量为 156 毫米）以及奥什、贾拉拉巴德州的某些高山地区（阿尔腾马扎尔，年降水量为 184 毫米）。

图 1-6　伊塞克湖地区东部山麓

吉尔吉斯斯坦各地的日照情况因受多种因素影响而各不相同。首都比什凯克阳光充足，一年中平均有 322 天晴天，日照时间将近 2 590 个小时。琼克孜勒苏谷地年均日照时间为 1 698 个小时，多隆山口年均日照时间为 2 655 个小时。位于内天山的卡拉科尔水文气象站的年均日照时间为 2 965 个小时，而位于该水文气象站靠南一点并高出 100 米的萨雷塔什水文气象站的年均日照时间则为 2 595 个小时。在伊萨克湖西岸地区，冬季多半是晴朗天气，其年均日照时间（2 881 个小时，巴雷克奇）比伊塞克湖东岸（2 670 个小时，卡拉科尔）要长。

第二节　自然资源

吉尔吉斯斯坦的自然资源较丰富。就其总量而言，虽不及邻国哈萨克斯坦和乌兹别克斯坦，但仍具有一定的优势。该国国土资源分布为：农业用地占比55.3%，森林占比5.1%，其他占比39.6%。资源生态特点：自然资源和生态环境适宜于发展农牧业，耕地资源丰富，天然牧场面积大，呈现出以农牧业为主导的产业结构。畜牧业作为农业的重要组成部分，在吉尔吉斯斯坦的许多地区，畜牧生产是农村经济的支柱。另外，人们在吉尔吉斯斯坦境内共发现各类矿产地2 000多处，该国拥有化学元素周期表中的所有元素。目前得到工业开发的仅是部分矿产资源，许多资源的储量和分布情况有待进一步勘探研究，以确定开发前景。据有关统计，现有探明储量的优势矿产有金、钨、锡、汞、锑、铁等。国民经济支柱产业是"四金"：黄金、"白金"（棉花）、"黑金"（石油）、"蓝金"（天然气）。

一、土地资源

吉尔吉斯斯坦地处内陆，在海拔2 000～5 000米的山区分布着草甸草原和高山、亚高山草原。山坡和谷地上生长着野生植物。北部和西部的河谷和盆地气候干旱，土壤多为钙质灰土，相当肥沃。全国适宜于农牧业的土地达10.8平方千米。其中，牧场和天然割草场面积超93 400平方千米，占农牧业用地的86%以上；耕地面积达1.37平方千米，仅占农牧业用地的12.7%。大部分耕地分布于海拔1 200～1 600米的地区，几乎都需要人工灌溉，受气候条件影响较大。

吉尔吉斯斯坦具有发展生态农业的所有基础条件，大部分可耕地具有有机等级，85%的牧场、高山和山麓符合生态生产的要求。

二、水资源

吉尔吉斯斯坦境内河流湖泊众多，水力资源极其丰富，尤其是大量清洁水和蓄水水体资源——这是大自然对该国最重要的馈赠。吉尔吉斯斯坦拥有既能满足国内市场又能对邻国出口电能的强大能力，水能蕴藏量在独联体国家内居前三位，拥有相当可观的水能资源储备和工业潜力。其潜在水能发电能力为1 420.5亿千瓦时，仅次于俄罗斯和塔吉克斯坦，但是目前仅开发利用了10%

左右。吉尔吉斯斯坦仅在纳隆河上的 34 个水电站中，就可以建设 8 个梯级电站。未来的梯级电站的总装机容量为 6 450 兆瓦时，多年以后的年平均发电量将超过 250 亿千瓦时。

吉尔吉斯斯坦国内主要有纳伦河、恰特卡尔河、萨雷查斯河、楚河、塔拉斯河、卡拉达里亚河、克孜勒苏河等。其中的纳伦河是亚洲著名大河锡尔河的最大支流，发源于阿克什拉克山冰川，全长 800 多千米，在吉尔吉斯斯坦境内长 535 千米。纳伦河集水区面积达 5.37 万平方千米，占全国领土面积的 27%，平均流量上游为 90 立方米/秒，下游为 429 立方米/秒。纳伦河从发源地到河口的水位落差高达 3 000 米，具有巨大发电潜能，仅纳伦河水力发电提供的电力就占吉尔吉斯斯坦全国发电量的 95%。纳伦河除了能发电还能蓄水灌溉，如托尔托古水电站的水库蓄水量就多达 200 亿立方米，可灌溉 0.4 万平方千米的土地。

吉尔吉斯斯坦的主要湖泊有伊塞克湖、松格里湖、萨雷切列克湖等（见表 1-1），多分布在海拔 2 000 米以上的地区。湖泊资源的首要价值，就是欣赏价值。湖泊的面积与形状，水面大小差异，都给人不同的感受。大水面给人以浩瀚无际之美，岸线曲折给人以幽静深远之感，水色纯净，因矿物质展现不同颜色之美。该国大多数湖泊位于崇山峻岭，是天然的高山冰川湖，湖水清澈，终年不冻，风景优美，具有极高的欣赏价值。湖泊的另一个重要价值，是为生物的重要活动创造条件。该国湖泊由于湿润的环境，适合于许多生物的生长，包括大量的湿生、水生植物，丰富的鱼类和水生微生物，形成了独特的湖泊生物圈。另外，湖泊影响内陆水循环，陆地水库对当地气候条件、湿度增加和温度波动减少有重大影响。湖泊同时广泛用于渔业、供水、矿物开采、港口废水处理、娱乐、旅游和体育。须注意的是，吉尔吉斯斯坦必须综合、合理地使用水和其他湖泊资源，考虑保护天然资源（水、土地、鱼类等）的要求。保护湖泊自然资源（特别是没有排水的湖泊）与这些湖泊的河流流域的合理利用和保护水资源密不可分。

表 1-1 吉尔吉斯斯坦主要湖泊一览

湖泊	海拔/米	表面积/平方千米	体积/万立方米
伊塞克湖	1 606	6 236	173 800 000
松格里湖	3 013	270	264 000
密堤尔库湖	3 530	153.5	61 000
萨雷切列克湖	1 873	4.9	48 300

表1-1(续)

湖泊	海拔/米	表面积/平方千米	体积/万立方米
克孜勒苏湖	3 514	4.5	33 800
卡拉苏湖	2 022	4.2	22 300
恰伦湖	2 856	3.3	11 800
爱古斯湖	2 937	1.0	5 700
卡拉达里湖	2 876	1.1	4 900

数据来源：据吉尔吉斯斯坦新观察搜集整理。

"详实网" 2023 年 1 月报道，哈萨克斯坦、吉尔吉斯斯坦、乌兹别克斯坦能源部门负责人就共建"卡姆巴尔阿塔 1 号水电站"（KambarataHPP-1）达成一致意见，三国能源部长签署项目实施路线图，已开始执行吉、哈、乌三国领导人 2022 年中亚国家元首峰会上通过的决定。

卡姆巴尔阿塔 1 号水电站将成为吉尔吉斯斯坦最大的发电站，也是该国独立以来建设的最大基础设施项目，能为中亚国家提供足够的电力，并稳定该地区的供水。新水电站将位于纳伦河上游，在托克托古尔水电站上游，因此梯级水电站将节约用水量。河水流经卡姆巴尔阿塔 1 号水电站后，保留在该水电站水库中。冬季蓄水，夏季放水灌溉三国农田，并用于发电，各方都能从中获利，因此该项目将以由吉、哈、乌三方共同投资建设。据吉尔吉斯斯坦能源部长塔莱贝克·伊布拉耶夫称，该水电站的建设准备工作已开始。塔莱贝克说："KambarataHPP-1 的建设对三个邻国（特别是吉尔吉斯斯坦）是有利的。我国应成为不进口电力的国家，相反，应出口电力。如果我们与邻国共同建设这个水电站，将消除我国严重电荒。目前，正在为建设水电站、必要的道路、桥梁、输电线、施工场地进行准备。"建成后，该水电站发电量为 1 860 兆瓦，年发电量为 55 亿千瓦时。同时，托克托古尔水电站装机容量为 1 200 兆瓦，年发电量约为 40 亿千瓦时。卡姆巴尔阿塔 1 号水电站大坝高度为 275 米（托克托古尔水电站大坝高 215 米）。该项目工程量很大，成本很高，但该水电站对吉尔吉斯斯坦发展意义重大。根据三方协议，各方将在项目中拥有大致相等的份额，吉方保留 34%，哈方、乌方各获得 33%。

三、石油和天然气资源

吉尔吉斯斯坦的石油和天然气主要分布在费尔干纳谷地，其中有 7 个石油开采区、4 个石油和天然气开采区、2 个天然气开采区、1 个石油和天然气及凝析油开采区。石油、天然气储量尚未完全探明，油页岩储量大约为 6 500 万吨。吉尔吉斯斯坦的石油资源很少，但石油开采历史非常悠久，从 1898 年就开始钻井，1903 年第一口油井开始生产。截至 2015 年年底，吉尔吉斯斯坦的石油储量为 0.05 亿吨，吉尔吉斯斯坦每年约 95% 的原油需求量须依靠进口。吉尔吉斯斯坦在地质调查勘探中，通过对山间盆地进行勘探分析，发现盆地中不仅有小型油田，还有大型的天然气田。据统计，吉尔吉斯斯坦已探明的石油储量为 1.013 亿吨，天然气为 72.6 亿立方米。勘探结果表明，吉尔吉斯斯坦的石油和天然气前景还是比较乐观的。

四、煤炭资源

吉尔吉斯斯坦的煤炭资源比较丰富，产于中生代坳陷边缘的侏罗纪地层中，主要分布在西部，东北部次之。其中，西部占 65%，纳伦州占 33%，伊塞克湖州占 2%。吉尔吉斯斯坦煤炭以褐煤为主，烟煤次之，还有少量无烟煤，均赋存于侏罗纪地层，其中约有一半储量可在露天开采。褐煤分布较广，主要分布在西部的南费尔干纳盆地、阿赖盆地、中部的卡瓦克盆地（或称卡夫克盆地、卡拉克切盆地）及东北部的南伊塞克—库尔盆地，共有大型煤矿 7 座，中、小型煤矿 10 座，其中以南费尔干纳盆地中的苏利乌克塔煤矿规模最大，次之的是尚未开发的苏布拉煤矿，见表 1-2。卡瓦克盆地的科克莫伊纳克、明古什、卡拉杰切煤矿有少量开采，东北部的南伊塞克—库尔盆地只有个别煤矿在开采，阿赖盆地等其他盆地中的煤层尚未开发。烟煤分布在北费尔干纳盆地、乌兹根盆地、阿克塞盆地及南伊塞克—库尔盆地，共有 7 座大型煤矿，10 座中型煤矿。其中以北弗尔干纳盆地的梅利萨煤矿最大。塔什库姆尔煤矿煤质较好，但煤炭中含有较多放射性物质，燃烧后会对环境造成较大危害。

表 1-2　南费尔干纳盆地和北费尔干纳盆地的主要煤矿情况

含煤盆地	煤田或煤矿	含煤地层厚度/米	可采煤层		煤质			
			层数	厚度/米	水分/%	灰分/%	硫分/%	发热量/(兆焦·千克)
南费尔干纳	苏利乌克塔煤矿	600	11	1~10	—	—	—	—
	苏布拉煤矿	114~814	24	1.4~8.4	—	—	—	—
北费尔干纳	梅利萨煤矿	—	2	2~10	6	20	2	20.91~23

数据来源：正点国际网站。

吉尔吉斯斯坦已探明的煤矿共有 70 处，主要分布在南费尔干纳盆地、北费尔干纳盆地、卡瓦克盆地、阿赖盆地、乌兹根盆地、阿拉布卡—恰德尔库里盆地、南伊塞克—库尔盆地、东楚河盆地和阿克塞盆地 9 个盆地中，如表 1-3 所示。

表 1-3　吉尔吉斯斯坦主要含煤盆地及其主要煤田或煤矿

序号	盆地名称	主要煤田或煤矿
1	南费尔干纳盆地	别什布尔汗煤田、苏柳克塔市的 11 号煤田、苏柳克塔煤矿、克孜勒基耶煤矿、阿普舍尔煤矿、卡拉梅克煤矿、苏利乌克塔煤矿、苏布拉煤矿
2	北费尔干纳盆地	塔什库姆尔煤矿、卡拉杜特煤矿、杰根涅克煤矿、梅利萨煤矿
3	卡瓦克盆地	卡瓦克煤田的科克莫伊纳克煤矿、明古什煤矿、卡拉杰切煤矿
4	阿赖盆地	阿赖煤田
5	乌兹根盆地	乌兹根煤田
6	阿拉布卡—恰德尔库里盆地	阿拉布卡煤田
7	南伊塞克—库尔盆地	南伊塞克—库尔煤田
8	东楚河盆地	东楚河煤田
9	阿克塞盆地	阿克塞煤田

数据来源：正点国际网站。

五、金属矿产

在吉尔吉斯斯坦的国家矿业资源名录上，登记着约 400 处矿藏，有的已经得到勘探，有的还处于勘探阶段。黄金、稀有金属和稀土以及非矿山资源的储量具有特殊意义，其开发将增加国内生产总值和国家预算的税收收入。吉尔吉斯斯坦矿产资源的远景储量和金属矿物的预测储量，见表 1-4。

表 1-4　矿产资源的远景储量和金属矿物的预测储量

种类	矿藏数量/处	预测资源储量/万吨
铁	12	179 140
铝（铝土矿）	10	4 706.79

表1-4(续)

种类	矿藏数量/处	预测资源储量/万吨
铝(霞长岩)	2	40 540.3
铜	29	647.03
铅	27	91.2
锌	27	45.29
锡	14	27.77
钨	20	27.62
钼	18	10.6
汞	29	4.83
锑	33	77.08
稀土	11	7.51
生金	70	0.212 37
砂金	63	0.002 56
银	37	0.740 65
铀	22	3.12

数据来源：根据吉尔吉斯斯坦驻华大使馆发布数据搜集整理。

（一）贵重金属

1. 黄金

吉尔吉斯斯坦的金矿资源以原生岩金为主，砂金矿资源有限且规模小。岩金矿几乎遍布全国，主要集中在北天山构造带及南天山构造带西南部。金矿床多属热液型单一金矿床，另有少量矽卡岩型、斑岩型和层控型等伴共生矿床，如铜—金矿床、钨—金矿床、锑—金矿床、钴—金矿床、铋—金矿床等。

吉尔吉斯斯坦的主要黄金矿区有以下8个：①马克马尔矿区（在贾拉拉巴德州托古兹—托罗乌斯区）；②热尔—乌伊矿区（在塔拉斯市东南65千米处）；③库姆托尔矿区（在伊塞克湖州热季—奥古兹区），在海拔3 900~4 150米处，库姆托尔矿区已跻身于世界十大金矿之列；④索尔通—萨雷矿区（在纳伦州纳伦区）；⑤河左岸塔尔迪布拉克矿区（在楚河州克明区，于1963年开发）；⑥库兰—扎伊矿区（在楚河州克明区），海拔2 000~2 200米；⑦捷列克矿区（在贾拉拉巴德州恰特卡尔区）；⑧库鲁—捷格列克矿区（位于贾拉拉巴德州恰特卡尔区）。

吉尔吉斯斯坦自然资源、生态和技术监督部下属地质矿产与资源署于2022 年 12 月 14 日在其官网公布了吉尔吉斯斯坦政府《2023—2035 年地质和采矿业发展规划（草案）》，数据显示，吉尔吉斯斯坦黄金矿储量约为 856吨，砂金矿有 99 个，储量合计 7.364 吨；岩金矿有 59 个，储量合计 848.636吨。2022 年吉尔吉斯斯坦境内有效的探矿许可证数量为 258 个，与 2021 年相比少了 12.5%。

吉尔吉斯斯坦有 14 家矿企在以下 9 个原生岩金矿进行开采：库姆托尔（Кумтор）、马克马尔（Макмал）、索尔顿—萨里（Солтон - Сары）、杰鲁伊（Джеруй）、特雷坎（Тереккан）、伊斯坦贝迪（Иштамберды）、贾姆吉尔（Джамгыр）、卡拉卡兹克（Караказык）、塔尔迪—布拉克左岸（Талды -Булак Левобережный）。

砂金矿主要位置如下。贾拉拉巴德州：苏鲁—特格雷克（Сулу-Тегерек）、卡拉秋贝—布祖克（Каратюбе Бузук）、贝玛克（Баймак）、伊斯塔姆贝迪（Иштамберды）、昌纳赫（Чанач）。纳伦州：库姆贝尔苏（Кумбельсу）、京迪（Кынды）。楚河州：托克伊鲁（Токойлуу）、卡拉布拉克（Карабулак）。

据 2021 年年底统计，当年吉尔吉斯斯坦矿企黄金开采量为 25.116 吨，其中 66.9% 来自库姆托尔金矿。库姆托尔是吉尔吉斯斯坦最大金矿，产值占该国国内生产总值的 8% 左右。

吉尔吉斯斯坦的金矿原先只由本国和俄罗斯矿企经营，20 世纪 90 年代加拿大库姆托尔金矿公司进入该国。近年来，由于吉尔吉斯斯坦立法保护外国投资、投资环境相对宽松、现行政策鼓励外国投资者参与其矿产资源勘探开发，在"走出去"战略的指引下，外国的许多矿业公司对该领域的投资热情日益高涨。吉尔吉斯斯坦的金矿开采企业主要有：加拿大的库姆托尔金矿公司（开发库姆托尔金矿）、中国的富金矿业公司（开发伊什塔姆别尔德金矿）；哈萨克斯坦的哈萨克米斯吉尔吉斯斯坦金矿公司（开发博济姆恰克金、铜矿）；中国紫金矿业公司。

其中库姆托尔金矿公司（Kumtor Gold Company）简介如下：1994—2004年由加拿大卡梅克集团（Cameco Corp.）依照产品分成协议开发，金矿公司免交各类税费，但开采出来的黄金 2/3 归吉尔吉斯斯坦政府，1/3 归卡梅克公司。2004 年后转由卡梅克集团和吉尔吉斯斯坦政府共同组建的合资企业森泰拉黄金公司（Centerra Gold Inc.，在加拿大注册）开发，依照股权比例分配利润。

2009 年 4 月 24 日，吉尔吉斯斯坦政府同森泰拉公司签订为期 15 年（2010—2025 年）的库姆托尔金矿开发合作协议，约定吉尔吉斯斯坦政府掌握企业的股权由 15.7% 提高到 33%（新股权结构：加拿大卡梅克集团 37.8%、吉尔吉斯斯坦政府 33%、私人股东 29.2%），在董事会的席位增加到 2 人，并规定企业不得发行新股稀释股权。预计库姆托尔金矿企业每年向吉尔吉斯斯坦政府缴纳的各类税费总额约占该企业总收入的 21% 以上（其中，环境污染费每年为 31 万美元、土地使用费约为 500 万美元）。

但是，加拿大森特拉黄金公司与吉尔吉斯斯坦政府间对库姆托尔金矿开发存在分歧，公司自 2012 年起就没有在勘探工作方面投入资金。该矿可采年限只有 8~10 年。

2. 白银

吉尔吉斯斯坦只有一个银矿区——库穆什塔克矿区比较有名。它位于塔拉斯山北坡。这里的银矿古代就已开始开采。矿石中含银量为 302 克/吨。估计银的储量为 6 240 吨。除了白银，人们还能从矿石中提取金、砷、铅、锑、锌、铜和硫磺等。

（二）黑色金属

1. 铁矿

铁矿主要分布在塔拉斯州、纳伦州、巴特肯州、贾拉拉巴德州和楚河州。在这些地区的几十个铁矿区中，其中规模较大的矿区有以下五个：①巴拉奇奇坎矿区（在塔拉斯山脉脚下，塔拉斯市以东 30 千米处）估计铁储量为 5.353 7 万吨，可进行露天开采。②热季姆矿区（在纳伦市以东 60 千米处）1956 年被发现。这里铁矿石储量为 55 亿吨，矿石中含铁量为 15.4%~46.3%，铁的储量大约为 17.4 亿吨。③纳迪尔矿区（在巴特肯州卡姆扎伊区）1931 年被发现。铁矿石储量为 24.23 亿吨，矿石中含铁量为 42%，铁储量为 10.19 亿吨。④加瓦矿区（在贾拉拉巴德州阿拉—布金区）估计铁矿石储量为 25.76 亿吨，矿石中的含铁量为 38.8%，铁储量为 10 亿吨。⑤下克明矿区（在楚河州克明区）铁矿石中的含铁量为 20%~51.8%，估计铁储量为 240 万吨。

2. 锰矿

锰矿主要分布于贾拉拉巴德州和伊塞克湖州 20 多个规模不大的矿区。其中四个矿区最有价值：①卡拉—阿尔马锰矿区在贾拉拉巴德市西北 50 千米处的苏扎区。该矿区由两个矿体组成，其中一个矿体长 300 米，锰矿石储量为 48.57 万吨，含锰量为 6.0%，锰的储量为 2.91 万吨。②阿尔恰雷锰矿区在热季姆山脉北坡阿尔恰雷河右岸伊塞克湖州通区。锰矿石储量为 210 万吨，矿石中平均含锰量为 10%。③卡拉—日尔加锰矿区在贾拉拉巴德州阿克瑟伊区。锰矿石储量大约为 172.8 万吨，平均含锰量为 14.4%，锰的储量为 24.88 万吨。④托索尔锰矿区（在伊塞克湖州通区）共勘查出 10 个矿体，其中 3 个规模较大。锰矿石估计储量为 133.34 万吨，平均含锰量为 2.58%，锰的储量为 3.14 万吨。矿石中除了锰还含有少量的钨。

（三）有色金属

1. 铝矿

吉尔吉斯斯坦主要铝矿区有两个：①桑迪克矿区在纳伦州朱姆加尔区。该矿区的霞石正长岩中含铝量为 1.47 亿吨。②扎尔达列克矿区在巴特肯州阿赖山脉北坡扎尔达列克河上游。在该矿区的霞石正长岩、二长岩和正长岩等矿石中含铝量为 22%，铝储量为 2.02 亿吨。

2. 铜矿

铜矿主要分布在北天山中部和东部。主要铜矿区有以下五个：①库鲁—捷格列克矿区在贾拉拉巴德州恰特卡尔区。②博兹—埃切克矿区位于恰特卡尔山脉的西南坡加瓦河右岸，铜的储量为 20.34 万吨。③塔尔迪布拉克矿区在塔拉斯州。这里铜的储量为 50~70 吨。④北方矿区在焦—阿舒山口西侧。矿石中含铜量为 0.27%，铜的储量大约为 186.33 万吨。⑤库姆别利矿区在纳伦州纳伦区。这里矿石成分复杂，除了铜还含有钨、金、铋、钼、铅、钴、镍、锌、铁、银等。1941—1955 年该矿区曾进行过开发，但铜矿的真实储量无法确定。此外，人们在吉尔吉斯阿拉套山、中天山等地也发现了规模不大的铜矿产区。

3. 锡矿

锡矿主要分布于吉尔吉斯阿拉套山西部。主要锡矿区有以下四个：①"劳动"矿区在伊塞克湖州阿克苏伊区。矿石中平均含锡量为 0.64%，估计锡储量为 14.913 5 万吨。②乌奇—科什孔矿区在伊塞克湖州热季奥古兹区。矿石中平均含锡 0.54%，估计锡储量为 6.065 6 万吨。③萨雷—布拉克矿区在伊塞克湖州热季奥古兹区。矿石中平均含锡量为 0.62%，含锑量为 3.04%，含锌量为 2.75%，含铜量为 0.65%，含银量为 93 克/吨。估计锡储量为 1.000 4 万吨。④阿特—扎伊洛矿区在伊塞克湖州—阿克苏伊区，锡储量为 1 338 吨。矿石中除了锡还有萤石、银和铋等。

4. 钼矿

吉尔吉斯斯坦已发现几个小型钼矿区，但目前都没经营开发。其中只有一个稀土多金属矿区——克图赛 2 号矿区的钼矿比较引人注目。这个综合型矿区位于楚河州克明区克明镇以西 43 千米处。矿石中平均含钼量为 0.012%，估计钼储量为 2 360 吨。

5. 锑矿

吉尔吉斯斯坦境内已发现 20 多个大小锑矿区。同时，还有将近 100 个综合矿区（锑、汞、金等多金属矿区）蕴藏着锑矿。主要锑矿区有以下七个：①卡达姆扎伊矿区在巴特肯州巴特肯区。该矿区矿石中平均含锑 3.38%。锑的储量为 10.481 1 万吨。1934 年，该矿区就建立了卡达姆扎伊锑矿冶炼厂并开始工作。1958 年，在布鲁塞尔国际博览会上，该厂生产出的锑荣获大金质奖章。就金属纯度而言，这种锑已达到国际标准，畅销世界上许多国家。②捷列克矿区在贾拉拉巴德州恰特卡尔区。这里的矿石含锑量为 1.69% ~ 7.66%（含金量为 3.7 ~ 6.4 克/吨，含银量为 2.1 ~ 9.6 克/吨）。该矿区锑的估计储量为 3.080 2 万吨（金的储量为 7.6 吨）。③阿克塔什北部矿区（在卡达姆扎伊矿区东北 6 千米处）。这里矿石中锑的平均含量为 0.54%，锑储量为 35 719 吨。④卡桑赛矿区（在贾拉拉巴德州恰特卡尔区卡桑赛河左岸）。这里矿石中锑的含量为 3.6%，锑的估计储量为 3.908 7 万吨。⑤阿布希尔赛矿区（在奥什州诺奥卡特区阿布希尔赛河上游）。矿石中锑的含量为 4.17%，锑的估计储量为 1.411 4 万吨。⑥萨巴扎尔迪矿区（在奥什州卡拉库利任区）。这里矿石中平均含锑量为 4.55%（含金 6.5 克/吨，含银 41.6 克/吨），锑的储量大约为 3.809 0 万吨（金的储量为 8 吨）。此矿区颇有发展前途。⑦恰阿拉特矿区（在贾拉拉巴德州恰特卡尔区）。这里矿石中平均含锑 1.7%（含金 3 克/吨）。该矿区锑储量大约为 9.319 0 万吨（金储量 7.7 吨）。该矿区也很有发展前途。

主要锑矿开发公司为卡达姆扎锑联体。该企业位于吉南部巴特肯州，于 1936 年投产，是独联体地区的大型企业。除开采卡达姆扎矿和捷列克赛矿以外，该企业的原料主要来自俄罗斯远东地区、哈萨克斯坦和塔吉克斯坦，产品主要销往俄罗斯，少部分销往欧洲。该企业 1990 年的产量高达 1.760 8 万吨，于中国和玻利维亚之后居世界第三位。苏联解体后，企业实际产量下降，至今未能恢复到苏联解体前水平。2012 年年初，集团工作人员仅剩下约 500 人（原有约 5 000 人），生产基本停止。

6. 汞矿

吉尔吉斯斯坦的汞矿开采始于公元 8—9 世纪，现代汞矿的开采则始于 1940 年。人们已发现几百个汞矿区，但其中只有 7 ~ 9 个汞矿区具有实际价值。绝大多数汞矿区分布在南费尔干纳汞—锑矿产带。主要汞矿区包括以下七个：①琼科伊矿区（在奥什州诺奥卡特区，1950 年开工投产）。该矿区的矿石中平均含汞量为0.274%，汞的估计储量为2.4419万吨。②艾达尔肯矿区（在巴特肯州卡达姆扎伊区，于1926年开工投产）。该矿区矿石中汞的平均含量为0.165%，汞的估计储量为2.0936万吨。③恰乌瓦伊矿区（在巴特肯州卡达姆扎伊区恰乌瓦伊河谷地，1914年开工投产）。这里矿石中汞的平均含量为0.279%，估计汞储量为875吨。该矿区还有储量可观的锑。④库尔达马矿区（在奥什州阿赖区）。这里矿石中汞的平均含量为0.09%，估计汞储量为531吨。⑤扎尔达布卡矿区（在奥什州卡拉库利任区，于1970年开工投产）。这里矿石中汞的平均含量为0.58%，汞的储量为1213吨。⑥瑟马普矿区（在巴特肯州巴特肯区阿尔滕—别希克山，于1927年被发现）。该矿区1942—1952年和1954—1972年曾两度被开采，现在剩下的汞储量大约545吨。⑦比尔克苏伊矿区（在巴特肯州莱列克区比尔克苏河源头处，于1933年开工投产）。该矿区在中世纪初和1942—1951年曾进行过开采，现在剩下的汞储量约有167吨。此外，具有实际价值的汞矿区还有阿雷什（在巴特肯州卡达姆扎伊区）和阿拉万（在奥什州诺奥卡特区）等矿区。

主要汞矿开发公司为海达尔坎汞联合体。该企业建于1940年，是中亚地区唯一一家生产汞的企业，苏联解体前的1990年产汞1000吨，苏联解体后产量大幅下降，1995年只有186吨。1995年曾借助世界银行资金进行了技术升级改造，但由于当时能源价格上涨，生产成本并未下降很多，1996年因世界市场上汞价格下跌而破产重组，2002年后改组为国有股份公司，吉尔吉斯斯坦政府握有其95%股份。

该企业还加工汞和萤石，汞产品主要外销到美国、荷兰、俄罗斯、哈萨克斯坦、中国和印度，萤石主要销往独联体国家，如哈萨克斯坦、塔吉克斯坦、乌兹别克斯坦和俄罗斯。

7. 砷矿

在吉尔吉斯斯坦，砷是金、锡、钨、锑和汞等多金属矿石中的混入物。与此同时，吉尔吉斯斯坦也发现了一个砷矿区（乌奇—埃姆切克矿区）和三个砷矿产地。乌奇—埃姆切克矿区位于塔拉斯州巴卡伊—阿塔区（于1926年开工投产）。在这里的矿石中，砷的平均含量为8.28%，砷的估计储量为8.22万吨。

（四）稀有金属

1. 铀矿

吉尔吉斯斯坦的主要铀矿区有以下三个：①科克—莫伊诺克矿区（在伊

塞克湖州吉尔吉斯阿拉套山东麓）。这里矿石中铀的平均含量为 0.01% ~ 0.18%。按铀的平均含量为 0.06% 来计算，铀的可采储量为 1 473 吨。②卡普奇加伊矿区（在伊塞克湖州昆格山脉西坡）。这里矿石中铀的平均含量为 0.054%。③铀—钍矿区（在巴特肯州巴特肯区）。根据相关化学分析资料，矿脉中铀的平均含量为 0.25%。

2. 铍矿

位于楚河州的克明区的卡列赛矿区有铍矿。这里的矿石中，铍的平均含量为 0.127%，铍的储量为 1.170 1 万吨。此外，塔拉斯州还有几个规模不大的铍矿区。

3. 铋矿

在吉尔吉斯斯坦，有价值的铋矿区包括以下两个：①米罗诺夫矿区（在楚河州克明区）。这里矿石中铋的平均含量为 0.254%，铋的可采储量为 1 162 吨。②乌奇—科什孔矿区（在伊塞克湖州热季奥古兹区）。这里的矿石平均含铋量为 0.01%（含锡量为 0.54%），铋的估计储量为 949 吨。

（五）稀土金属

稀土金属是指镧、铈、镨、钕等 17 种金属。吉尔吉斯斯坦的稀土金属主要分布在楚河州克明区克图赛 2 号矿区、阿克—秋兹矿场、塔拉斯州塔拉斯区以及卡斯捷克山脉等地区。

六、非金属矿产

吉尔吉斯斯坦拥有丰富的非金属矿产。这些非金属矿产根据其形成过程、工艺性能和应用领域被划分为建筑材料、采矿业原料、化学原料和宝石原料等类别。其中，在建筑砌面石料方面，人们就发现了诸如石膏、花岗岩、白云岩、大理石、石灰石、石灰贝壳灰岩和角页岩等矿产。科学工作者曾在其中 11 个矿区进行地质勘探工作，发现上述建筑砌面石料的可采总储量达 8 560 万立方米。其中石膏更是遍布全国各地。大部分石膏矿集中于奥什州和贾拉拉巴德州，总储量为 2 848.3 万吨。瓷石是重要的采矿业原料之一，其主要产区贾拉拉巴德州乌奇库尔特矿区的瓷石可采储量为 967.9 万吨。

七、生物资源

吉尔吉斯斯坦有 500 多种脊椎动物，其中，有 50 多种鱼、25 种以上爬行动物、335 种鸟类、4 种两栖动物和 86 种哺乳动物，无脊椎动物的种类尚未调查清楚。根据统计资料，在吉尔吉斯斯坦大约有 4 000 种昆虫以及蜱螨等节肢动物。金雕、苍鹰和游隼是吉尔吉斯斯坦人特别喜爱用以捕猎的猛兽。常见的野生动物有狼、獾、鼷、山羊、野兔、野猪、砂土鼠、黄鼠、狷鼠和跳鼠等。雪豹、红狐、巨蜥、水獭、虎、鼬、猞猁、棕熊和马鹿等属于珍贵的稀有动物。植物资源丰富多样，在吉尔吉斯斯坦境内有 115 科、855 属、3 786 种植物。这些植物的名字已载入《吉尔吉斯共和国植物志》——11 卷本的植物鉴定册中。这些植物有大灌木 260 种、小灌木 115 种、林木 143 种。吉尔吉斯斯坦的森林面积占全国总面积的 5.3%。云杉、冷杉、柏树、槭树、柳树、白杨树和白桦树等树木较为常见。其中，云杉林面积为 1 040 平方千米。面积较大的还有冷杉林、槭树林、柏树林和核桃林。果树有苹果树、梨树、李树、醋栗树和樱桃树等。吉尔吉斯斯坦还生长有各种饲用植物、药用植物、挥发油料植物以及含杀虫毒质、含橡胶和含生物碱的植物。此外，植物中草类占有绝对大的比重。全国草类有 3 175 种，其中，多年生草有 2 270 种，一至二年生草有 860 种。

第三节　行政区划

吉尔吉斯斯坦分为七州、两市，分别为：巴特肯州（Batken，首府位于巴特肯）、楚河州（Chuy，首府位于巴矢凯克）、贾拉拉巴德州（Jalabad，首府位于贾拉拉巴德）、纳伦州（Naryn，首府位于纳伦）、奥什州（Osh，首府位于奥什）、塔拉斯州（Talas，首府位于塔拉斯）、伊塞克湖州（Ysyk-Kol，首府位于卡拉科尔）；比什凯克市（首都）、奥什市。州、市下面设区，全国共有 60 个区，区行政公署是基层政府机构。比什凯克市与奥什市是吉尔吉斯斯坦南北两个大城市，是吉尔吉斯斯坦主要的经济中心。这些行政区的官员基本由中央任命，但也有位于偏远郊区的自治县（Aiyl-okmotu）自行选举的市长及市议会管理的情况。

一、比什凯克市

比什凯克市是吉尔吉斯斯坦的首都，坐落于楚河河谷，南靠天山支脉吉尔吉斯山，北对外伊犁阿拉套山。比什凯克市是吉尔吉斯斯坦的政治、经济、文教和科技中心，也是该国的主要交通枢纽（景色如图 1-7 所示）。

图 1-7　比什凯克市俯瞰

比什凯克作为国家政治中心，有总统办公厅、政府（见图 1-8）、最高会议、共和国法院和检察院以及被视为"第四权力"的大型媒体——《吉尔吉斯斯坦言论报》《自由之山报》和《比什凯克晚报》等报刊编辑部和广播电视编辑部。吉尔吉斯斯坦在比什凯克市设有中国、美国、俄罗斯、德国、土耳其、伊朗、印度、巴基斯坦和白俄罗斯等十几个外国使馆。

图 1-8　总统府

比什凯克市的城市面积为 1 157 平方千米，海拔为 750 米，属于大陆性气候，夏季干燥炎热，7 月最高气温达到 40 ℃以上，冬季平均气温为-7 ℃，全年平均气温不超过 10 ℃。阿拉—阿尔恰河、阿拉米丁河和楚河大渠穿城而过。城市四周有 12 平方千米的森林。该市下设四个区，即五一区、列宁区、十月区和斯维尔德洛夫区，还有一个名叫"乔—阿雷克"的镇和一个名叫"奥尔托—萨伊"的村。90 多年前，在这座城市名为伏龙芝市的时候，是苏联吉尔吉斯社会主义加盟共和国的首都，以苏联杰出的红军统帅、军事家——米哈伊尔·瓦西利维奇·伏龙芝命名。1991 年，中亚五国独立后，为消除苏俄历史、文化痕迹，纷纷恢复传统地名，在这样的背景下，伏龙芝市又恢复了原有的名字——比什凯克市。

　　比什凯克，吉尔吉斯语的意思是"搅拌马奶酒的棒子"，这是一个非常有意思的地名。在古希腊历史学家希罗多德所著的《历史》中，关于游牧欧亚草原的斯基泰人（塞人）制作马奶酒的技法是这样记载的："当马奶被挤出来之后，他们便把马乳倒到一个很深的木桶里面去，并且叫奴隶站在木桶的四周来摇动桶里的马乳。"看来斯基泰人只是通过摇晃木桶使马奶发酵，还没有使用棒子搅拌。到了公元前 2 世纪末，也就是中国汉朝的汉武帝时期，楚河河谷一带是康居国的所在，往东伊塞克湖至伊犁河谷是乌孙国。汉朝和亲、嫁给乌孙王的细君公主曾作有《黄鹄歌》，其中有"穹庐为室兮毡为墙，以肉为食兮酪为浆"的诗句，生动描写了乌孙人的居住与饮食情况。"酪"是马奶制成的饮料，说明乌孙人和斯基泰人一样饮用马奶酒，史书上没有记载乌孙人在制作马奶酒时是否使用棒子。这时，吉尔吉斯人的先祖坚昆人在汉朝叛将李陵统帅下，正游牧于南西伯利亚的叶尼塞河上游地区。吉尔吉斯人喜欢饮用发酵过的马奶，这种饮料被称为"库米孜"，也就是马奶酒，中国人大多称之为"马奶子"。蒙古人称为"忽迷思"。13 世纪，法国人威廉·鲁布鲁克出使蒙古汗国，他在《鲁布鲁克东行纪》中详细地记述了蒙古人制作马奶酒的方法及过程："当他们取得大量的奶时，奶只要新鲜，就像牛奶那样甜，他们把奶倒进大皮囊或袋里，开始用一根特制的棍子搅拌它，棍的下端粗若人头，并且是空心的。他们用劲拍打马奶，奶开始像新酿酒那样起泡沫，并且变酸发酵，然后他们继续搅拌到他们取得奶油。这时他们品尝它，当它微带辣味时，他们便喝它。喝时它像葡萄酒一样有辣味，喝完后在舌头上有杏乳的味道，使腹内舒畅，也使人有些醉，很利尿。"跟随成吉思汗西征中亚的耶律楚材喜欢喝马奶酒，曾写诗称赞："天马西来酿玉浆，革囊倾处酒微香。长沙莫吝西江水，文举休空北海觞。浅白痛思琼液冷，微甘酷爱蔗浆凉。茂陵要洒尘心渴，愿得朝朝赐我尝。"这是关于马奶酒制作的最详细的历史记录，吉尔吉斯人应该是和蒙古人一样，使用一根特制的棒子搅拌马奶酒。

关于比什凯克的得名，在吉尔吉斯人中有这样一个传说：由于地理位置优越，这里曾是游牧部族的必争之地。一天，当一个强大的游牧部族袭来时，当地居民急忙逃往山上，但一位勇士的妻子却因为要拿着搅拌酸马奶的棒子耽误了时间，怀有身孕的她在那时诞下一个男婴，这个男婴就被取名为"比什凯克"，后来成为一个功勋卓著的骑手，去世后被安葬在当地，这座城市也就因他而得名。

比什凯克市中心的阿拉套广场是城市的主要景点之一，每年独立日等重大国家和民族节日，这里都要举行庆典活动（景观如图1-9至图1-13所示）。广场北侧是国家历史博物馆（如图1-14所示）。广场西侧则是议会大厦。位于楚河大街和玛纳斯大街西北侧的国家音乐厅坐落在比什凯克市又一重要建筑群的中心。国家音乐厅对面矗立的宏伟的苏联建筑是比什凯克市政厅。音乐厅后面则是吉尔吉斯国立民族大学所在地，它是吉尔吉斯斯坦主要的高等教育学府之一。

图1-9　市中心阿拉套广场

图1-10　阿拉套广场上的游览马车

图1-11　比什凯克市巴特肯事件纪念碑

图1-12　广场阿克塞4月时间纪念碑

图 1-13　广场上玛纳斯雕像

图 1-14　国家历史博物馆

　　比什凯克市还有有名的胜利广场（见图 1-15）。在广场中心，三个巨大的弯拱将花环高擎于碧空，地上是燃烧着的长明火，以及三座雕像：中央是一个母亲的雕塑，形象类似于中国北方的妇女，她戴着头巾，右手托着一个碗，神态安详，目光中隐含着胜利的信念和对亲人的期待；左侧的雕塑是两个大人和两个孩子，其中一个大人肩扛着小女孩，充满了胜利的欢乐；右侧是一对机枪手的雕塑，一个扛枪筒，一个背枪轮，提着子弹箱（见图 1-16 至图 1-18）。三座雕塑反映了吉尔吉斯人参加二战的过程。

图 1-15　胜利广场

图 1-16　胜利广场上　　　　图 1-17　胜利广场上　　　　图 1-18　胜利广场上
　　　　母亲雕像　　　　　　　　　左侧的雕像　　　　　　　　右侧的雕像

二、奥什市

　　奥什市是吉尔吉斯斯坦的第二大城市，该市所在的奥什州供应着全国的电力、石油和天然气，是吉尔吉斯斯坦唯一出产石油和天然气的地方。另外，这里担负着全国 100% 的丝绸、99% 的棉布生产，是吉尔吉斯斯坦的经济之都。中国在该城市有领事馆。奥什市的面积大约为 183 平方千米。截至 2017 年 1 月底，奥什市人口大约有 28.1 万人。该城市位于吉尔吉斯斯坦南部的费尔干纳盆地东南缘，常常被称为吉尔吉斯斯坦的"南方首都"。该市也是中亚地区的一座古城，2000 年 10 月吉尔吉斯斯坦庆祝奥什建城 3 000 周年时，将奥什市定为该国第二首都。

　　由中国政府援建的奥什医院就位于奥什市，医院占地面积为 25 000 平方米，建筑面积为 12 500 平方米，拥有 150 个床位，日门诊量约 200 人次。奥什医院是中国政府在吉尔吉斯斯坦实施的最大援助项目，为解决吉尔吉斯斯坦南部地区医疗基础薄弱、设施落后等问题发挥了重要作用，充分体现了中国人民对吉尔吉斯斯坦人民的友好情谊。该项目于 2019 年竣工，奥什医院是吉尔吉斯斯坦南部最大的、最现代化的、最自动化的大型综合医院。

三、巴特肯州

　　巴特肯州成立于 1999 年 10 月 13 日，位于吉尔吉斯斯坦西南部的阿赖山山区，西北与塔吉克斯坦交界，北与乌兹别克斯坦接壤，其 3/4 的州界线为国界线。巴特肯州原为奥什州的一部分，由原属奥什州的巴特肯区、卡达姆扎伊区、莱列克区和克孜勒勒柯雅市、休柳克丘市等组成（3 个区、4 个市、5 个镇和 30 个村）。巴特肯州面积为 1.7 万平方千米，人口约为 50.35 万人（2017年）。州首府为巴特肯市，原为奥什州巴特肯的区中心。

四、楚河州

楚河州成立于 1990 年 12 月，位于吉尔吉斯斯坦北部，其西北与哈萨克斯坦接壤。面积为 1.989 万平方千米，2017 年人口约为 90.5 万人，下辖 8 个区、4 个市、5 个镇、104 个村，包括原先直属吉尔吉斯斯坦的 9 个行政区以及卡拉—巴勒塔市和托克马克市，州首府设在托克马克市。

楚河州气候具有多样性的特点，楚河盆地的平原地带属大陆性气候，夏季干燥炎热，冬季不十分寒冷，春季短暂，秋季温和，年平均降水量为 270~400毫米，大约 40% 的降水集中在春天。高山谷地的气温低，昼夜温差大。山前地带冬季较温和，夏季较凉爽。山区气温随着山高度的增加而降低，而降水量却相反，山增高降水量也增多。楚河州境内东部山脉中有两处金属矿脉。吉尔吉斯阿拉套山前地带有岩盐和石膏。建材种类颇多，其中有石灰石、花岗石、大理石等。

流经该州的楚河是中亚的一条大河，全长 1 030 千米，在吉尔吉斯斯坦境内的长度为 221 千米。吉尔吉斯阿拉套山北坡有无数小河流向楚河盆地（景色如图 1-19 所示）。苏萨尔盆地属于纳伦河流域，为利用水资源建有水渠网和水库。矿泉和温泉甚多，伊塞克—阿塔河口建有大型疗养院。

图 1-19　一段银装素裹的楚河

楚河州国民经济在吉尔吉斯斯坦占有重要地位，农业、工业都比较发达。农业提供的各种农畜产品如谷物、蔬菜、水果和蛋、奶等在吉尔吉斯斯坦占有很大比重。工业不仅利用本地区原料，而且输入原料进行加工生产。工业企业主要分布在各城镇，比什凯克的大型热电厂和该地区的几座水电站为工业生产提供电力，重要的工业部门有有色冶金、机器制造、金属加工、建材、轻工和食品工业。大型企业有电缆厂、电机厂、商用机器厂、汽车修造厂、金属制品厂等。阿克—秋兹、博尔敦的矿冶联合工厂是采选多金属矿的大型冶炼企业。托克马克市有制造玻璃以及花岗石和大理石镶面板的工厂。伊万诺夫卡有建材联合企业。坎特有年产万吨的水泥厂和水泥石板厂。轻工业主要有加工畜产品的毛呢和毛毯厂，此外还有缝纫、针织、制鞋、织袜等企业。吉尔吉斯斯坦的电缆、石棉混凝土板、窗玻璃、长短袜制品的生产全集中在这一地区。食品工业主要有砂糖厂、乳品厂、罐头厂、磨粉厂、面包制品厂、酿酒厂等。

楚河地区种植业比较发达，是吉尔吉斯斯坦谷物、经济作物、蔬菜、水果的主要产区，饲料作物也有大量种植。经济作物主要是甜菜。楚河盆地是中亚主要的生产制糖用甜菜的地区，该地区还广泛种植含挥发油的作物——鼠尾草和薄荷，在卡拉巴勒廷工厂制成香精油。在畜牧业中养羊业发展较快，主要繁育细毛羊。养牛业主要繁育高产奶牛。养禽场有多家，饲养家禽的数量占全国的半数以上。

楚河州的交通运输有铁路、公路、航空和管道运输等。卢戈沃耶—比什凯克—贝斯特罗夫卡—巴雷克奇铁路横贯全州。公路四通八达，比什凯克到各州首府之间有公路干线，从比什凯克乘汽车可以直达阿拉木图和塔什干。管道将天然气从布哈拉煤气田输送到比什凯克。

五、贾拉拉巴德州

贾拉拉巴德州因首府得名，位于吉尔吉斯斯坦西南部，其西为乌兹别克斯坦，西部为费尔干纳盆地边缘，北边为塔拉斯州和楚河州，东边为纳伦州。面积为3.24万平方千米，2017年人口约为116.87万人，州首府为贾拉拉巴德。其下辖8个区、5个市、8个镇和69个村。其属大陆性气候，全年干燥少雨，冬季寒冷，夏季炎热，全国年降雨量仅有240毫米左右。

贾拉拉巴德州的矿藏主要有煤炭、石油和建材原料。工业有电力、机电、建材、轻工、食品等部门。农业中植棉业和园艺业发达，是国家的主要产棉区和葡萄瓜果产地，经济作物还有烟草，畜牧业在农业中所占比重较小。贾拉拉巴德州多为山地与峡谷，水源丰富。该州是吉尔吉斯斯坦西南部的轻工和食品工业中心，当地木工厂用核桃木制作的家具远近闻名。

贾拉拉巴德州自然条件较好（景色如图 1-20 和图 1-21 所示），农业及旅游业发展空间较大。此外，该州有一定工业基础，吉尔吉斯斯坦炼油厂、水晶多晶硅厂、白炽灯厂等坐落于此。此外，贾拉拉巴德州年产棉花 6 万吨，是吉尔吉斯斯坦主要的棉花产区。2006 年，贾拉拉巴德州工业产值达 1.9 亿美元，较往年增长 21%，农业产值达 2.9 亿美元。贾拉拉巴德州有较多山地和峡谷，水源丰富。托克托库水电站（吉尔吉斯斯坦最大的水电站）位于该州，装机容量为 120 万千瓦，年发电量为 56 亿~60 亿千瓦时。

贾拉拉巴德州与中国的多个地方地理位置相近，习俗相通，经贸互补性较强，与中方合作态度真诚，地方合作基础较好。双方可考虑建立对口合作机制，发展地方友好城市关系，通过政府搭建平台，促使双方增进了解与合作。

图 1-20　贾拉拉巴德州的自然风光　　　图 1-21　贾拉拉巴德州的美丽风光

六、纳伦州

纳伦州位于吉尔吉斯斯坦的东南部，是该国面积最大的一个州，紧邻中国，比什凯克—吐尔尕特—喀什公路贯穿该州南北。该州始建于 1939 年 11 月 21 日，原名"天山州"，1962 年撤销，1970 年进行了重建，1988 年与伊塞克湖州合并，1990 年 12 月再次恢复成独立的州。该州下辖 5 个区，面积为 4.416 万平方千米，2017 年人口约为 28 万人。纳伦州的首府是纳伦市，常住居民绝大多数为吉尔吉斯人，出生率高达 31%，人口增长率较高。

纳伦州地处山区，几乎全州海拔都在 1 500 米以上。矿藏资源丰富，煤的储量估计为 46 亿吨，艾基—纳伦河上游有杰梯姆铁矿，此外还有铅、锌金属矿。霞石、正长石、大理石以及砂、黏土等建材的储量很大。区域内有多处矿泉和温泉。

纳伦州河流很多，其中纳伦河是吉尔吉斯斯坦水量最大的河流，全长 600 千米，在该州境内有 400 千米。共有 600 多条河流的水注入纳伦河。纳伦河及其支流每年可提供 364.77 亿度的电能。吉尔吉斯斯坦第二、三大高山湖泊索恩湖和恰特尔湖都在该州辖区内，此外山间还有星罗棋布的小湖泊。

纳伦州气候是大陆性气候。冬季寒冷漫长，1 月平均气温为-15 ℃，在阿克塞高地恰特尔湖地区记录到的最低绝对温度为-50 ℃。夏季短暂凉爽，7 月气温一般在 15 ℃左右。平原地区的年平均降水量为 200~300 毫米，山区稍多一些，晚春、初夏雨水最多，2 月下半月和 3 月上半月常下大雪。

纳伦州的工业是在苏联时期建立和发展起来的，主要有电力、煤炭、建材、仪表制造、木材加工、轻工和食品加工等部门。纳伦州从 20 世纪 70 年代开始开发水力资源，建成了一批水电站。农业有畜牧业和种植业两大部门。畜牧业以养牛、羊、马为主。繁育的羊有细毛羊、半细毛羊和肉用羊，繁育的牛主要有肉牛和肉奶兼用牛，一些地区饲养牦牛。养马是传统的畜牧业部门，马肉和马奶的商品生产很有发展前途。种植业以饲草饲料的种植为主。各区普遍种植各种饲料作物，如豆科作物、禾本科作物（燕麦、大麦等）、青贮饲料（玉米）、块根作物（甜菜）等。一部分地区种植小麦、土豆和蔬菜。

纳伦州的主要运输方式是公路运输。20 世纪 30 年代中期前，该州区域内只有一条 19 世纪修筑的柯奇科尔—纳伦干道。比什凯克—吐尔尕特公路的开通把纳伦州同首都和其他城市联系起来。吐尔尕特是通往中国的门户，与中国吐尔尕特口岸相距 8 千米，距纳伦市约 190 千米，距比什凯克约 540 千米。比什凯克—纳伦—吐尔尕特—喀什公路是连接中吉的一条重要交通运输干线，在发展中吉边贸方面发挥着重要的作用。纳伦市同比什凯克及卡拉科尔、贾拉拉巴德等城市之间有航线相通。1991 年纳伦州创建了自由经济区，占地 4.25 万平方千米。

七、奥什州

奥什州位于吉尔吉斯斯坦南部（费尔干纳盆地和帕米尔高原之间），南与塔吉克斯坦交界，北邻乌兹别克斯坦，东南与中国接壤，面积为 2.89 万平方千米，2017 年人口约为 128.75 万人。

奥什州属大陆性气候，夏季炎热，春秋湿润，冬季较冷。春季和初夏降水最多（达全年的 70%），仲夏以后进入干旱期。山前地带的气候带有半荒漠的特点，夏季燥热，冬季不甚冷。大部分地区全年降水量为 600 毫米。奥什州水资源丰富，以高山冰雪消融为水源的河流很多，其中有些是季节性河流，卡拉达里亚河是该州最大的河流。境内有大量高山湖泊和冰川，河谷地区地下水特别丰富。

奥什州自然资源丰富，矿产以燃料、有色金属为主。燃料有煤、石油和天然气，有色金属主要是锑和汞，铅、锌次之。此外，非金属矿有正长岩、地蜡和石膏等。人们在该州辖区内还发现了多处矿泉和温泉。

奥什州的主要农业部门是种植业，播种的作物以谷物为主。就产值而言，经济作物棉花和烟草也占有更重要的位置。播种面积最大的谷类作物是小麦，其他谷物有玉米、大麦和水稻。棉田分布在山前地带。烟草栽培始于20世纪60年代，随着种植面积逐渐扩大，成为主要商品经济部门。奥什州还种蔬菜、土豆和瓜类。这里的果园很多，杏、桃、樱桃和葡萄的种植最为普遍，其次为苹果和梨，有少数地方栽培石榴、无花果、阿月浑子和巴旦杏。

奥什州拥有各种季节的天然草场，同时在草场建设和更新改造方面做了许多工作。在扩大饲草种植的基础上，增加干草、维生素草粉、颗粒饲料等饲料的生产。畜牧业的主要部门是养羊业，繁育细毛羊和半细毛羊以及适应高山条件的阿拉依大尾羊。西南各区繁育山羊。养牛业也较发达，一些区有少量牦牛。养禽业也有一定发展，有一些地区养蜂或养蚕。

奥什州是吉尔吉斯斯坦唯一产石油和天然气的地区，1937年开始开采石油，1957年开始开采天然气。因此，电力工业发展迅速，大型火电厂和水电站为吉尔吉斯斯坦提供了充足的电力。大型机械制造工业企业有机械铸造厂、离心泵厂、农机、汽车和筑路机械修造厂等。20世纪70年代奥什州开始建立电机工业，生产电灯泡、插销和各种绝缘材料。在建材工业方面，奥什、克兹尔基亚等地的建材厂生产砖、瓦、耐火材料、钢筋混凝土构件、墙体材料等产品。轻工业的主要部门有净棉、棉纺、丝织、缫丝等。大型企业有奥什织布联合工厂、奥什姐坦丝织合资公司以及多家缝纫厂和制鞋厂（见图1-22）。食品工业有肉类加工、乳品和糖果点心生产和面包烤制工厂。此外，还有榨油、酿酒、烟草、纸浆和木材加工等工业企业。吉尔吉斯斯坦独立后，在奥什州工业部门结构中，轻纺、食品和饲料工业成为基本工业部门，产值占全州工业产值的90%以上。

图 1-22 奥什妲坦丝织合资公司

奥什地区交通运输事业发展较快。十月革命前，奥什地区交通闭塞，只有兽力车行驶的土路和崎岖的山路。20 世纪初该州开采煤矿，铺设了窄轨铁路和铁路支线。在该国最初的几个五年计划期间，戈尔恰科沃—克兹尔基亚、卡拉苏—奥什、乌奇科尔贯—塔什库米尔等铁路支线建成并交付运营。现在公路交通已比较发达，公路总长为 2 458 千米，其中硬路面公路为 926 千米。主要干线有：比什凯克—奥什、奥什—霍罗格、奥什—克留克塔公路。航空线把奥什同吉尔吉斯斯坦内外许多城市连接了起来。奥什机场是吉尔吉斯斯坦两大国际航空港之一（见图 1-23）。

图 1-23 奥什机场

八、塔拉斯州

　　塔拉斯州位于吉尔吉斯斯坦西北部，北与哈萨克斯坦交界，西与乌兹别克斯坦接壤，面积为 1.34 万平方千米，2017 年人口大约为 25.5 万人。塔拉斯州地域范围内自古就有吉尔吉斯族游牧部落生息活动。居民分布不平衡，江布尔—塔拉斯公路沿线（景色如图 1-24）是人口密集地区。塔拉斯州最初建立于1944 年 6 月 22 日，后经多次变动，1990 年 12 月 14 日又恢复该州建制，其现下辖 4 个区。州首府塔拉斯市位于塔拉斯盆地中心，塔拉斯河左岸，距比什凯克 370 千米。这座城市是在 1877 年建立的德米特列耶夫卡基础上发展起来的，现在是全州轻工和食品工业中心。塔拉斯州境内的矿藏资源有多金属矿、锑、硫铁矿和矿盐等，此外有多种建筑材料。

图 1-24　江布尔—塔拉斯公路沿线上的玛纳斯雕像

　　塔拉斯州属大陆性气候，具有山间盆地的特点（景色如图 1-25 所示）。平原地区夏季干热，冬季不是很冷。降水量普遍较少，在 300 毫米上下，种植业需要人工灌溉。该州的河流分别属于塔拉斯河、恰特卡勒河和纳伦河水系。塔拉斯河在吉尔吉斯斯坦境内有 294 千米，是由卡拉科尔和乌奇柯绍依两河汇合而成的。河上建有水坝和水库（库容为 5.5 亿立方米），恰特卡勒河长 144千米，长度不及塔拉斯河，但水量比它充足。

图 1-25　塔拉斯的景色

　　在塔拉斯州国民经济中电力工业部门处于主导地位，电力工业主要是水力发电，纳伦河上有大型水电站。食品、轻工、建材工业也有一定发展，农业部门以畜牧业为主。

　　食品工业大都是农畜产品加工企业，其中有奶品和油脂加工厂、面包厂和酿酒厂。轻工部门有缝纫厂和制鞋厂，建材部门有制砖厂等。大部分农业用地是牧场，各区都繁育细毛羊和肉奶兼用畜（包括牛、马、羊），个别区发展养禽业和养猪业。自 20 世纪 70 年代起，该州开始发展养蜂业。种植业集中在塔拉斯盆地，播种作物以谷物和饲料为主，在经济作物中烟草占首位，其次为水果、蔬菜和土豆。

　　塔拉斯州交通不发达，广大山区地形复杂，不通铁路，只有沿哈萨克斯坦边界有 17 千米铁路线。公路交通运输在此地占有重要地位。江布尔—基洛夫斯卡耶—塔拉斯是主要公路干线。塔拉斯和比什凯克、贾拉拉巴德、托克托古勒等城镇之间有定期航班来往。

　　塔拉斯州是传说中英雄玛纳斯的诞生地，还诞生了吉尔吉斯斯坦国宝级作家艾特玛托夫、中亚第一位女总统奥通巴耶娃、前总理托列别蒂夫等，被称为吉尔吉斯斯坦"最聪明的土地"。玛纳斯是吉尔吉斯民族中一位传奇英雄，传说他骑一匹会飞的战马，带领吉尔吉斯人民反抗异族侵略。许多吉尔吉斯人都相信玛纳斯确有其人。塔拉斯市区东边有玛纳斯陵墓和博物馆，矗立着玛纳斯和 40 名勇士的雕像，时刻守护着吉尔吉斯人的家园（见图 1-26）。

图 1-26　英雄玛纳斯雕像

九、伊塞克湖州

伊塞克湖州位于吉尔吉斯斯坦东部，东北和东部与哈萨克斯坦交界，东南与中国接壤。伊塞克湖（伊塞克库里）州始建于 1939 年 11 月 21 日，1959 年 1 月 29 日撤销，1970 年 12 月 11 日恢复。其后与纳伦州合并，1990 年又分开成立两个独立的州。该州辖区内有高山湖泊伊塞克湖，并因此而得名。州内有 5 个区，面积为 4.37 万平方千米，2017 年人口约为 47.68 万人，人口分布不均。

该州水资源特别充足，注入伊塞克湖大小河流有 80 条之多，较大的河流有吉尔加兰河（长 250 千米）、季提尤普河（长 120 千米）、大阿克苏河、大克兹勒苏河等。纳伦河和萨雷—贾兹河的源头在该州区域内。其地下水资源丰富，然而用于灌溉的很少。伊塞克湖是天山山脉中最大的湖泊，海拔为 1 607.8 米，面积为 6 236 平方千米，按其深度和蓄水量在世界高山湖泊中位居第一，湖水微咸，不宜饮用（景色如图 1-27 和图 1-28 所示）。

图 1-27　伊塞克湖景色一　　　　　　　　图 1-28　伊塞克湖景色二

　　该州地处高山盆地，气候受伊塞克湖影响很大。由于湖水终年不结冰，对气候起着调节作用。盆地被高山环抱，冷空气入侵受阻。滨湖地区夏季不热，7 月平均气温在 18 ℃上下；冬季不太冷，南、北两岸 1 月平均气温为-2 ℃，西部为-4 ℃，东部为-10 ℃。盆地东西部降水量相差悬殊，西部的巴雷克奇年降水量为 115 毫米，东部的季提尤普年降水量达 569 毫米。高原地区是大陆性气候，冬季漫长，夏季短暂凉爽。高原地区年降水量为 200～300 毫米，全年降雪较多，甚至夏季也飘雪花，几乎没有无霜冻的日子。

　　州首府卡拉科尔市位于盆地东南部，距伊塞克湖岸 13 千米，海拔为 1 770 米。城市建于 1869 年，1939 年为纪念俄罗斯旅行家普尔热瓦尔斯基而以他的名字来命名，吉尔吉斯斯坦独立后，该市恢复历史名称，十月革命前经济落后，以手工业为主。现在此地有机器制造、食品、轻工、木材加工和建材工业企业。市内有师范学院和医学、农业、音乐等中等专业学校、普通教育学校以及图书馆、俱乐部、电影院、医院等文教、卫生设施。市郊有温泉疗养院。主要港口有巴雷克奇市，通公路和铁路。乔尔蓬阿塔市位于伊塞克湖滨，气候宜人，风光旖旎，是疗养、游览胜地。1994 年建立了卡拉科尔自由经济区。

　　伊塞克湖州有多种矿物资源。伊塞克湖沿岸有煤、钨、铋、石灰石、玻璃砂等矿藏，湖滨温泉很多，建有多所矿泉疗养院。在伊塞克湖州国民经济各个部门中，农业产值比重略高于工业。原来工业主要是农产品初级加工，现在正向多部门工业发展。十月革命前县城只是有一些榨油、制革、磨粉、锯木、打铁等手工作坊。现在伊塞克湖州已有采煤、发电、机器制造、机电等 20 多个部门的现代工矿企业。全州有包括各区电站在内的电网，环伊塞克湖有高压输电线路。机电联合工厂制造半导体动力变能器、整流器、低压电器等产品。巴雷克奇有船舶制造和修理工厂，木材加工和建材工业也有一定发展，有家具厂、砖厂、水泥厂等企业。轻工业有缝纫厂、制鞋厂。食品工业有肉奶制品、磨粉碾米、烤制面包、鱼品加工、酿酒等企业。

在农业方面，该州播种的作物以谷物和饲料为主，冬麦占很大比重。此外还有玉米和大麦。饲料主要为玉米秆、多年生和一年生饲草、块根类饲料。伊塞克湖沿岸地区生产的土豆约占吉尔吉斯斯坦产量的一半。这里的气候土壤条件也适宜栽培水果，苹果、梨、杏、李、桃、樱桃、核桃产量都比较高。全州80%以上的农业用地为牧场割草场。养羊业在畜牧业中占主导地位，主要饲养和繁育细毛羊、半细毛羊和肉奶兼用羊。养牛业也有一定规模，除一般奶牛、肉牛外，牦牛数量也不少。猪、马、家禽有专门的饲养场。伊塞克湖马场给全国提供种马，培育的竞赛用马并远销国外。渔业也有较大发展。

第四节　基础设施

吉尔吉斯斯坦拥有优越的地理条件和丰富的自然资源，但受各种因素的制约，吉尔吉斯斯坦的基础设施可改进的空间还很大。首先，吉尔吉斯斯坦的交通基础设施包含客货运输、道路网、线和道路外设施、客运服务设施、货物处理设施、永久和临时存储以及车辆通信系统等。虽然近几年在交通领域，修复、新建和设备运营的成本投入很多，但是在一定意义上仍然跟不上经济发展的需求。公路运输一直是吉尔吉斯斯坦运输体系中最主要的方式，由于国内多山的地形缘故，很多地区交通不便，公路便成为连接国内大多数区域的唯一交通方式，在全国货运总量和客运总量均占了大部分份额。铁路运输的发展起步较晚，但在国家的大力支持下，吉尔吉斯斯坦新铁路枢纽基础正在形成。航空运输是吉尔吉斯斯坦十分有前景的优先类型过境运输方式。其次，吉尔吉斯斯坦高山河谷纵横，河流众多，有着丰富的水力发电资源，水能总储量达到1 425亿千瓦时，年均发电量可以达到57亿千瓦时。最后，该国通信设施也较完备。

一、公路

吉尔吉斯斯坦是典型的内陆国家，不存在出海口。公路运输是吉尔吉斯斯坦运输体系中最主要的一个环节。公路运输占全国货运总量的90%以上和客运总量的99%以上。很久以前，吉尔吉斯斯坦就通过公路网络连接境内各地区以及中亚其他国家，甚至还有俄罗斯、中国、巴基斯坦、印度以及欧洲国家，公路运输均可以达到。

由于国家经济关系的不断扩大和改善，公路交通负荷明显加重。几乎所有公路都是开放状态，便于国内外汽车通行。因此，吉尔吉斯斯坦总统非常重视国家道路修建情况。改善公路状况的基本目标是确保居民点之间的道路连接稳定，并且符合国际技术要求。还有一个重要任务就是必须解决公路发展战略制定问题。有必要建立合理机制，确保道路网络的充分维护和局部改善，因为公路在该国整个交通网络中发挥着重要的作用。截至 2018 年年底，吉尔吉斯斯坦的交通运行状况得到了改善，所有路桥都基本符合通行要求，国家一级公路里程也显著增加。其中，将首都与各州首府连接起来的国家级公路能承受达 11.5 吨的汽车单轴载荷。此外，所有地方公路都铺设了更为坚实的路面，吉尔吉斯斯坦民众的交通也变得更加畅通。据统计，吉尔吉斯斯坦铁路总长 431 千米；公路总长 3.4 万千米，其中 1.9 万千米是市区道路，内河航运线长 576 千米。吉尔吉斯斯坦境内有 8 条交通主干线，总长 2 242 千米，包括比什凯克—奥什公路（672 千米）、比什凯克—纳伦—吐尔尕特公路（539 千米）、奥什—伊尔克什坦公路（258 千米）、奥什—伊斯法纳公路（385 千米）、萨雷塔什—卡拉梅克公路（142 千米）、比什凯克—恰尔多瓦尔公路（31 千米）、塔拉兹—塔拉斯—苏萨梅尔公路（199 千米）、比什凯克—格奥尔吉耶夫公路（16 千米）。

2018 年 2 月 25 日，一条贯通中国、吉尔吉斯斯坦、乌兹别克斯坦的国际公路（以下简称"中吉乌公路"）正式通车。中吉乌公路东起中国的喀什，穿过吉尔吉斯斯坦南部城市奥什，最终到达乌兹别克斯坦首都塔什干，全长约 950 千米，是塔里木盆地到中亚阿姆河流域的一条重要公路。中吉乌国际公路的建成，为建设横贯欧亚、可抵达高加索地区以及伊朗、阿富汗等地的货运道路打下了基础。

吉尔吉斯斯坦正在实施两个大型公路项目。第一个项目是建设一条南北公路和修复比什凯克至奥什高速公路。南北公路是吉尔吉斯斯坦历史上第一条境内最长、工程最难、连接两个城市之间的跨城公路，尽管该公路在山区建造，但整条公路并没有环山而建，而是穿过一条长为 3 890 米的山岭隧道和两座高架桥。在中吉两国建设者的共同努力下，南北公路建设取得了阶段性胜利。2021 年 8 月 1 日，南北公路建设项目桥梁工程箱梁架设顺利完成，为南北公路全线竣工通车奠定了坚实基础。两座横跨纳伦河的高架桥是南北公路重要节点工程之一，长度分别为 396 米和 1 076 米，共有 114 根桩基，212 片预应力箱梁。两座高架桥在吉尔吉斯斯坦首次采用中国设计标准，是吉尔吉斯斯坦公路建设史上的一次重大突破。另外，奥什—比什凯克公路路段修复工作也已接近尾声。比什凯克至卡拉巴尔塔公路的重建和修复工作仍在进行，这条路是比什凯克至奥什公路中的一段，是联通吉尔吉斯斯坦南北方的重要路段。比什凯克至奥什公路的第二个修复路段是从马丹尼亚特村到贾拉拉巴德的路段。多年来，行驶至该路段的司机一直忍受着道路颠簸的煎熬，该路段加速了车辆的磨损，造成了很多安全隐患。一家阿塞拜疆公司正在修缮该路段，修路贷款由欧亚开发银行提供。马丹尼亚特村到贾拉拉巴德路段全长 67 千米，2021 年年底完成了 45 千米的沥青铺设工作，解决了该路段的交通隐患问题。

第二个项目是环伊塞克湖道路的建设。已经确定的一个融资来源是欧洲复兴开发银行，该项目是从巴尔拜村（图普区）到卡拉库尔市的一段路。与此同时，环伊塞克湖公路北半环第一部分"巴勒克奇—克鲁姆杜 104 千米"路段修建工作也正在进行，承包商为青岛龙海路桥集团有限公司，已完工超 80 千米。目前该项目正在研究南半环道路维修的资金来源，计划将该路段的 2 车道改为 4 车道。此外，交通部还计划再建一条穿越阿舒山的隧道（比什凯克—奥什公路），该隧道将比现有公路海拔低 1 000 米。该设想实施后，将带动该路段的旅游发展。吉尔吉斯斯坦大部分外国贷款都用于公路项目。吉尔吉斯斯坦政府之所以如此重视道路维修，是因为其认为只有修好了通向外界的路，才能引进投资，带动经济发展。

二、铁路

吉尔吉斯斯坦铁路运输的历史较短。吉尔吉斯斯坦铁路的建设和发展是分阶段进行的。

卢克瓦亚—比什别克（现今的比什凯克）铁路于 1924 年投入使用，这是该国第一条铁路。库瓦塞—克孜勒基亚铁路于 1929 年开通，比什别克—伏龙芝铁路于 1930 年开通，伏龙芝—肯特、贾拉拉巴德—科克—阳嘎科、卡拉苏—奥什铁路于 1932 年开通，乌奇—科尔贡—塔什库木尔铁路于 1936 年开通，肯特—托克马克铁路于 1941 年开通，托克马克—贝斯特洛夫卡铁路于 1942 年开通。从那时候起，铁路运输在该国成功发展起来，因为从长远考虑，火车运输效率更高。

目前，吉尔吉斯斯坦北部铁路长 322.7 千米，东起伊塞克湖西的巴雷克奇，向西经过吉哈两国边境与哈萨克斯坦的铁路网相连，可以直达俄罗斯。南部铁路长 101.2 千米，从奥什到贾拉拉巴德。2016 年铁路运输过货量为 169.9 万吨，同比增长 32.9%，2017 年铁路运输过货量为 193.57 万吨，同比增长 13.9%。

2022 年 5 月，吉尔吉斯斯坦政府已经批准了一份《吉尔吉斯斯坦铁路运输发展的 2022—2026 年方向规划》，将铁路行业的发展作为社会发展优先选项之一。这份规划不仅为铁路运输和基础设施的长远发展和完善创造了条件，也为提高铁路客货运输水平和质量提供了保障。

据吉尔吉斯斯坦总统新闻中心消息，总统萨德尔·努尔戈若耶维奇·扎帕罗夫于 2022 年 3 月 31 日启动了巴雷克奇—科奇科尔—卡拉克切铁路的建设。在启动仪式上，扎帕罗夫说道："我们开始凭借自己的力量建设巴雷克奇—科奇科尔—卡拉克切铁路了。1~2 年后我们将修到科奇科尔，然后修到卡拉克切。独立 30 年来，国家境内没有修 1 米的铁路，相反的是，我们还报废了 42 千米的铁路轨道，这很可悲。现在我们开始延长这条路线。未来，我们将从卡拉克切修到马克马尔和贾拉拉巴德。这样，我们就开通了南北铁路。"随着巴雷克奇—科奇科尔铁路的开建，标志着吉尔吉斯斯坦新铁路枢纽基础正在形成，这对吉尔吉斯斯坦未来的发展具有重要意义。据悉，吉尔吉斯斯坦国有企业"吉尔吉斯铁路公司"负责实施巴雷克奇—科奇科尔—卡拉克切铁路建设项目（长 186 千米），预计到 2030 年，该铁路将全面建成并投入使用。该项目虽然没有吸引外国投资，但被认为具有重大的社会经济意义：首先，可以为卡拉克切煤矿场创造最便宜的煤炭运输方式，在秋冬季节为比什凯克的居民和热电厂提供煤炭；其次，新铁路的建设还将解决许多其他问题，如推动工业企业的发展、加强各地区的交通联系等。

三、航空

吉尔吉斯斯坦位于欧亚运输的中心，对于吉尔吉斯斯坦来说，航空运输是十分有前景的优先类型过境运输方式。吉尔吉斯斯坦有 14 家航空公司。本国航空公司有 7 家：伊太克航空公司、吉尔吉斯斯坦黄金航空公司、吉尔吉斯斯坦航空运输公司、尤特航空公司、奥什航空公司、Avia Traffic 航空公司、Aseman Airlines 航空公司。外国航空公司有 7 家：中国南方航空、英国 British Mediterranean Airways 航空公司、塔吉克斯坦 Tochikiston 航空公司、俄罗斯国家航空公司、俄罗斯普科沃航空公司、土耳其航空公司、乌兹别克斯坦航空公司。

吉尔吉斯斯坦主要国内航线为：比什凯克—巴特肯、比什凯克—贾拉拉巴德、比什凯克—奥什；主要国际航线为：比什凯克—乌鲁木齐、比什凯克—杜尚别（塔吉克斯坦）、比什凯克—塔什干（乌兹别克斯坦）、比什凯克—莫斯科（俄罗斯）、比什凯克—圣彼得堡（俄罗斯）、比什凯克—阿拉木图（哈萨克斯坦）、比什凯克—迪拜（阿联酋）、比什凯克—伊斯坦布尔（土耳其）、比什凯克—乌兰巴托（蒙古国）、比什凯克—新德里（印度）、奥什—莫斯科（俄罗斯）和奥什—乌鲁木齐（中国）。中国飞往吉尔吉斯斯坦的主要航线有两条：乌鲁木齐—比什凯克、乌鲁木齐—奥什。

玛纳斯国际机场是吉尔吉斯斯坦最大的机场，建于 1975 年 5 月 4 日，可以停靠 52 架大型客机，为 4E 级国际机场，距离比什凯克市中心 22 千米。该机场与中国的广州、乌鲁木齐、石家庄、西安、上海和香港有直航。玛纳斯机场不但和周边国家的主要机场通航，而且是吉尔吉斯斯坦的两条空中交通线的中心：欧洲和日本、东南亚和俄罗斯。玛纳斯机场是两条空中路线的中转加油基地和货物储存基地。吉尔吉斯斯坦的航空运输现在和未来的潜力很大，是整个国家经济的主要发展方向。

吉尔吉斯斯坦国家民航局公布了 2022 年工作成果报告。该报告称，民用航空是工业和社会基础设施的重要组成部分，其有效运行是保障国家安全和经济发展的基础。尽管民航业受到疫情等困难的重创，但从 2022 年的运行情况来看，该国民用航空业正在稳步发展：

第一，乘客和货物比以往更多。如今，吉尔吉斯斯坦与近 30 个国家签订了空中交通协议，这些国家包括俄罗斯、中国、韩国、泰国、马来西亚、印度尼西亚、印度、巴基斯坦、蒙古国、塔吉克斯坦、哈萨克斯坦、乌兹别克斯坦、亚美尼亚、土库曼斯坦、伊朗、科威特、卡塔尔、阿联酋、沙特阿拉伯、土耳其、格鲁吉亚、希腊、奥地利、乌克兰、白俄罗斯、捷克、英国、德国和瑞士。2022 年吉尔吉斯斯坦民航共飞行 41 717 架次，相比之下，2021 年飞行 35 047 架次，2020 年飞行 16 090 架次，2019 年飞行 32 012 架次。2022 年客运量为 5 118 289 人，2021 年为 3 988 616 人，2020 年为 1 517 936 人，2019 年为 3 683 332 人。货物运输量显著增长。2022 年运输货物 3 693 567 吨，2021 年为 23 608 吨。

第二，民航系统进行了大的变革。2022 年 5 月，根据吉尔吉斯斯坦总统签署的关于改善民航系统及其发展的法令，在交通部民航司基础上，吉尔吉斯斯坦内阁组建了国家民航局。国家民航局转移了决定民航部门发展政策的职能，机构重组后引入了新的部门和确定了新的发展方向。尽管国家民航局是一个非常"年轻"的国家机构，但该部门已成功完成多项工作。2022 年，国家民航局实施多项旨在提高飞行安全的措施。2022 年 9 月，在国家民航局的倡议下，国际民航组织专家为其检查人员提供了实际帮助；国际民航组织欧洲和北大西洋区域主任访问了吉尔吉斯斯坦，通过了将欧洲标准纳入现有规范性法律文书的决定。国家民航局制订了一项关于修改和补充《吉尔吉斯共和国航空法》的草案，并已提交给国家元首行政当局。作为世界银行项目的一部分，国家民航局正与英国民航局合作制订国家安全飞行计划。国家民航局还制订了一项行动计划，以优化民航系统的国家监管和监督，并在 2023 年将吉尔吉斯斯坦从欧盟黑名单中移除。吉尔吉斯斯坦通过了内阁决议"关于吉尔吉斯共和国民用飞机机组人员的组成"。

2022 年 9 月，吉塔边境发生冲突，吉尔吉斯斯坦的国家民航局与玛纳斯国际机场和地方航空公司共同组织专班，将军事特遣队和人道主义物资送至拉扎科夫机场和奥什机场。此次事件表明，吉尔吉斯斯坦需要无人机。一周之内，无人机操作员培训计划获批，吉尔吉斯斯坦国家边境服务局人员接受了相关培训。

2022 年，吉尔吉斯斯坦的国家民航局对巴特肯国际机场的沥青混凝土路面、跑道、滑行道和停车场进行了修复，以及扩建了该机场停机坪；进行了卡拉库尔机场的建设；国家民航局制订了空乘人员的培训和再培训计划。吉尔吉斯斯坦未来计划发展通用航空：空中救护车、航空运动、国内小型航空客运（最多 20 人）、教育培训活动等。

四、电力

（一）水力发电

吉尔吉斯斯坦高山河谷纵横，河流很多，形成了丰富的水力资源，吉尔吉斯斯坦水能总储量为 1 425 亿千瓦时，目前仅开发了 10% 左右，基本可以保障国内电力需求。吉尔吉斯斯坦已有水电站 18 座，年均发电量 140 亿千瓦时，总装机量为 291 亿千瓦时。苏联时期建立的托克托库尔水库位于纳伦河的下游，水坝高达 215 米，水电装机容量达 120 千瓦时，年均发电量为 57 亿千瓦时。该电站具有调节发电和灌溉的综合作用。

吉尔吉斯斯坦国内电网与哈萨克斯坦、乌兹别克斯坦及中国相联通，吉尔吉斯斯坦每年从乌、哈两国进口部分电力，并向哈、中两国出口部分电力。世界银行正探讨为 CASA-1000 项目（中亚—南亚输变电线）提供资金支持，该项目拟将吉尔吉斯斯坦、塔吉克斯坦的电力输送到阿富汗和巴基斯坦。

吉尔吉斯斯坦特别关注能源部门的发展，因为它是经济的支柱，是有助于改善人民生活条件的关键产业之一。2021 年 8 月 29 日，塔拉斯州的基洛夫水库巴拉萨鲁水电站奠基。该项目将于 2022 年 12 月完工，水电站包括三台发电机组，装机总容量达 25 兆瓦，年均发电量达 9 200 万千瓦时。建设该项目须投入资金 2 290 万美元。该项目正在与俄罗斯—吉尔吉斯斯坦发展基金洽谈以解决资金问题。通过建设新的水力发电站，在发展经济的同时，为后代做好环境保护，确保能源独立和安全是吉尔吉斯斯坦当前的主要目标之一。巴拉萨鲁水电站将成为吉尔吉斯斯坦小水电发展方面的国家引擎。同时，国家还将启动坎巴尔—阿塔水电站 2 号机组建设、托克托古尔和阿特巴什水电站现代化改造项目。这些项目的实施将加强国家能源安全，为公民提供充足的电力，并有助于履行吉尔吉斯斯坦在国际电力供应协议中的义务。

（二）太阳能发电

据吉尔吉斯斯坦国家能源控股公司新闻处的消息，该公司的子公司 Taza-Energy 与哈萨克斯坦投资公司 TGS-Energy Ltd. 联合创办了合资企业——昆布拉吉（Кун Булагы）有限公司，该合资公司将在伊塞克湖州建设 50 兆瓦太阳能发电站，相关文件已签订。昆布拉吉有限公司将在吉尔吉斯斯坦境内落实总容量达 300 兆瓦的太阳能发电项目。

位于伊塞克湖州伊塞克湖区托鲁—艾吉尔（Топы—Айгыр）村的 50 兆瓦太阳能发电站项目总价值达 3 500 万美元，占地约为 0.8 平方千米，为总体的一期项目。该发电站第一阶段的建设计划于 2023 年 12 月完成，正常运行寿期超过 25 年。未来该发电站每年将向电网供电至少 9 000 万千瓦时。该发电站的建设将有助于巩固吉尔吉斯斯坦的能源安全，为可再生能源发挥潜力创造条件。

五、通信设施

（一）固定网络通信

固定网络通信运营商主要有三家：国家电信公司、Saima-Telecom 公司、Megaline 公司。国家电信公司是吉尔吉斯斯坦最大的固定网络运营商，为国有控股企业。其他两家是私营公司，其中：Saima-Telecom 公司的业务范围限于比什凯克及周边地区；Megaline 公司是小公司，以宽带业务为主，业务范围限于吉尔吉斯斯坦北部、奥什市和贾拉拉巴德市。

（二）移动通信

移动通信的运营商主要有三家：Skymobile 公司、Alfatelecom 公司和 Nurtelecom 公司。Skymobile 公司是吉尔吉斯斯坦第一大全球移动通信运营商，成立于 1998 年。2010 年加入俄罗斯第二大移动运营商 Vimpelcon 集团。2010 年年底，Skymobile 公司在吉尔吉斯斯坦启动 3G 业务。Alfatelecom 公司是吉尔吉斯斯斯坦第二大全球移动通信运营商，成立于 2006 年，由吉尔吉斯斯坦本地人完全控股。该公司曾经被该国前总统巴基耶夫及家族控制，后来逐渐市场化，业务范围不断扩大，已接近 Skymobile 公司。

（三）互联网

吉尔吉斯斯坦的互联网普及率为 70%以上，全国网民超过 400 万人。因吉尔吉斯斯坦地理情形复杂，电缆铺设难度较大，尤其是山区，网络覆盖大多数在城市地区，边远山区和农村没有网络。据统计，在中亚五国中，互联网资费最低的就是吉尔吉斯斯坦（1GB 约合 0.6 美元），其次是哈萨克斯坦（1GB 约合 0.8 美元）。在乌兹别克斯坦，使用 1GB 移动互联网需支付 1.3 美元，塔吉克斯坦（1GB 约合 3.5 美元）和土库曼斯坦（1GB 约合 17.5 美元）则要贵得多。吉尔吉斯斯坦还进入了全球移动互联网接入排名的前十，排名基于十个因素，包括平均互联网速度、宽带互联网接入成本和可用性、每 GB 移动数据的成本等。在移动互联网速度方面，吉尔吉斯斯坦在中亚国家中处于领先地位。截至 2022 年 4 月底，吉尔吉斯斯坦网速为 19.4 Mbps，哈萨克斯坦网速为 20.7 Mbps，乌兹别克斯坦网速为 13.67 Mbps，塔吉克斯坦网速为 7.84 Mbps，土库曼斯坦网速仅为 3.31 Mbps。

第五节　文教事业

一、教育事业现状

吉尔吉斯斯坦独立后，政府非常重视教育工作，各类学校（学龄前机构除外）都有不同程度的发展。1997 年 9 月 7 日，阿卡耶夫总统在答美国《洛杉矶时报》记者问时说："我原来是大学教授，因此我相信教育的重要性。我把从亚洲开发银行和欧盟获得的贷款和赠款都用于教育改革……在吉尔吉斯斯坦，25%的中学毕业生都能继续升入大学深造。在这方面并没有大大落后于美国。"

近 20 多年来，吉尔吉斯斯坦的各级各类学校的数目以及在校学生人数（中等专业学校学生除外）均有明显增加。2002—2013 学年同 1991—1992 学年相比，吉尔吉斯斯坦有普通教育学校 2 056 所，在校学生 116.81 万人，学校增加 212 所，在校学生增加 20.56 万人；中等专业学校 66 所，在校学生 2.60 万人，学校增加 18 所，在校学生减少 1.70 万人；高等学校 46 所，在校学生 19.91 万人，学校增加 34 所，在校学生增加 14.11 万人。高等学校数目和在校大学生人数激增，与非国立大学出现有关。这种非国立大学由 1994—1995 学年的 3 所增至 2002—2013 学年的 15 所，在校学生人数也由 0.26 万增至 1.42 万。此外，在国际社会的帮助下，吉尔吉斯斯坦开设了与外国合办的高等学校，如吉尔吉斯-土耳其玛纳斯大学、吉尔吉斯-俄罗斯斯拉夫大学、吉尔吉斯-美国大学、吉尔吉斯-乌兹别克高级工学院和吉尔吉斯-乌兹别克大学等。根据国家制定的"知识"和"21 世纪干部"纲要，数以百计的吉尔吉斯斯坦青年男女赴国外留学。例如，到独联体国家进修学习的大学生和研究生就有 500 多名（其中，在俄罗斯学习的有 244 名，塔吉克斯坦有 50 名，在乌兹别克斯坦有 115 名，在乌克兰有 4 名，在哈萨克斯坦有 115 名）。

在吉尔吉斯斯坦，每万名居民中的大学生人数由 1991—1992 学年的 130 名增至 2002—2003 学年的 397 名。吉尔吉斯斯坦的普通（中小学）教育经费由地方政府预算拨款，中等专业教育和高等教育由国家中央预算拨款。目前，地方政府承担全部教育经费的 78%。2001—2012 年，国家用于教育事业的预算拨款由 28.476 亿索姆上升到 33.504 亿索姆。在 2020 年的排名中，吉尔吉斯斯坦 25 所高等教育机构的 174 个学士学位课程和 46 个硕士学位课程参加了评级，其中有 19 个专业广受欢迎。2021 年高校独立排名罗列了 259 个教育项目，同比增加 17%。在 IAAR（独立认证评级机构）评级中，吉尔吉斯斯坦高等教育机构在 44 个学士（专业）和硕士学位项目中占有一席之地。

吉尔吉斯斯坦国家统计委员会对吉尔吉斯斯坦就业人口职业调查行业分布发现，女性受教育水平更高。2020 年，就业中受过高等教育的女性比例超过 28%，男性这一比例仅为 19%。在拥有中专学历的人中，女性和男性占比分别为 17% 和 8%。在完成中等教育或未完成中等教育就业人数中，男性就业占主导地位。接受过初级职业教育的男性人数比例超过 10%，女性约为 5%。2020—2021 学年开始时，高等专业教育机构学生中，女性占比为 52%；中等专业教育机构学生中，女性占比为 56%。同时，女性在教育、医疗保健、文化、艺术和服务业等专业培训中的传统优势也逐渐体现出来。相比之下，男性主要选择机械工程、金属加工、采矿、建筑、电子工程和能源等专业。2020 年，吉尔吉斯斯坦在读硕士研究生达到 2 500 人，比 2016 年增长 16%，在读博士生达 145 人，比 2016 年增长 3%。其中，硕士研究生中，女性比例为 60%；博士研究生中，女性占比达 69%。

教育项目排名结果表明，吉尔吉斯斯坦高等院校人才流入量有所增加。吉尔吉斯斯坦国立工程交通与建筑大学、吉尔吉斯斯坦国立医学院、奥什国立大学和贾拉拉巴德国立大学全国统一测试成绩优异证书（"金色证书"）持有者人数增加，这表明优秀学生集中度提高，对其大学在评级中的地位有重大影响。

对 2021 年吉尔吉斯斯坦高校独立评级的监测结果表明，高校教学人员的出版活动明显增加。吉尔吉斯斯坦国立医学院、奥什国立大学、阿拉套国际大学的科学出版物竞争力显著增强，科学著作索引指标明显增加，引文水平提高，这表明其对科学工作成果的需求增加和高校的权威性增强。

如今，吉尔吉斯斯坦高等教育机构中，教育国际化和学术流动性蓬勃发展。根据对"学术流动性"指标的评估，该国高校教育国际化的发展达到了参与教育项目排名的总数量的 36%。吉尔吉斯斯坦国立医学院、奥什国立大学、国际高等医学院、贾拉拉巴德国立大学、比什凯克国立大学学术交流非常普遍。

对吉尔吉斯斯坦高等院校进行 IAAR 独立评级，主要是为了提高高等院校的声誉和教育质量，是衡量高等院校在国内和国际教育领域认可度和定位的有效工具。吉尔吉斯斯坦高校年度独立评级已成为在该国受欢迎的重要年度活动，它促进了教育服务竞争力的增长，确保公众对教育质量符合劳动力市场要求程度的认识，并统计吉尔吉斯斯坦教育系统发展的具体特点。

根据吉尔吉斯斯坦教育部的规定，国家颁发的教育文凭是证明接受过完整教育并获得专业技能的凭证，以及在国家机关、单位、企事业单位工作的凭证，也是工资待遇的基础，还是日后接受再教育的条件。如果未持有国家规定的文凭，是不能在国家机关和企事业单位找工作的。因此，没有国家规定的文凭会限制一个人日后的发展和影响其前景。吉尔吉斯斯坦教育部在卡巴尔通讯社的新闻发布会上宣布，不同类型大学的学费不同。2018 年，国立大学的学费为 11 000~56 000 索姆。根据高考统计的结果，2019 年共有 59 000 人参加了考试，有一半的人可以申请奖学金，合格分数线和往年一样，为 110 分。

（一）教育文凭

吉尔吉斯斯坦规定的教育文凭如下：

——中等职业文凭；

——全日制高等教育文凭（本科）；

——全日制高等教育文凭（硕士）；

——全日制高等教育专业或方向文凭（介于本科和硕士之间的一种文凭）；

——第二专业教育文凭（文凭、证明、毕业证等）；

——学院文凭；

——医药学教育文凭；

——研究生教育文凭；

——副博士文凭；

——博士文凭。

（二）大学性质及名称

1. 国立大学

（1）吉尔吉斯斯坦阿拉巴耶夫国立大学

（2）吉尔吉斯斯坦国立技术大学

（3）吉尔吉斯斯坦国立工程交通与建筑大学

（4）比什凯克人文大学

（5）吉尔吉斯斯坦国立体育大学

（6）吉尔吉斯斯坦国立医学院

（7）吉尔吉斯斯坦国立法律学院

（8）吉尔吉斯斯坦国立农业大学

（9）吉尔吉斯斯坦国际大学

（10）吉尔吉斯斯坦警察学院

（11）吉尔吉斯斯坦国立艺术大学

（12）吉尔吉斯斯坦国立音乐学院

（13）吉尔吉斯-土耳其玛纳斯大学

（14）吉尔吉斯斯坦民族艺术学院

（15）吉尔吉斯-俄罗斯斯拉夫大学

（16）吉尔吉斯斯坦总统国立管理学院

（17）吉尔吉斯斯坦经济大学

（18）社会发展和企业管理院院

（19）奥什国立大学

（20）奥什技术大学

（21）奥什人文师范学院

（22）伊塞克湖国立大学

（23）贾拉拉巴德国立大学

（24）巴特肯国立大学

（25）纳伦国立大学

（26）吉尔吉斯-乌兹别克大学

（27）塔拉斯国立大学

（28）吉尔吉斯斯坦外交部外交学院

（29）吉尔吉斯斯坦军事学院

（30）奥什国立法律学院

2．非国立大学

（1）旅游服务学院

（2）比什凯克财经-经济学院

（3）东方大学

（4）管理、法律、财经和商业国际学院

（5）吉尔吉斯-俄罗斯教育学院

（6）中亚美国大学

（7）阿塔-纠克阿拉套国际大学

（8）经济企业管理大学

（9）吉尔吉斯-哈萨克斯坦大学

（10）伊塞克湖合作大学

（11）战略信息技术教育研究所

（12）奥什农业学院

（13）楚河大学

（14）中亚国际大学

（15）欧亚大学

（16）国际创新技术大学

（17）亚洲医学院

（18）欧安组织学院

（19）法律、商业和教育学院

3．外国大学分校

（1）国际斯拉夫学院比什凯克分校

（2）莫斯科企业管理学院比什凯克分校

（3）莫斯科企业管理学院卡拉科尔分校

（4）俄罗斯国立社会大学奥什分校

（5）俄罗斯经济大学比什凯克分校

（6）喀山技术大学肯特分校

（三）各领域排名情况

1. 热门专业排名（前三名）

（1）经济与管理专业（17 所大学开设）

（2）教育学专业（11 所大学开设）、人文专业（11 所大学开设）

（3）计算机和信息技术专业（7 所大学开设）

2. 大学综合度排名（前六名）

（1）奥什国立大学

（2）吉尔吉斯斯坦国立医学院

（3）国际高等医学院

（4）吉尔吉斯斯坦国立工程、交通与建筑大学

（5）贾拉拉巴德州国立大学

（6）吉尔吉斯斯坦国立民族大学

3. 获总统奖学金多的大学（前五名）

（1）吉尔吉斯斯坦国立工程、交通与建筑大学

（2）吉尔吉斯斯坦国立医学院

（3）奥什国立大学

（4）吉尔吉斯斯坦国立大学

（5）贾拉拉巴德州国立大学

4. 国际化办学成果突出的大学排名（前六名）

（1）奥什州立大学

（2）吉尔吉斯斯坦国立医学院

（3）国际高等医学院

（4）吉尔吉斯斯坦国立工程、交通与建筑大学

（5）贾拉拉巴德州国立大学

（6）吉尔吉斯斯坦国立大学。

5. 学术成果突出的大学排名（前四名）

（1）吉尔吉斯斯坦国立医学院

（2）奥什国立大学

（3）吉尔吉斯斯坦国立大学

（4）吉尔吉斯斯坦国立技术大学

6. 留学生数量^①多的大学（前十名）

（1）奥什国立大学（14 511 人）

（2）吉尔吉斯-乌兹别克大学（6 881 人）

（3）奥什国立师范大学（6 153 人）

（4）巴特肯国立大学（6 077 人）

（5）亚洲医科大学（4 800 人）

（6）国际高等医学院（4 072 人）

（7）吉尔吉斯国立医学院（3 498 人）

（8）奥什技术大学（3 370 人）

（9）贾拉拉巴德国立大学（2 774 人）

（10）国际医科大学（2 273 人）

二、主要高等院校简介

（一）吉尔吉斯国立民族大学

吉尔吉斯国立民族大学于 1951 年在首都比什凯克市创办，是该国最早创办的一所著名的综合性大学。它是吉尔吉斯斯坦教育、科学、文化中心，拥有约 2 万名来自国内几十个民族及世界其他国家的学生。美丽的吉尔吉斯国立民族大学（见图 1-29）坐落于比什凯克市的市中心，交通便利，优势学科是经济系，在该国处于领先位置，另有俄罗斯语言文学系、法律系、商业贸易、化学生物系、物理和电子学、教学和应用数学、新闻学、商业贸易，等等。就读俄罗斯语言文学系的学生多为外国留学生，他们来自不同国家，以中国人和韩国人为主。该系师资雄厚，备受国外留学生的好评。吉尔吉斯国立民族大学一直延续苏联的教育体系，教育质量卓有成效，具有一流水准。

---

① 根据 2022 年 4 月吉尔吉斯斯坦教育和科学部公布的数据，有 70 524 名外国学生在该国大学学习。其中大多数人来自乌兹别克斯坦（38 857 人）、印度（14 461 人）、巴基斯坦（9 758 人）、哈萨克斯坦（2 137 人）、俄罗斯（1 969 人）和塔吉克斯坦（2 166 人）。数据显示，有些学校每年学费仅 3 万多索姆，有些学校学费则超过 22.5 万索姆。吉尔吉斯斯坦为一些留学生提供奖学金：俄罗斯和塔吉克斯坦各有 50 个学生名额，中国有 30 个学生名额，白俄罗斯、匈牙利和哈萨克斯坦各有 5 个学生名额。此外，吉尔吉斯斯坦还有 75 个奖学金名额分配给了在海外的该国学生。

图 1-29 吉尔吉斯国立民族大学

吉尔吉斯国立民族大学现有 17 个系和 53 个教研室。其中，吉尔吉斯语言文学系（1932 年创办①），开设吉尔吉斯语实践、民族文学理论与历史、国语理论与实践及吉尔吉斯语言学、吉尔吉斯文学等教研室；俄罗斯语言文学系（1932 年），开设官方俄语、俄罗斯文学理论与历史、外国文学、俄语理论与实践等教研室；历史与地区学系（1932 年），开设历史、吉尔吉斯斯坦史和吉尔吉斯学、地区学和世界民族史等教研室；地理系（1939 年），开设地理学、自然资源利用和旅游等教研室；法律系（1954 年），开设刑事侦查、国家法制和经济法律等教研室；数学和应用数学系（1966 年），开设数学、应用数学、高等数学和控制论等教研室；哲学和公务系（1932 年），开设政治学、公务学、哲学、社会学和文化学等教研室；国际关系系（1995 年），开设有法文、中文、西班牙文、日文、土耳其文、意大利文和德文等专业；物理和电子学系（1997 年，由原物理技术系改名而来），设有物理和造型技术、电子学和微电子学、普通物理学等教研室；化学、生物系（1997 年，由原生物系与化学和化工系合并而成），开设化学、生态学、物理化学、动物学和植物学等教研室；银行商业系（1997 年），开设财政与信贷、经济学、生产组织与工艺等教

---

① 本段以下括号内省略"创办"。

研室；会计核算与商业贸易系（1997 年），开设会计核算、标准化与市场、管理与统计等教研室；吉尔吉斯斯坦-美国系（1993 年，其奠基人是吉总统阿卡耶夫和美国副总统戈尔）；吉尔吉斯斯坦-欧洲系（1994 年）；维吾尔语言文学系（1994 年）；新闻系（1994 年），设有 2 个教研室；东方学系（1995 年）；军事系（1995 年在原军事教研室的基础上创办）。该校还开办 4 所学院，包括：干部进修学院（1996 年 1 月 12 日）；基础科学学院（1997 年 1 月）；外语学院（1997 年，在原罗曼语-德语系的基础上开办），开设英语、德语、法语、翻译理论与实践、语言艺术等教研室；定向培训学院（1998 年在原定向培训系的基础上开办）。此外，该校还开办了以下教学中心：远距离教学中心；国际研究生中心；战略研究中心；新闻、广播和电视中心；新生物技术中心；经济工作者进修中心；法律工作者进修中心；吉尔吉斯语言文学中心和计算机中心。

（二）吉尔吉斯斯坦国立医学院

吉尔吉斯斯坦国立医学院创建于 1939 年，距今已有 80 多年的历史。吉尔吉斯斯坦国立医学院是一所在吉尔吉斯斯坦占主导地位的高等医学教育机构。学校从建立至今已培养了 3 万多名医生，现有学生 4 000 多名。学校设有：治疗系、儿科系、制药系、口腔学系、高级护理系、公共卫生系、实习医生、住院医师系，同时还设有科学创新与医疗研究所、国际关系处、学前教育中心、医疗教学中心等。学校开设有本科及副博士①相关专业，如妇产学、治疗法、家庭医学、内科学、外科学、儿科学、儿童传染病学、儿童内科学、应用口腔学、内科口腔、传染病学、卫生学、流行病学、公共卫生学等。吉尔吉斯斯坦国立医学院师资力量雄厚，现已成为吉尔吉斯斯坦培养医学人才的重要基地。

（三）吉尔吉斯比什凯克人文大学

吉尔吉斯比什凯克人文大学（以下简称"比什凯克人文大学"，如图 1-30 所示）成立于 1979 年，经过 40 多年的办学，已成为本国教育机构中排名名列前茅、知名度较高的一所综合性大学，在亚洲得到广泛认可。该校运用 17 种语言来进行教学，以培养东方语言和西欧语言专家。

---

① 相当于中国的硕士研究生。

图 1-30　比什凯克人文大学

　　比什凯克人文大学有 8 个学院：①东方研究和国际关系学院，设有东方语言学、西方语言学、国际关系学等专业，每个专业均开设相应的外语课程，如东方语言学专业以中文、日语和韩语为主，西语系以英语、西班牙语、拉丁语为主。②德语语言学院，设有德语和德国文学、翻译、世界经济等专业。③信息、社会行为和心理学学院，有图书管理学、信息服务顾问、社会行为学、心理学等专业。④吉尔吉斯-俄罗斯学院，设有广告新闻学、语言学、地区研究学等专业。⑤小语种学院，设有阿拉伯语、波斯语、印地语、韩语、日语等专业。⑥行政管理和社会学学院，设有社会学、政治学、行政管理学等专业。⑦生态和管理学院，设有生态学、自然资源利用、旅游管理、广告管理、信息管理等专业。⑧突厥语研究学院，设有吉尔吉斯语、哈萨克语、乌兹别克语、维吾尔语、土耳其语等专业。

　　比什凯克人文大学特别重视为学生创造必要的休息和娱乐条件。它拥有一所带病房和康复中心的医院，提供学生热线咨询服务和留学生公寓。学生在业余时间可参加大学文化中心的活动，业余生活丰富多彩。文化中心经常举办各种学术活动和组建兴趣小组。

　　比什凯克人文大学的教师队伍由该国和国外的知名专家组成。在 280 名教师中有 76 名是博士和科学院候选人，23 名博士和国家科学院士候选人在比什凯克大学兼职，11 名教师拥有吉尔吉斯斯坦"荣誉教育工作者""荣誉文化工作者""荣誉记者""荣誉艺术工作者"荣誉称号，36 人被授予吉尔吉斯斯坦"国家杰出教育工作者"称号。比什凯克大学定期邀请吉尔吉斯斯坦著名人士和政治家、总统和政府行政管理局成员、议员、政府部门官员、工商界人士以及著名的外国科学家、外交家和其他国外高校的教授到校授课。

比什凯克人文大学已经与许多国家的学校建立了各种合作关系，不少周边国家学子慕名而来，仅中国留学生就有近百人之多。该校以灵活、便捷的新生注册方式、与国际接轨的管理模式以及高质量的教学效果吸引越来越多的外国学生前来留学。

（四）吉尔吉斯-土耳其玛纳斯大学

吉尔吉斯-土耳其玛纳斯大学创建于1995年，是吉尔吉斯斯坦比什凯克一所非国立性质的高等职业教育院校。该校是根据1995年吉尔吉斯斯坦政府和土耳其政府在土耳其伊兹密尔签订的有关协议而创建的。学校设：人文系、自然科学系、艺术系、经济与管理系、神学系、医学系、工程系、农业系、自然科学学院、社会科学学院、高级体育运动学校、音乐学院、旅游与酒店服务学校、高等职业学校、生物科技研究中心、土耳其文化研究中心。同时，该校开设了本科专业，如历史学、社会学、哲学、教育学、俄语与俄罗斯文学、中文与中国文学、突厥学、生物学、数学、绘画与设计、经济学、管理学、金融学、国际关系学、新闻学、广告学与社会关系学、化学工程、计算机工程、生态工程学、食品工程学、果蔬栽培、体育与运动、公共食品企业管理、旅游与酒店管理、英语、吉尔吉斯斯坦语等。

据吉尔吉斯斯坦教育和科学部新闻处的报道，2022年第四版泰晤士高等教育世界大学影响力排名显示，吉尔吉斯-土耳其玛纳斯大学名列其中。该排名是世界上实现教育可持续发展目标的较权威排名之一，比较了大学在研究、管理、外展和教学四个广泛领域的情况。据了解，在过去两年里，吉尔吉斯-土耳其玛纳斯大学在高等教育的多个领域都取得了进步和突破。正是由于这一点，该校成为吉尔吉斯斯坦第一所也是唯一一所被列入该排名的大学。

（五）奥什国立大学

奥什国立大学的前身是始建于1939年的教师学院，1951年更名为奥什国立师范学院，1992年更名为奥什国立大学，升格成为吉尔吉斯斯坦综合性高等教育学府。该校是吉尔吉斯斯坦最大的综合性大学，位于该国第二大城市奥什市。

奥什国立大学共有18个学院，62位教授、348位副教授、2位吉尔吉斯斯坦科学院院士和2位吉尔吉斯斯坦科学院通信院士。现在校教职工共达2 700余人，在校学生多达2.8万余名，其中有来自共计27个国家的1 750余名留学生。

（六）吉尔吉斯国立技术大学

吉尔吉斯国立技术大学成立于 1954 年，是一所非营利性公立高等教育机构，位于比什凯克市。吉尔吉斯国立技术大学是吉尔吉斯斯坦教育和科学部正式认可的大型高等教育机构。这所拥有 69 年历史的吉尔吉斯斯坦高等教育机构实行基于入学考试的选择性录取政策。该校还为学生提供一些学术和非学术设施和服务，如图书馆、体育设施以及行政服务。

（七）吉尔吉斯斯坦国立工程交通与建筑大学

吉尔吉斯斯坦国立工程交通与建筑大学创建于 1992 年，是在吉尔吉斯斯坦建筑设计学院的基础上建立起来的，1998 年正式更名为吉尔吉斯斯坦国立工程交通与建筑大学。学校设：建筑与设计学院、新信息工艺学院、创新职业学院、建筑、经济与管理学院、交通与通信学院、生态与资源节约学院、信息工艺系、应用信息系、建筑工艺系、经济与管理系、军事系、人才培养中心、技能提高中心、计算机服务中心、图书馆信息中心等。同时，学校开设了本科、硕士及博士专业，如建筑设计、水资源保护系统、排水系统、建筑材料与用品、水利工程建设、桥梁、公路、机场、地铁的设计与建设、建筑机械、铁路勘测与建设、汽车运输管理、科学研究中计算机技术与数学方法的使用、环境保护与自然资源的合理利用、国民经济计划的制定与组织、艺术学、造型艺术理论与历史、文化学、实用装饰艺术、建筑理论与历史、建筑遗产的修复与改造、城市建设、农业居民区的区域规划等。吉尔吉斯斯坦国立工程交通与建筑大学师资力量雄厚，并拥有现代化的教学设施，已成为吉尔吉斯斯坦工程建筑及信息人才的主要培养基地。

三、汉语教育

（一）历史与发展

1. 汉语教育阵地

在汉语教学中，语言和文化是相辅相成、相互融合的关系。随着不断掀起的学汉语热潮，汉语学习者对中国文化兴趣越发浓厚，全世界对汉语的需求也在不断增长。这不仅因为中国的蓬勃发展，还因为全球化使得这门语言发挥着重要的作用。汉语不仅用于交流，而且广泛用于教育、政治、商业、经济、国际关系、社会生活、艺术、科技等领域。在学习汉语这门语言的同时，文化推广与文化教学可以加强不同文化之间的交流，促进"民心相通"，为此奠定了一定的理论价值。此外，文化推广与文化教学在汉语的推广和教学过程中产生着重要的影响，它不仅把语言贯彻到社会文化中，更是教学和实际交流沟通的桥梁。自 2005 年吉尔吉斯斯坦改革开放以来，其日益开放了学习汉语的途径和提供了学习机会。根据吉尔吉斯斯坦教育和科学部的资料，国内 7 所知名大学都在教授汉语，包括吉尔吉斯国立民族大学、吉尔吉斯斯坦女子师范大学、比什凯克人文大学、阿拉伯-吉尔吉斯国立斯拉夫大学、奥什国立大学、奥什人文师范学院。

吉尔吉斯斯坦最早开设中文系的大学是吉尔吉斯国立民族大学 。1991 年这所大学成立了中文系，是在该国境内最早设置汉语专业的高校。同年，吉尔吉斯斯坦女子师范大学也开设了汉语课程，并于 2007 年 10 月开设了"吉中学院"，对学生进行有针对性的汉语专业培养。其中文系设翻译学、汉语语言文学、东方学、国际经济学、国际记者学、国际关系学、国际贸易等专业。

1992 年，比什凯克人文大学成立了中文系，吉尔吉斯国立民族大学和吉尔吉斯斯坦女子师范大学的学生集体转到比什凯克人文大学继续学习汉语。从此，比什凯克人文大学成为吉尔吉斯斯坦汉语教育的主要阵地，学生数量以每年约 100% 的速度增长，该校是崇尚汉语文化的吉尔吉斯斯坦青年的首选。2004 年，比什凯克人文大学中文系发展成为汉学系，学生规模由最初的 50 名发展到 901 名。2006 年秋季，在中国国家汉语国际推广领导小组办公室和比什凯克人文大学的共同努力下，人文大学成立了中亚地区第一个汉语水平考试中心，迄今为止承办了 6 次不同级别的中国汉语水平考试（HSK），共有 1 200多人次参加了考试。2007 年年初，比什凯克人文大学、国立大学和俄罗斯斯拉夫大学三所大学作为法人代表，成立了汉学家协会，比什凯克人文大学校长穆萨耶夫·阿布杜达出任会长，比什凯克人文大学吉汉学系主任刘伟刚担任副会长。

2. 孔子学院

孔子学院作为中国对外展示文化形象、传播语言的窗口，受到越来越多国家和地区的认可。孔子学院的设立并不以营利为目的，它的出现满足了其他国家和地区民众希望了解中国、学习汉语的愿望。借助这个窗口，中国实现了与其他国家地区在科教、文化方面的深入交往，进一步延伸了与他国互信互利的关系。随着共建"一带一路"倡议的提出，吉尔吉斯斯坦的"汉语热温度"越来越高，孔子学院为中吉民众的友好交往贡献了不少力量。孔子学院经常在本地举办大型的中国文化活动，这提升了孔子学院的知名度，也让更多的吉尔吉斯斯坦民众了解了中国与中国文化，为中国在吉尔吉斯斯坦的中华文化宣传推广工作打下了基础。吉尔吉斯斯坦在中亚五个国家中，因地靠中国，又是古丝绸之路的重要站点，是汉语教学发展较好、较快的国家之一。由于吉尔吉斯斯坦和中国是睦邻友好关系，且两国有频繁的边境贸易往来，吉尔吉斯斯坦在当地开展汉语语言与文化教学工作的态度十分积极。吉尔吉斯斯坦孔子学院一直秉承"合作共赢、文化传播、教学先行"的办学理念，不断扩大规模，开办了多种形式的文化课程，注重教师队伍建设，不仅提高了教学质量，而且提升了平台服务水平。截至 2022 年年底，中国与吉尔吉斯斯坦已合作开办了四所孔子学院，分别是：比什凯克人文大学孔子学院（与新疆大学合作）、吉尔吉斯民族大学孔子学院（与新疆师范大学合作）、奥什国立大学孔子学院（与新疆师范大学合作）、贾拉拉巴德国立大学孔子学院（与新疆大学合作）。随着汉语学习者日益增多，吉尔吉斯斯坦本土汉语教师数量也与日俱增，为吉尔吉斯斯坦的汉语学习者提供了更多便利。

四所孔子学院的具体情况如下：

（1）2008 年 6 月 15 日，比什凯克人文大学孔子学院揭牌成立，成为吉尔吉斯斯坦第一所孔子学院。该孔子学院位于吉尔吉斯斯坦首都比什凯克市。比什凯克人文大学孔子学院设有 4 间孔子课堂，三次荣获"全球先进孔子学院"。2010 年申报的 8 间孔子课堂全部经总部审核获批，并于 2011 年下半年相继揭牌。它们是：比什凯克市 69 中孔子课堂、比什凯克市 2 中孔子课堂、比什凯克市总统干部管理学院孔子课堂、纳伦卡拉布伦中学孔子课堂、托克马克 5 中孔子课堂、塔拉斯 2 中孔子课堂、伊塞克湖州国立大学孔子课堂、纳伦州国立大学孔子课堂。孔子课堂重点布局在该国北部的四州一市。在开展教学活动的同时，该孔子学院还大力推广各类中国文化活动，并与社区多次联合举办文化交流活动。

（2）2009 年 5 月，吉尔吉斯国立民族大学孔子学院（见图 1-31）揭牌成立，为迅速发展吉尔吉斯斯坦汉语教学提供了有力支持，也为中华文化的推广与发展提供了有力保障。自此，吉尔吉斯斯坦开设汉语课程的学校数量、学习汉语的学生人数逐年增加。

图 1-31 吉尔吉斯国立民族大学孔子学院

（3）2013 年 6 月 20 日，奥什国立大学孔子学院成立，由新疆师范大学与奥什国立大学共同修建。它是中亚地区第一所可以授予学员本科学位资格的孔子学院，还是欧亚地区第一所"示范孔子学院"，也是吉尔吉斯斯坦南部地区中吉人民文化沟通交往的中枢地带。

（4）2016 年 12 月 26 日，吉尔吉斯斯坦贾拉拉巴德国立大学孔子学院成立，成为在吉尔吉斯斯坦成立的第四所孔子学院。该孔子学院位于吉尔吉斯斯坦南部贾拉拉巴德州的贾拉拉巴德市，分设 14 个教学点，年均注册学员百余名。该孔子学院除开设 HSK 培训班外，还在中学及大学开设学分和非学分课程。

（二）教材与教学推广

1. 使用教材

吉尔吉斯斯坦高校使用的大多数中文教材是中国著名大学编的教材，常用的汉语教材共 14 种：《当代中文》《大众汉语》《汉语教程》《新实用汉语课本》《汉语会话 301 句》《标准汉语》《新 HSK 模拟试题集》《发展汉语》《博雅汉语》《汉语口语速成》《汉语新目标》《汉语新起点》《快乐汉语》《汉语乐园》。

14 种常用的汉语教材具体介绍如下：

（1）《当代中文》：华语教学出版社出版，共 4 册，配有音频光盘。较好使用该教材的学生能够达到会认字、会读、会写，把用生词能够组成词语，学过课文后能理解课文，并能进行简单交际的水平。

（2）《大众汉语》：武汉大学出版社出版，共 4 册，分为初级、初级、中高级、中高级四个等级。该教材课文为会话，课文内容符合学生的需求，注重培养学生的交际技能与交际能力。

（3）《汉语教程》：北京大学出版社出版，共 3 册。该教材介绍了汉语语音基本知识、汉语词汇、语法知识，是一本适合大众学习汉语的参考用书。

（4）《新实用汉语课本》：北京语言大学出版社出版，包含音频光盘，共 6 册，有 70 课。前 4 册为初级和中级前阶段，共 50 课；后 2 册为中级阶段，共 20 课。

（5）《汉语会话 301 句》（第三版）：北京语言大学出版社出版，共 2 册，有 40 课。其内容包括 30 个多交际项目和 800 个多生词。使用该教材的初级汉语学习者可掌握基本汉语会话 301 句，从而进行简单交际。

（6）《标准汉语》：北京师范大学出版社出版，共 6 册。该教材的使用者能从零起点的汉语水平提高到中级汉语水平。教材内容贴近了学生日常生活，包含有关衣、食、住、行的题目，如婚姻、家庭、教育、环境等。

（7）《新 HSK 模拟试题集》：北京语言大学出版社出版，共 6 册。该教材适用于大学阶段或同等程度的汉语学习者，学习者能够更快、更好地适应新的 HSK 考试模式，了解考试内容，明确考试重点，熟悉新题型，把握答题技巧。

（8）《发展汉语》：北京语言大学出版社出版，分三个级别（初、中、高）和五个系列（综合、口语、阅读、听力、写作）。该套教材共 28 册，包括初级综合（I、II）、中级综合（I、II）、高级综合（I、II）、初级口语（I、II）、中级口语（I、II）、高级口语（I、II）、初级阅读（I、II）、中级阅读（I、II）、高级阅读（I、II）、初级听力（I、II）、中级听力（I、II）、高级听力（I、II）、初级写作（I、II）、中级写作（I、II）、高级写作（I、II）。每册教材附赠音频光盘，每课有英语注释。

（9）《博雅汉语》：北京大学出版社出版，分初级、准中级、中级和高级四个级别。全套教材共 9 册，包括起步篇（I、II）、加速篇（I、II）、冲刺篇（I、II）和飞翔篇（I、II、III）。

（10）《汉语口语速成》：北京语言大学出版社出版，共 5 册，包括入门篇（上、下）、基础篇、提高篇、中级篇和高级篇。该教材以图片增强交际真实感，体现了真实、生动、活泼的特点。该教材的使用者能增加词汇量，加工真实语料，增加交际性练习。

（11）《汉语新目标》：教育科学出版社出版，共 9 册。本套教材是第一套有俄语注释的教材，适用于具有大学阶段程度的初、中、高级汉语学习者。该教材题材广泛，内容丰富，有时代特色，体系完整，富有一定趣味性。

（12）《汉语新起点》：教育科学出版社出版，共 12 册，分为三个阶段（小学、初中和中高）。三个阶段的内容密切配合，教材题材广泛，注重交际性和趣味性。该教材有俄语翻译注释，包含音频光盘。

（13）《快乐汉语》：人民教育出版社出版，共 3 册，包含音频光盘。该教材适用于 11~16 岁的中学生。教材话题实用性、趣味性强，内容贴近实际的课堂教学。

（14）《汉语乐园》：北京语言文化大学出版社出版，共 6 册，包含音频光盘。该教材分为三大模块——课文、练习和游戏。课文内容幽默风趣、生动形象、操作简便，提高了学生的学习兴趣。该教材是中国国家汉办推荐的，有俄文版、英文版、泰文版、法文版、德文版等 45 种版本。

2. 教学推广

主要的文化推广及教学方式有：举办中国文化讲座、中国节庆文化讲座、汉字讲座、中国餐饮文化讲座、中国书法讲座；开设各类中国文化实践课，内容包括中国饮食、音乐、戏曲、舞蹈、书法、剪纸、太极拳等文化实践课程，在寓教于乐中，加深了学生对中国文化的理解；组建学生文艺小组有中国舞蹈组、中国歌曲演唱组、中国书法组、中国结组等。其还有形式多样、内容丰富的文化活动，如春节文艺活动、中学生和大学生汉语桥比赛、诗歌朗诵比赛、中国传统节庆文化周和文化月活动、全国巡回书展、各类文化兴趣班。

除此之外，"中国图书展""中国文化博览周""博物馆中国馆日""图书馆中国之夜"这些里程碑式的大型活动还将活动地点和规格提升到直接与吉尔吉斯斯坦国家图书馆、吉尔吉斯斯坦首都历史博物馆合作，活动受众面大、影响和报道空前广泛，促进了中吉文化之间的文化传播，在吉尔吉斯斯坦民众心里留下了深刻印象。另外，高端讲座和研讨会的召开，不仅在量上扩大了文化宣传的范围，而且在质上提升了中国文化宣传的深度。

第六节　社会生活风俗

吉尔吉斯斯坦由于历史传统、文化背景以及生活方式不同，在衣食住行、婚丧嫁娶方面所表现出的风俗习惯与其他国家也有差异。吉尔吉斯人是由游牧逐渐走向定居的民族，这对他们的婚丧嫁娶和衣食住行方面有一定影响，形成了独具特色的风俗习惯。

一、与婚姻有关的风俗

吉尔吉斯人的婚姻不受民族、部落限制，但盛行父母包办。一般有指腹婚、摇篮婚、幼年婚和成年婚等，早婚现象比较普遍。所谓指腹婚，就是当孩子尚未出生时，就由双方父母包办订婚。在这种情况下，双方父母发誓永远结亲，并举行一定仪式，当众确认订婚：首先，双方父母都用牙齿咬一下弓箭，都在自己一个无名指上割一个口，并互相吮吸对方手指上流出的鲜血。其次，各折断一个树枝，并互相吐一口唾沫等。如果由于生活中无法预测的原因，这桩婚事没有成功，那么这两家人仍像当初发誓那样，做好朋友。所谓摇篮婚，是指给婴儿订婚。男女双方的父母互称"亲家"和"亲家母"。男方父母给女方女婴戴上银耳环。不管以哪种形式订婚，男方都要向女方送彩礼。彩礼主要是牲口或财产，且各种牲口和财产的数目应是9或9的倍数，一般是9头9种牲畜或9件9种财产。

送过彩礼之后，成年男女就要准备结婚。举行婚礼的前一天，新娘的亲属们举行送别仪式。首先，把待嫁姑娘的小发辫都散开，重新梳理成已婚妇女的发型。其次，亲戚朋友向她致临别赠言，向她祝福，希望她做个好媳妇。

举行婚礼那天，身着婚纱的新娘在嫂嫂或弟媳的陪伴下去到新郎家。一路上，新娘要放声大哭，向人哭诉，不愿离开娘家。当新娘到新郎家后，举行如下结婚仪式：取下新娘的盖头；给新娘戴上白头巾（吉尔吉斯人认为，白色象征纯洁和幸福）；让新娘跳过火盆；男方父母、亲属相媳妇；指定代替父母的主婚人。新娘的父母把早已准备好的嫁妆在举行婚礼那天送到新郎家。这些嫁妆包括新婚夫妇过生活所需要的一切东西，从针线到牲口，而且嫁妆不应少于彩礼的价值。婚礼之后，男方亲属都轮着宴请新婚夫妇，介绍新娘与丈夫亲属认识（婚礼现场如图 1-32、图 1-33、图 1-34 所示）。

图 1-32　吉尔吉斯斯坦婚礼现场　　　　图 1-33　婚礼现场的表演节目

图 1-34　吉尔吉斯斯坦现代人的婚礼

新婚夫妇结合后，对新娘有很多禁忌。例如，新娘对丈夫的亲属不能直呼其名，可用其他适合的词代替他们的名字；新娘不能背朝丈夫的亲属坐着，不能伸出一条腿坐着；不能大声喧哗；不能不戴头巾、不穿鞋子走路；避免与丈夫的年长亲属直接会面。依照风俗习惯，结婚一年以后，新娘要探望亲生父母——"回娘家"，而且要在娘家住几天或几个月。以现代形式出现的传统婚姻的许多方面一直流传至今。

二、与分娩有关的风俗

吉尔吉斯人把妇女分娩视为家庭生活中最重要和最快乐的事件。他们认为，孩子是家族及其传统的继承者，是本民族兴旺永存的象征。因此，在分娩之前，他们就尽量保护好孕妇，不让孕妇干繁重的家务劳动和独自走出村庄。吉尔吉斯人千方百计地保护孕妇，是因为他们认为这样可以使孕妇免遭妖魔鬼怪的侵害。孕妇必须把一种写有摘自《古兰经》保护妇女格言的、名叫"图玛尔"（Tymap）的护身符，以及一种用熊爪和雕鹗爪制作的避邪物都挂在自己衣服上。为了保护产妇在其分娩期间不受魔鬼的危害，毡房内会昼夜生火。火炉旁边平放一把刀，刀锋向门。毡房的栅状骨架上，即产妇的头顶上悬挂一支实弹火枪。

婴儿出生后40天内不许见生人；满40天那日，亲朋好友都来祝贺，主人宰羊待客。婴儿全身洗净后被隆重地放入摇篮，这被称为"入摇篮仪式"。

依照风俗习惯，新生婴儿第一顿饭是让他（她）吸吮用微火煮沸的奶油。然后给他（她）穿上第一件小褂——"狗褂"，这件小褂是从一个老头或一个多子女的、受人尊敬的老太太的内衣上扯下的白色碎布缝制成的。这个小布褂做成后先让小狗穿一下，再让新生儿穿，"狗褂"便因此而得名。所有这些做法都是因为当地人期望新生儿长命百岁、生活幸福、体魄健康和意志坚强。

按照风俗习惯，妇女不能给新生儿起名字。只有村庄上德高望重的人才有资格给新生儿起名字。小孩刚学走路要举行"绳子仪式"。届时，父母亲回避，由祖父母主持仪式，叫来左邻右舍的小朋友们参加。"绳子仪式"按照一定程序进行：首先，把孩子领出门，放在毡房前面；其次，用一根由白、黑毛线交织而成的细毛线捆住孩子的双腿；最后，让众童从20米远的地方跑来解开绳子。从此，这个孩子开始迈步走路。吉尔吉斯人认为，之所以使用白、黑相交织的毛线，是因为白色和黑色分别象征光明和黑暗、善良与邪恶。人的一生既有光明、欢乐的日子，也有黑暗、悲伤的岁月。因此，一个人从小就应该准备应对生活的挑战。按照伊斯兰教教规，男孩在3岁半或者7岁时举行割礼；女孩在9~10岁时举行梳辫仪式，即把原先梳的两条大辫子散开，再梳理成大约20条小辫子，从此她就算长大成人了。

另外有意思的是，该国一项调查项目Media-K和Internews in Kyrgyzstan从来自吉尔吉斯斯坦中央选举委员会的大约200万个数据样本中，找出了吉尔吉斯斯坦最常见的男性和女性名字、姓氏。调查结果显示，"努尔别克"是吉尔吉斯斯坦最受欢迎的男性名字，"阿扎马特"和"艾别克"的数量略逊一筹；而女性公民中最常见的名字是"艾努拉"，"纳尔吉扎"和"艾达"次之。

三、与丧葬有关的风俗

亲人去世被认为是家庭、家族的悲剧。如果是青年人或者壮年人去世，亲人们会更加悲痛。治丧活动会依照程序，按部就班地进行：①死者家属向其亲戚、朋友发出死亡通知，绘画死者肖像，改穿黑色丧服。②悬挂治丧旗。如果是青年人去世，透过毡房的最高点伸出一面红旗；如果中年人去世，毡房上竖起一面黑旗；如果是老年人去世，则竖起一面白旗。③哭泣。在安放死者遗体的毡房里，妇女们为死者哭泣。如果是丈夫去世，那么妻子就披头散发，有意抓破自己的脸皮，并大声哭诉。其他妇女则面向毡房的侧壁坐着，也大声哭诉。死者的遗孀只能在其丈夫过世后第7天或者第40天才能将其散乱的头发重新梳理起来。④接待和安置参加丧礼的客人。⑤给死者擦洗身体，再给他裹上白色殓衣。⑥送葬。⑦下葬。吉尔吉斯人实行土葬。放尸体入墓时，使尸体呈坐状，使死者面朝日出的方向。⑧从墓地回来的人们集体哭泣。⑨把死者的衣服和个人物品分给参加葬礼的人。如果死者是妇女，还要把一块一块的小布（大约50×50厘米）分给大家。⑩举行葬后宴。⑪进行追悼活动。死者安葬后的第3天举行小祭，第7天举行中祭，第40天举行大祭。⑫善后事宜。在"大祭"活动结束那天，死者的亲属，包括妻子、儿女都脱掉丧服，并把这些丧服烧掉；做过悼念饭菜的铁锅要在地上倒扣几天；死者的画像安放在墓地（见图1-35）。只有完成这一切安葬、悼念活动之后，死者的家庭和家族才能恢复正常的生活。

图 1-35 吉尔吉斯人的墓地

四、与待客有关的风俗

在吉尔吉斯人看来，殷勤好客是一种优良的民俗。吉尔吉斯人常说"来客是福"。不管是萍水相逢，还是远道而来的客人，都要热情招待。家里一切好的东西——食品、床铺等以及全家老少的关心都要献给客人。如果客人是骑马来的，那主人必须出门迎接，帮助客人下马，把客人请进毡房。对于吉尔吉斯人来说，客人刚进毡房，就打听客人来访的目的是令人不愉快和没有礼貌的表现。主人必须安排客人住宿，如果主人不让客人住宿或者因照顾不周导致客人怀着不满心情离去，会受到社会舆论的谴责。

关系亲近的吉尔吉斯人之间，有相互馈赠的风俗，可赠送牲口、猎禽、马饰品、皮鞭、乐器和首饰等。依照"礼尚往来"的习俗，得到赠品者也要回赠，而且要回赠更有分量的东西。

五、与居住有关的风俗

吉尔吉斯人的住房有两种：一种是可挪动住房——毡房；另一种是固定住房。吉尔吉斯斯坦学者认为，毡房是吉尔吉斯民族物质文化的明显表现之一，是游牧建筑艺术和民间实用艺术的顶峰。毛毡柔软，结构简单，拆迁方便，四季通用，非常适用于游牧生活（毡房内部陈设如图 1-36 至图 1-39 所示）。

图1-36　毡房内部陈设（一）

图1-37　毡房内部陈设（二）

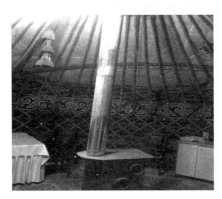

图1-38　毡房内部陈设（三）

图1-39　毡房内部陈设（四）

　　吉尔吉斯人住的主要是一种圆形毡房。这种毡房以木头为骨架，先围以薄草帘，外盖毛毡，房顶正中留一个可活动、透气的天窗。在毡房外部周围用绳子捆绑并牢牢地固定在大石头或木桩上，以防毡房被大风吹动。房门多朝东南，房内四壁挂以刺绣精美的围布或挂毯，地上铺毡毯或地毯，对门的正上方放置木箱、被褥，木箱前是客人的座位和睡觉的地方（如图1-40、图1-41所示）。门右边是主人住处。右下方放置食品和炊具。左上方为老年人铺位。左下方放置生产工具等。室内正中放置炉灶，用于取暖和烧饭。

图 1-40　毡房内刺绣精美的挂毯　　　图 1-41　毡房内刺绣精美的摆设

　　吉尔吉斯人对毡房有许多习俗和禁忌：他们对毡房及其陈设、用具要倍加爱护。如果对毡房指手画脚，说三道四，那是很不礼貌的。吉尔吉斯人有"乔迁酒宴"的习俗。当一个家庭建造好一座新毡房时，那主人必须举行庆祝活动。人们将一个祭祀用畜（小牲畜）的头割下，随即从毡房的烟道抛出。人们还要在毡房内的新毛毡或者新草席上缝缀一小块旧毡子，起到避邪作用。吉尔吉斯人认为，火具有净化作用，不能向灶火吐痰，不能向火灶上洒水，不能围着室内火堆走动，不能在黄昏时向邻居送炽热的灰烬。如果一个家庭有人去世，按照风俗习惯，死者的尸体要在毡房内停放 3 天。在这种情况下，从毡房内搬出全部摆设和家具，只留下供哭灵妇女坐的毡毯。如果死者是男性，毡毯则铺在男人住的地方；如果死者是女性，毡毯则铺在女人住的地方。

　　除了毡房，吉尔吉斯人还有固定的永久性住房。这种住房大批出现于 19世纪游牧转入定居时期。19 世纪下半叶，平原地区的大部分吉尔吉斯人家庭都有了固定住房及其附设的家务用房。建房技术、内部装饰以及住房的规划设计，大多是从邻近的乌兹别克斯坦和塔吉克斯坦民族工匠那里学来的（现代风格毡房如图 1-42 至图 1-44 所示）。

　　吉尔吉斯人同中亚其他游牧民族一样，并不看重定居生活方式，不喜欢住土坯房舍，比较殷实的家庭甚至还要在永久房舍的旁边再搭建一座毡房。到20 世纪，吉尔吉斯人终于完成了由游牧转向定居的漫长历史进程。毡房尽管在生活中还保持着自己的实用意义，但从整体上来看，它已变成为博物馆的展览品。几乎所有吉尔吉斯人都住进了按照欧洲风格建造的固定房舍。只有吉尔吉斯斯坦南部地区偶尔才会发现按照中世纪中亚河中地区居民建筑传统建造的房屋（见图 1-45）。

图 1-42　别致的庭院

图 1-43　现代化的民居

图 1-44　现代化的民居

图 1-45　老旧样式的传统毡房

六、与服饰有关的风俗

吉尔吉斯人的传统服装是其整个民族文化的重要组成部分。男子的传统服装上身是长袍，罩羊皮袄；下身是布料长裤，冬天则穿皮裤；脚穿皮靴或毡靴；头戴皮帽或绣花小帽，更多的是戴一顶名叫"卡尔帕克"的帽子（见图 1-46）。这种帽子用白毡做成，帽里的下沿儿镶一道黑绒，向上翻过来，并在左右两边各开一个口儿。帽顶呈四方形，缀有珠子和缨穗。男子腰系皮带，上挂小刀。妇女一般穿色彩鲜艳的宽大连衣裙，外罩针织丝绒或长绒的长袍或小坎肩，下配灯笼裤，长袍外面束一条开襟的绣花围裙，脚穿软皮鞋，外套胶皮套鞋（见图 1-47）。青年妇女一般喜欢红色、绿色头巾，老年妇女多用白色头巾。现在吉尔吉斯人已普遍穿着现代服装，只有老年人及一部分中年人仍喜欢穿传统服饰。

图 1-46 "卡尔帕克"毡帽

图 1-47 身着传统民族服饰的美丽姑娘

　　吉尔吉斯人非常重视衣帽。他们认为，随便抛掷帽子、拿错帽子以及走路不戴帽子都是很不礼貌的。人们不能从衣服上跳过。男人在表示完全顺从或者请求宽恕时，会将自己的腰带挂在脖子上。

七、与饮食有关的风俗

吉尔吉斯人的饮食多半是牛奶和肉类。粮食制品是在由游牧转向定居、农耕的过程中才出现的。种类丰富的吉尔吉斯斯坦美食如图 1-48 至图 1-51 所示。

图 1-48　传统茶点一

图 1-49　传统茶点二

图 1-50　烤羊排

图 1-51　那仁

奶类食品是吉尔吉斯人食品的主要成分：纯酸牛奶、酸牛奶、由煮过的牛奶制作的酸凝乳、乳酪、用羊奶制作的奶渣干酪、乳皮、黄油以及炼过的动物油等。

吉尔吉斯人食用羊肉、马肉、牛肉、骆驼肉和牦牛肉。其中，绵羊肉和山羊肉特别受欢迎。在进餐者较多的大型宴席上，人们主要吃马肉。吉尔吉斯人还有贮藏肉、奶食品备用的习惯。他们主要制作干牛奶食品、黄油和小碎块干肉等。信奉伊斯兰教的吉尔吉斯人忌食猪、狗、驴、骡、蛇肉以及猛禽肉和自死畜肉。在宗教气氛比较浓厚的地区，即使可食的马、牛、羊肉也必须是信仰伊斯兰教者所杀的才可食用。

其面食品由小麦、玉米、大米、黍和燕麦制成。他们用粮食粒和面粉制作成各种饭菜，如各种粥，用水或牛奶和的面团制成的食品，用面粉、麦粒或土豆之类熬成的稀汤，等等。面包制品或者馕有以下几类：用发酵酸面团制作的面饼，加奶油、鸡蛋的分层薄面饼，用未发酵的面团制作的分层面饼，等等（见图1-52、图1-53）。

图1-52　卖馕的吉尔吉斯小伙

图1-53　做烤肉的吉尔吉斯小伙

吉尔吉斯人在做饭和吃饭方面至今还保留着不少古代的风俗习惯。例如，在用铁锅煮肉时，首先向沸腾的水中投入一块楔骨，然后再倒入肉块。在吃肉菜时，客人按两人、三人或者四人一组入座。主人依照来宾的社会地位或亲属辈分给他们每人都送相应的熟肉块。进餐者必须严格从自己的盘子取肉吃。在餐桌上，如果刀子不够用，进餐者可以互相使用刀子。在这种情况下，送刀子给别人时，一定让刀把儿朝前方；如果把刀子送回主人，那刀尖上要扎一块肉。

随着社会的发展与进步，吉尔吉斯人的民族文化传统发生了明显变化，都市化和欧洲化是吉尔吉斯民族文化发展的主要趋势（现代餐厅如图1-54和图1-55所示）。然而，吉尔吉斯人在婚丧嫁娶、衣食住行等方面的民族文化传统至今仍继续存在。

吉尔吉斯斯坦是丝绸之路沿线的一个重要国家，它结合了游牧文明和农耕文明，从而吉尔吉斯美食融合了中亚各民族美食的特色。吉尔吉斯菜的一个显著特点是，它们几乎全部是用新鲜食材制成，其制备方法虽然看起来简单，但实际上却包含许多细微的难以掌握的技巧。

图1-54　时尚雅致的现代化餐厅　　　　　　图1-55　餐厅前的喷泉

吉尔吉斯斯坦特色美食简介如下：

1. 马肉面条（Бешбармак）

马肉面条是吉尔吉斯斯坦传统菜肴之一。这道菜用马肉或马肠子配以面条、洋葱和浓汤做成。传统上马肉面条是手抓饭，这道菜也是因此而得名——吉尔吉斯语"Бешбармак"意为"五根手指"。马肉面条主要分布在吉尔吉斯斯坦北部的楚河州、塔拉斯州和纳伦州。这道菜如果不加面条则被称为"纳仁饭"（нарын）。

2. 抓饭（Плов）

抓饭是传统的中亚食物，起源于费尔干纳盆地，广泛分布在吉尔吉斯斯坦南部地区。其主要配料是米饭、胡萝卜和肉；烹饪方法是首先油炸，然后煮熟。抓饭不存在规范食谱，每个村庄都有自己的烹饪食谱。它可以改变肉、米和胡萝卜的品种，也可以添加其他配料，如大蒜、葡萄干、杏干和坚果等（见图1-56）。

图1-56　美味的传统抓饭

3. 拌面（Лагман）

拌面是煮好的咸味面条配以熏制的肉和蔬菜。吉尔吉斯斯坦的拌面工艺来源于东干族（中国境内回族）。拌面长期以来一直是吉尔吉斯人最喜欢的菜肴之一。和抓饭一样，拌面有不同的形式，如爆炒拌面、过油肉拌面等。根据季节和地点的变换，拌面中的食材可能有所调整。拌面中使用的面条是手工拉面。

4. 肉汤（Шорпо）

肉汤是一种偏油腻的浓汤，汤中可以加入胡萝卜、土豆、面条和蔬菜。肉汤在吉尔吉斯斯坦境内广受欢迎，它的烹饪方法也因地而异。例如，在吉尔吉斯斯坦北部地区，汤中不添加任何香料，重点放在肉汤本身的味道上；在该国南部则习惯在汤中添加大量香料和配料。

5. 蒸包子（Манты）

蒸包子是在面皮里填满肉馅，并且蒸熟。蒸包子是深受中亚人喜爱的传统饮食，制作方式来源于中国。在吉尔吉斯斯坦最常见的包子馅是羊肉加洋葱或牛肉加洋葱，通常也会在肉里添加南瓜或者韭菜，醋也是吃蒸包子时常用的调味料。蒸包子同样在吉尔吉斯斯坦境内广泛被接受。

6. 烤包子（Самса）

烤包子是以肉馅为主，在烤箱或馕坑中烤制而成的包子。烤包子呈三角形，有各种馅料，主要是肉，也添加南瓜和土豆作为馅料。无论是在城市街头，还是在农村地区，烤包子都是吉尔吉斯斯坦很受欢迎的街头小吃。传统的烤包子使用馕坑（黏土搭建的炉子）来烤熟。在城市中，人们通常使用烤箱来烘烤。

7. 凉皮（Ашлян-фу）

凉皮起源于吉尔吉斯斯坦境内的东干族美食，由酸辣汤、拉面和凉粉搭配蔬菜制成。凉皮在吉尔吉斯斯坦的楚河州和伊塞克湖州最常见，据说，最好吃的凉皮在伊塞克湖州的卡拉库尔市。

8. 酸奶疙瘩（Курут）

酸奶疙瘩是一种发酵乳制品，通常做成圆球形状。酸奶疙瘩的历史很悠久，它之所以深受游牧民族喜爱是因为便于储存和携带，且储存时间长。它的味道又咸又酸。

9. 炸面旗子（Боорсок）

节假日最受欢迎的食物是炸面旗子。它是一种油炸面食。因其口味（可咸可甜）而受到喜爱，并且可以保存很久不变质。2019 年，中国国家主席习近平对吉尔吉斯斯坦进行国事访问时，吉尔吉斯斯坦政府人员在玛纳斯机场迎接习近平主席时就曾奉上这种简单的小吃。

第七节　著名旅游景点

根据吉尔吉斯斯坦的发展规划，三个行业被选为优先发展的领域，其中就有旅游业。吉尔吉斯斯坦拥有得天独厚的自然旅游资源，无论对国内市场还是国际市场来说，都拥有巨大的旅游消遣资源和发展旅游业的重大机遇，具有发展国内和国际旅游业的巨大潜力。有的专家这样形容该国的景观特征："世界上很少有国家像吉尔吉斯斯坦那样具有如此惊人的自然和文化特征。毫无疑问，在吉尔吉斯斯坦的山区，人们可以看到世界上最具吸引力的景观之一。"

吉尔吉斯斯坦是著名的"千湖之国"，因为地理位置的关系，有 2 000 多个因冰川融化而形成的湖泊。对游客而言，这些湖泊具有很大的吸引力。该国久负盛名的湖泊有伊塞克湖、查库尔湖、萨里切克湖、宋库尔湖等，这些湖泊海拔多为 2 500~4 000 米，非常美丽，湖水清澈，终年不冻，风景优美，具有极高的欣赏价值。这些资源让吉尔吉斯斯坦在湖泊型旅游方面存在天然的优势。

除了湖泊，吉尔吉斯斯坦还有众多的冰川河流、茂密森林、广袤草原等自然景观风光旖旎，美不胜收。除此之外，吉尔吉斯斯坦是真正的"山地国家"，70%的国土为高山。境内旅游名山有苏莱曼圣山、阿拉梅舍克山等，其中苏莱曼圣山位于中亚丝绸之路重要路线的十字路口——费尔干纳盆地，一直是旅行者们的向往之地。吉尔吉斯斯坦拥有继喜马拉雅山和帕米尔高原之后的高峰——胜利峰（7 439 米）和列宁峰（7 134 米），这也是著名的度假胜地之一。

另外，吉尔吉斯斯坦历史悠久，文化底蕴深厚，历史遗迹众多，城市文明特征明显。吉尔吉斯斯坦拥有众多的旅游城市（博物馆、特色建筑和文化广场）。吉尔吉斯斯坦比较有名的旅游城市有比什凯克、奥什、贾拉拉巴德、纳伦、塔拉斯等；著名的博物馆有吉尔吉斯斯坦国家历史博物馆、苏莱曼山历史和考古博物馆、卡拉科尔历史博物馆、纳伦博物馆、贾拉拉巴德历史博物馆等；著名的广场有阿拉图广场、玛纳斯广场等。

得益于独特的地形地貌与文化习俗，吉尔吉斯斯坦还可供开展多种富有区域特色的旅游活动，如高山滑雪、马术旅游、金鹰狩猎、雪山攀登、极限漂流等。高耸的雪山与巍峨的冰川是吉尔吉斯斯坦的特色地形，使吉尔吉斯斯坦成为高山滑雪的绝佳场地，每年都会有大量的滑雪爱好者相聚在这里。马术旅游是集赛马、骑马体验以及马场表演等于一体的旅游项目，主要通过推广马术相关的活动和文化吸引游客前来体验观赏。金鹰狩猎是吉尔吉斯斯坦一种非常独特且具有挑战性的狩猎方式，训练有素的大金雕能攻击羊、狼、鹿等动物，外来游客可观看当地人金鹰狩猎表演。除了这些活动，吉尔吉斯斯坦也非常适合开展钓鱼、徒步、野营等活动。

吉尔吉斯斯坦有几处旅游景点享誉国内外，具体景点如下：

一、卡拉科尔（Karakol）

卡拉科尔坐落于吉尔吉斯斯坦的东部，临近伊塞克湖，距离首都 380 千米、中吉边界 150 千米，为伊塞克湖州首府所在地。吉尔吉斯语为 Каракол（卡拉科尔），意为"黑湖"。这座城市为吉尔吉斯斯坦第四大城市，同时也是重要的旅游目的地，总人口约为 75 000 人。

1888 年 10 月 20 日，俄国考察家尼古拉·米哈伊洛维奇·普热瓦利斯基病逝于卡拉科尔，俄国沙皇亚历山大三世将卡拉科尔改名为普尔热瓦尔斯克，俄国十月革命后恢复原名。1939 年 5 月 31 日，卡拉科尔市再次被更名为普尔热瓦尔斯克。1991 年苏联解体后，再次复名卡拉科尔。这里是开启天山之旅的起点，游客可以从这里进入天山的南部和东部，是著名的徒步旅游、山地自行车骑行之地（沿途自然风光如图 1-57 所示）。这座城市因一系列的旅游景地而备受青睐，其中最具名气的为东干清真寺（Dungan mosque）。该寺是由中国艺术家为当地的东干族建立的木制清真寺，1907—1910 年建造。这里还有一座地区博物馆，以收藏和展出伊塞克湖岩画、塞西亚青铜艺术作品等为主。热闹非凡的周末市场是体验当地传统生活方式的好去处。

卡拉科尔还是一座因滑雪而知名的城市，在距离城市 20 分钟车程的地方是滑雪度假村，因价格便宜，设施齐全而备受喜欢，吸引着众多滑雪爱好者到来。

图 1-57　卡拉科尔沿途自然风光

二、奥什（Osh）

奥什位于吉尔吉斯斯坦南部，在费尔干纳盆地东南端，阿克布拉河出山口附近，为吉尔吉斯斯坦第二大城市，是奥什州的首府。这座城市拥有 3 000 多年的历史，1939 年成为奥什州的行政中心。

奥什是一个充满生机充满活力的城市，因为它拥有中亚地区最大及最活跃的户外市集。那里人潮涌动，摊位上出售的物品五花八门，从传统手工艺品到进口商品应有尽有。杰玛集市（Jayma bazaar）就是其中之一，它出售物品众多，周日的上午是最热闹的时候。历史文化博物馆是该市重要的展示历史和文化的博物馆，收藏和展出陶瓷碎片、旧砖墙、岩石和众多填充动物标本。

三、苏莱曼圣山（Sulaiman-Too Sacred Mountain）

苏莱曼圣山坐落于费尔干纳盆地，成了奥什城的背景，位于中亚丝绸之路上重要路线的十字路口。位于城西的苏莱曼圣山是这座城市的制高点，爬到山上可以俯瞰奥什城市全貌。相传先知穆罕默德曾经在此祈祷，山上也分布着多个洞穴，为古代的苏菲修行者提供了躲避风雨的思考场所。其中最有名的是开辟于 1497 年的巴布尔洞穴，这是年仅 14 岁的巴布尔大帝当年为自己开辟的修行学习场所。不过古建筑在 1853 年的地震和 20 世纪 60 年代的爆炸中被毁，现在仅存一处遗迹。山上还有一个洞穴博物馆，用简陋的文物和模型展示此地的宗教发展。

苏莱曼在超过一个半世纪的时间里一直是旅行者的指示灯，被尊为圣山。其五座山峰和山坡散布着无数古代朝圣之地和岩石壁画的岩洞，以及两座 16 世纪建造的清真寺。目前，苏莱曼圣山已经记录有 101 个充满岩石壁画的岩洞，雕刻着人物、动物和几何图形。苏莱曼圣山包括 17 个仍在使用的朝圣地，很多已不再使用。这些散布在山峰各处的朝圣地被朝圣者的脚印连接起来，这些朝圣之地被视为能够治愈不孕、头痛和背痛，甚至让人长命百岁。对这些山峰的崇敬混合了伊斯兰教的信仰。该遗产被认为是中亚地区圣山的最完整象征，被崇拜了长达好几个世纪。

四、布若娜塔（Burana Tower）

布若娜塔是吉尔吉斯斯坦北部楚河山谷（Chuy）中一座大尖塔，在首都比什凯克以东 80 千米处，靠近托克马克镇。布若娜塔与周边一座残存的城堡、墓碑以及三个陵墓都是公元 9 世纪末，黑汉王朝（Karakhanids）建立的古代城市巴拉萨衮（Balasagun）的遗迹，从高塔外部延伸至塔内部顶层的楼梯非常陡峭，蜿蜒盘旋供游客攀登到塔的顶层观看周边的风景。

布若娜塔最初高度为 45 米，然而，在经历了几个世纪大大小小的地震的摧残之后，塔的主体结构受到了严重破坏。15 世纪的一次大地震摧毁了该塔的上半部，使得该塔的高度降低到现在的 25 米。1970 年，吉尔吉斯斯坦开始着手该塔的修复重建工作，着重修建了塔的地基和西部。布若娜塔所在地及周边的陵墓、城堡以及墓碑，现在作为历史遗迹对外开放，该地区还建了一个小型的博物馆，展出该地区及周边的历史信息和出土的古文物。

五、阿拉阿查国家公园（Ala Archa National Park）

阿拉阿查国家公园是吉尔吉斯斯坦境内天山山脉的一处高山公园，建立于 1976 年，位于首都比什凯克以南 40 千米的地方。该公园覆盖范围包括阿拉阿查河流附近的峡谷以及周围的山脉，这是一处适宜野餐郊游、徒步旅行、滑雪以及爬山的好去处。该公园全年开放，最佳旅游时间是夏末、秋初，尤其是每年 5 月 1 日的"高山节"，吸引了大量游客在峡谷野营和攀登。

阿拉阿查国家公园面积为 200 平方千米，这里的海拔从入口的 1 500 米至最高峰谢梅诺娃天山（Semenova Tian-Shanski）的 4 895 米。该公园有 20 多个大小不等的冰川和大约 50 个山峰；另外还有两条小河——阿基捏（Adygene）和阿克塞（Ak-Sai），由冰川融化水汇合而成。阿基捏峡谷是一个布满绿色植物的山谷，山谷里有小瀑布、温泉和许多鲑鳟鱼。阿拉阿查国家公园里还有许多其他的野生动物，如高山草地上稀有的雪豹，以及海拔 2 500 米以上冰雪覆盖地区的野山羊、獐鹿等（景色如图 1-58 所示）。

图 1-58　阿拉阿查国家公园自然风光

六、碎叶城

此地历史悠久，据记载汉朝时是中国领土，唐代得名碎叶城，大诗人李白生活到 5 岁才离开该城。"碎叶城"本意为"小叶城"，因为在唐朝古长安话（属京畿官话）中"碎"即"琐碎"之意，所以"碎叶"并非破碎的叶子，而是细小琐碎的叶子。碎叶城又作素叶城、素叶水城，因其依傍素叶河而得名。公元 640 年唐朝设置安西都护府，统辖"安西四镇"（龟兹、疏勒、于阗、碎叶），因而碎叶城是中国历代王朝在西部地区驻军最远和军事控制最远的一座边陲城市，直到清朝政府签订了《伊犁条约》，该城才划给沙皇俄国。现这座古城遗址就在托克马克市的城南，经过 1 000 多年的风吹沙打、雨水冲洗，这座唐代古城已风化瓦解成为一座巨大的土堆，荒草丛生，但还是可以清晰地看到当年唐朝军队修建的周长达 26 千米的城墙断壁。碎叶城景色如图 1-59 和图 1-60 所示。

2014 年 6 月 22 日，由中、哈、吉三国联合申报的丝绸之路"长安—天山廊道路网"被正式列入世界文化遗产名录。

图 1-59　碎叶城古城遗址

图 1-60　碎叶城古城遗址简介

七、伊塞克湖

　　伊塞克湖是吉尔吉斯斯坦的高山不冻湖，位于天山北麓。湖长为178千米，宽为60千米，平均深度为278米（最深处为668米），湖面海拔为1 608米，面积为6 236平方千米。在世界高山湖泊中水深居第一、集水量居第二，其湖水清澈澄碧，终年不冻，有"中亚明珠"之称，面积仅次于南美洲的的的喀喀湖。湖水透明度超过12米。湖水含盐量较高，故又称"盐湖"。伊塞克湖湖区气候干燥，湖水碧蓝，空气清新，矿泉比比皆是，是吉尔吉斯斯坦著名的旅游胜地和疗养区（景色如图1-61所示）。

图 1-61　伊塞克湖的秀美风光

伊塞克湖在中国历史文献中被称为"图斯池""热海""大清池"，作为丝绸之路北道的必经之地，一直是商贾往来集结之所。公元 702 年，武则天设立了北庭都护府，治所在今中国新疆维吾尔自治区吉木萨尔县北破城子，管辖天山以北包括阿尔泰山和巴尔喀什湖以西广大地区。唐朝边塞派诗人岑参曾任北庭大都护府判官，在《热海行送崔侍御还京》诗中，运用比喻、夸张的手法有声有色地进行了描写："侧闻阴山胡儿语，西头热海水如煮。海上众鸟不敢飞，中有鲤鱼长且肥。岸旁青草长不歇，空中白雪遥旋灭。蒸沙烁石燃虏云，沸浪炎波煎汉月。阴火潜烧天地炉，何事偏烘西一隅？势吞月窟侵太白，气连赤坂通单于。送君一醉天山郭，正见夕阳海边落。柏台霜威寒逼人，热海炎气为之薄。"这首送别诗，约作于唐天宝十三年。岑参虽未到过热海（伊塞克湖），但根据传闻和自己长期在荒远之地的体验，抓住了"鸟不敢飞""鱼长且肥""岸旁青草""空中白雪""蒸沙烁石""波煎汉月"等具体的物象，完美地展现出热海（伊塞克湖）的奇异风光。

第二章 政治制度

吉尔吉斯斯坦自独立以来，在根据自身的条件和可能选择具体的独特的发展道路方面，经历了一段在实践中探索的过程。其在独立之初，曾倾向于全盘引进三权分立、议会民主、多党政治等制度，但是后来由于该国国情不同于西方国家，照搬西方国家的政治机制加剧了政局的混乱，尤其是立法和行政两大权力机关相互对立，彼此掣肘，摩擦不断，矛盾日益激化，导致议会解散和内阁改组，国家权力向以总统为首的行政权力机关集中，形成了以总统集权为主导的政体模式。

第一节　基本政治制度

吉尔吉斯斯坦以多党制和多元化原则构筑政治体制，在实施过程中受政治民主发展水平低、经济严重衰退、社会问题尖锐等诸多因素的制约而发生变异，带有浓厚吉尔吉斯斯坦特色，但总的方向不变。吉尔吉斯斯坦属于政教分离的国家。国家建立之初实行总统制，2010 年 6 月修改宪法，国家政体由总统制改为议会制。吉尔吉斯斯坦独立 30 多年以来，其议会选举一直像"政治游戏"。因此，吉尔吉斯斯坦议会选举改革显得尤为迫切。

一、宪法

吉尔吉斯斯坦基本法赋予并保障了公民权利和特权。吉尔吉斯斯坦第一次拥有自己的宪法是在 1937 年的苏联时期，由吉尔吉斯苏维埃社会主义共和国委员会第五次特别大会批准。根据其和苏联的宪法，吉尔吉斯苏维埃社会主义共和国有权独立决定其内政，也有权退出苏联。虽然该宪法和该程序都是纯粹的形式，但吉尔吉斯斯坦宪法的历史确实可以追溯到这个时期。

1993 年 5 月，吉尔吉斯斯坦议会通过了独立后的第一部宪法，规定吉尔吉斯斯坦是法制、世俗的单一制主权共和国，实行"三权分立"的政治制度，总统为国家元首。此后，吉尔吉斯斯坦政坛上各种政治势力围绕政权展开了博弈。2010 年 4 月 7 日骚乱事件发生后，吉尔吉斯斯坦成立了临时政府；5 月，吉尔吉斯斯坦公布了修改的宪法草案；6 月，全民公决通过了新宪法草案。根据新宪法，吉尔吉斯斯坦政体由总统制向议会制过渡，国家权力由议会主导，行政权力交给政府负责，政府职员不得兼任议员。现行宪法是在 2010 年 6 月 27 日的全民公决中通过的，即在推翻巴基耶夫总统政权的 4 月事件发生后的第 3 个月。该新宪法通过后，同年 10 月，吉尔吉斯斯坦举行了议会选举，并成立了合法内阁。2016 年 7 月，在时任总统阿塔姆巴耶夫和部分议员的推动下，又对宪法进行了修改；12 月 4 日进行了全民公决；12 月 28 日阿塔姆巴耶夫签署了法案，宪法修正案于 2017 年 1 月 15 日生效。该宪法修正案主要是加强议会制、明确立法和执法部门的合作原则、增加议会和总理的权力、削弱总统职权等，并为继续开展司法改革和执法部门改革巩固宪法基础。

2021 年 4 月 11 日，吉尔吉斯斯坦举行了修宪公投。在此次全民公投中，81.22% 的选民倾向于选择总统制，10.85% 的选民倾向于选择议会制，4.43% 的选民对二者均反对，剩下的选民选择弃权。公投是顺应吉尔吉斯斯坦发展局势需求的，因为人民期待改变，这是一个不可逆转的事实。人民无论如何都会把国家、社会、经济和政治的主要责任放在总统的肩上。因此，总统曾经是并且仍将是国家的首要政治人物。吉尔吉斯斯坦从议会制向总统制过渡得非常自然。虽然关于修订宪法有很多不同的意见，但事实证明当时的宪法没有完全履行其使命，因此必须进行改变。此次公投改变了吉尔吉斯斯坦的议会制政体，转向了总统制。当时实行的宪法将国家定义为混合管理共和国，即议会总统制国家。基本法文本并没有明确指出这一点，但国内外宪法专家在研究其内容后得出了上述结论。在当时实行的宪法中，议会权力大于总统。议会独立组建政府，监督其活动，并确定其活动计划。从形式上看，总统批准议会的所有决定，但在出现根本矛盾的情况下，议会有权不考虑国家元首的意见。如果理由充分，如总统犯下由总检察院确认的特大罪行，议会可以启动弹劾总统的程序，需要至少三分之一的议员对现任总统提出指控，且出具议会成立的特别委员会的结论。总统也有很大权力——强力机构受其管辖、由其执行外交政策（与政府一起）。上述情况表明，吉尔吉斯斯坦仍是议会总统制国家。

此次公投之后，吉尔吉斯斯坦总统权力出现一定变化：总统不仅是国家元首，也是行政部门负责人；总统任期从每届六年变为每届五年，一人任职不能超过两届；在参选年龄上，去掉了不超过 70 岁的年龄限制；赋予总统有权向国家议会提交新法案；在国际事务中，总统竞选国际谈判并签署条约，确定国家内政外交的主要方向；在中央政府官员任命上，建议政府内阁构成由总统决定，经议会同意后，任命部长、副部长及其他成员；总统有权任命和罢免地方长官；总统负责组建并领导国家安全委员会，任命和罢免外交官员；总统可向议会提交中央选举委员会全部人员的选举和罢免名单。

二、议会

（一）议会的历史脉络

苏联解体之后，吉尔吉斯斯坦独立，建立了属于自己国家的政权体系，但是在国家机关的建立中，受到苏联体制的影响，仍然保留着 1990 年选举产生的最高苏维埃。1991 年 4 月 6 日，吉尔吉斯斯坦共产党中央全会通过决议将吉尔吉斯共产党更名为吉尔吉斯斯坦共产党人党。同年 7 月 10 日，该党发表了新起草的章程草案，重申它的目标是建设社会主义，代表和捍卫工人阶级、农民、知识分子和其他拥护社会主义选择的各级社会阶层的利益，实现居住在共和国境内的各大小民族的和谐发展、公民和睦团结。该党党章表明，要在同其他社会政治力量的自由竞争中捍卫自己的政治领袖的权力，通过在苏维埃、国家和经济机关以及在劳动集体中工作的共产党员贯彻党的政治路线。由于苏联和吉尔吉斯斯坦先后取消了宪法所规定共产党的领导地位，在国家机关实行非党化，该党在吉尔吉斯斯坦政治生活中的地位明显削弱，但它在 1991 年上半年以前仍是主要的政治力量。

1993 年 5 月 5 日，吉尔吉斯斯坦宣布通过新宪法，这也是吉尔吉斯斯坦在独立之后推行的第一部正式的宪法。在这部宪法当中，对国家的政权体系进行了规定，此时国家的政权体系主要是三权分立形式，即在法制、世俗国家的基础之上实行单一的民主制共和国，总统作为国家元首，是国家权力的象征，在三权分立体系确定之后，宪法并非一成不变，而是不断地进行补充和完善。此外，在这部宪法中，国家议会名称依旧沿用了苏联时期的名称。原有的议会制度不利于政府推行政治改革，使得议会和总统之间的竞争加剧。时任吉尔吉斯斯坦总统的阿卡耶夫指责议会不能够很好地服务于国家建设，阻碍了改革进程，并且这种议会利用法律赋予的权限，对政府发难，不利于社会进步和经济转型，对国家造成严重伤害，导致国家政府的不稳定性增加。

吉尔吉斯斯坦在独立之初，国家政权不断更迭，频繁的政治斗争，严重影响了国家政局稳定，议会很难去解决一些实质性的问题，很多法律法规都成为一纸空文，不能够及时接受审议。总统和议会之间的尖锐矛盾，使得国家政权更加动荡不安。当然，这种情形在俄罗斯和哈萨克斯坦等中亚国家都相继存在过。当时俄罗斯和哈萨克斯坦意识到这一问题带来的不利影响，选择解散议会，提前举行议会选举。与其他国家不同的是，吉尔吉斯斯坦的时任总统采取了分化瓦解的形式。1994 年 9 月，支持总统的议员都拒绝出席议会会议，使得议会难以进行，在这样的背景之下，苏维埃制度难以运行，退出了吉尔吉斯斯坦的政治舞台。1994 年 10 月 22 日，全民进行公决，解散苏维埃政权，修改本国宪法，在强化总统权力的同时，设立两院制议会，使得吉尔吉斯斯坦的政治制度更加具有资本主义性质。

1. 1995 年议会选举

1995 年 8 月 30 日，吉尔吉斯斯坦举行了全民公决，由此确立了新的国家宪法。在选举中，议会类型以两院制议会为主，主要由立法议会和人民代表议会组成。在人员组成中，议会的人数为 110 人，其中上院人数为 35 人，下院人数为 75 人。上院是国家政权体系中的常设机构，主要代表着国家的整体利益，它们的工作时间从每年 9 月开始，一直到第二年的 6 月结束，而 7 月和 8 月则是它们的休息时间。下院主要代表的是地方利益，维护地方人民的切身利益，它们和上院一样，也是采取定期工作的形式，每年需要召开两次以上的会议。我们可以看出，这一议会制度改革，其实削弱了议会的权力。例如，原来最高苏维埃代表国家行使政权，确定国家的内外政策，但是新的议会制度中，这些权力则主要交由总统来行使，总统在特定的情况下，可以解散人民代表会议。如果总统连续三次拒绝了对总理的提名，或者议会的不信任案被总统否定，在这样的情形之下，总统可以直接宣布解散人民代表会议。总统的权力变得更为集中化。在新议会中，政党的力量变得更加分散，时任总统阿卡耶夫和议院之间大都以合作者的姿态维持彼此间的关系。

2. 2003 年议会选举

2003 年 2 月，吉尔吉斯斯坦对本国的宪法进行了第二次修正，并且以全民公决的形式通过了该部宪法。吉尔吉斯斯坦的议会制度由原来的两院制重新改回了一院制，议院成员由原来的 110 人削减到 75 人，取消了党派之间的选举制度，议院成员都是由单一的选区选举制产生。在第二部新发布的宪法中，产生了新的议会，也规定了总统需要将部分权力向议会移交，政府的组建、国家主要领导人的任命等都需要得到议会的同意，地方的行政长官的任命需要总统授权。这一宪法的修订，也是为了准备 2005 年举行的议会选举，并且这次议会选举的结果对下一任总统任命产生了重要影响。

3. 2005 年以后议会选举

2005 年 2 月，吉尔吉斯斯坦的一院制议会开始进行选举，该项选举活动并不是很顺利，进行了两次激烈的争论。在这些待选人员当中，总统手下的人就达到了 30 多人，反对派有 10 人，其余的人是中间派。在这次的议会选举活动结束之后，吉尔吉斯斯坦的部分地区爆发了亲总统派和反对总统派之间的暴力冲突，这使得城市一度陷入混乱，大规模的游行活动由此展开。在这样的情况下，吉尔吉斯斯坦时任总统阿卡耶夫在巨大的压力下逃往海外，并且由此爆发了颜色革命，迫使议会的选举变得合法。同年 3 月 27 日，新的议会产生，在吉尔吉斯斯坦政局动荡的情况下，议会成为吉尔吉斯斯坦唯一合法的执政机关，担负起了维护国家稳定的重要使命。吉尔吉斯斯坦议会在特殊情况下制定修改并通过了一些法律法规，并且采取了相应的措施，逐渐提高了政府的公信力。

2005 年，一院制议会建立，总人数仅有 75 人。可以看出，议会的组成人员在不断减少，并且议会所行使的职权也在不断被削弱，国家的权力主要集中在总统身上。这引起了反对派的强烈不满，议会和总统之间因为权力问题而产生的矛盾不断激化。在这一背景下，2006 年 11 月，吉尔吉斯斯坦再一次对宪法进行了修订，并且以全民公决的形式通过。在这次议会改革中，吉尔吉斯斯坦决定自 2010 年起开始实行议会总统制。在该次改革中，议员的数量有所增加，由原来的 75 人增加到 90 人，并且根据地域的人数比例组建了新的议会。一个月之后，吉尔吉斯斯坦时任总统巴基耶夫再一次进行了宪法的修订，并且在 12 月 30 日通过了修正案。在这一次的宪法修订中，我们可以看出其对于议会的权力集中是极为不利的，议会的权力再一次受到了冲击，而总统又一次实现了集权，吉尔吉斯斯坦的政治格局发生了变化。在新宪法当中，总统取得了对国家总理的任命权，并且可以对内阁成员进行任命和罢免。2007 年 1 月，吉尔吉斯斯坦总统签署了宪法修正案，但这一宪法并没有受到大多数政客的支持。很多抗议者联合开展了大规模的抗议活动，但是抗议活动并没有取得理想的效果，而是遭到了严厉的镇压，这对于反对派力量的集中是极为不利的。2007 年 10 月 21 日，吉尔吉斯斯坦第三次以全民公决的方式对国家宪法再一次进行了修订。该宪法中规定了议员的组成比例是按照政党比例选举产生的，人员数量为 90 人。在议会选举中，获得较高选票的政党可以组建当届政府，并且产生总统候选人。

2010 年发生"4·7"革命，议会提前解散。同年 6 月，吉尔吉斯斯坦通过新宪法草案，核心内容是由总统制向议会制过渡。新宪法规定总统只是国家权力的象征，任期 6 年，不得连任。议会为一院制，不仅拥有立法权、组阁权，还有财政权。宪法修订后，国家政体由总统制改为议会制，议会仍是最高会议。其由 120 名议员组成，议员任期 5 年。2010 年 12 月 23 日，吉尔吉斯斯坦议会确认议会组织机构，议会设立 16 个委员会。议会的工作由主席和副主席领导。主席和副主席由最高会议代表选举产生。

2011 年 12 月 16 日，阿坦巴耶夫任总统后，名义上议会制确立，实际上总统通过党派控制议会，国家最高权力仍集中在总统手中。吉尔吉斯斯坦社会民主党、共和国党、尊严党和祖国党组成新的执政联盟，在 120 席的议会中占据 92 个席位。热恩别科夫当选议长。故乡党成为议会中唯一的反对派。

2012 年 9 月，社会民主党、尊严党和祖国党组成新的执政联盟，共和国党与故乡党成为议会中的反对派。

2014 年 3 月，社会民主党、尊严党和祖国党组成新的执政联盟，共和国党与故乡党依旧是议会反对派。10 月，共和国党与故乡党举行合并仪式，组成新的"共和国—故乡党"。

2015 年 10 月，吉尔吉斯斯坦举行了第六届议会选举。社会民主党、吉尔吉斯斯坦党、进步党和祖国党组成执政联盟。社会民主党成员热恩别科夫继续当选议长。该届议会设了 9 个委员会。

2016 年 12 月 11 日，吉尔吉斯斯坦党就反对修订国家宪法进行了公投，在这次修宪公投当中，将总统的部分权力移交至政府，从而削弱了总统的权力。

2017 年 4 月，政府进行了改组，议会的第二大党，原反对派共和国—故乡党加入执政联盟。当前议会执政联盟是由社会民主党、共和国—故乡党、吉尔吉斯坦党、共同党组成。2017 年 10 月，图尔松别科夫议长辞职，吉尔吉斯坦党议员朱马别科夫当选议长。

2019 年，议会选举是吉尔吉斯斯坦当时最重要的政治事件。吉尔吉斯斯坦议会选举能否顺利进行成为各界关注的焦点。议会当时共 14 个政党约 3 000 名候选人争夺 120 个席位，最后社会民主党、共和国—故乡党、吉尔吉斯斯坦党、进步党、共同党和祖国党达到 7% 的门槛成功进入议会。其中前总统阿坦姆巴耶夫所在的社会民主党得票率最高，为 27.44%。社会民主党后因"热阿之争"而分裂。

吉尔吉斯斯坦议会选举门槛原为 7%，2017 年修改相关法律后提高到了 9%，其成为独联体唯一拥有如此高选举门槛的国家。哈萨克斯坦的门槛是 7%，俄罗斯是 5%，欧洲国家平均门槛是 5%。吉尔吉斯斯坦支持 9% 选举门槛的人认为，低选举门槛不利于政党进一步扩大以及形成成熟的政党体系，影响政治稳定，高选举门槛则能够将小党排除在外，促使进入议会的政党不断发展壮大，反过来进一步促进吉尔吉斯斯坦议会制的发展。根据吉尔吉斯斯坦司法部的数据，在经过历次议会、总统选举而不断分化整合后，吉尔吉斯斯坦已注册的政党已经达到 226 个。但现在这些政党，除了少数几个有一定规模，其余基本没有影响力。各党之间关系也极不稳定，议会内形不成稳定的机制，执政联盟一有分歧便分崩离析。

　　2020 年 6 月 2 日，吉尔吉斯斯坦国家议会和条例委员会审议批准了关于修改吉尔吉斯斯坦宪法中有关总统和议员选举的法律草案。该法律草案旨在将 9% 的议会选举门槛降低为 7%，即政党进入新一届议会需全国得票率达到 7%。围绕选举门槛问题引发各方热议。

　　2020 年 7 月 3 日，时任总统热恩别科夫再次签署法令，确定吉尔吉斯斯坦于 2020 年 10 月 4 日举行议会选举。根据吉尔吉斯斯坦中央选举委员会公布的数据，当时有 15 个政党和来自这些政党的 1 912 名候选人参与议会竞选。

　　2020 年 10 月 4 日，吉尔吉斯斯坦举行了议会选举，最终计票结果显示，只有团结党（24.54%）、吉尔吉斯斯坦祖国党（23.9%）、吉尔吉斯斯坦党（8.74%）和统一吉尔吉斯斯坦党（7.09%）入选，入选的政党中前三个政党被认为是"总统党"。其中得票最高的团结党的领导人是时任总统的弟弟。不仅如此，四个获胜的政党都来自南方，北方政党全部落选。按照规则，只有得票超过 7% 的政党才能进入议会获得议席，而有资格进入议会的四个政党中，仅有吉尔吉斯斯坦祖国党属于反对党，这意味着北方在新议会中无一席之地，这打破了吉尔吉斯斯坦独立以来南北政治力量的平衡局面，引起其他落选政党和民众的不满。

　　根据新选举法，吉尔吉斯斯坦议会共有 90 个席位，其中 36 席通过单一授权选区选出，54 席由政党提名选出。第七届议会选举定于 2021 年 11 月 28 日，中央选举委员会审查了 2021 年 10 月 28 日前收到的参选文件。候选人参加选举时必须年满 25 周岁，比之前规定的年龄提高了 4 岁。同时，竞选者只能从单一选区（单一成员或政党比例制中的单一成员）作为候选人竞选。此外，国家或市政工作人员（总统、国家议员和地方议会议员除外）以及国家或市政机构和企业的负责人提交竞选材料前须停止其所任职务，国家公务员、市政公务人员、新闻媒体从业人员应暂停执行公务。这是新选举法的另一项创新之处。在此需强调的是，议长并非普通议员，他属于吉尔吉斯斯坦国家公务员，如果议长想要参加新一届议会选举，他必须先辞去议长职务，避免其在竞选过程中使用行政资源。而新一届议会的议长由新一届议会议员表决产生，可以保留上一届议长，也可以选举新议长。

根据 2021 年 4 月 11 日的全民公决，吉尔吉斯斯坦通过了新宪法，其中规定了组建吉尔吉斯斯坦议会的新程序。在该部宪法当中，国家的体制会从议会制转变为总统制。新宪法签署之后，国家总统在讲话中对于政治、经济等一些敏感问题进行了明确的表态，在未来的发展当中，会更多地关注经贸领域，在外交政策方面，注重强调国民意识的主体性。

2021 年 8 月 27 日，吉尔吉斯斯坦总统萨德尔·扎帕罗夫签署了新的《吉尔吉斯共和国选举法》，该法律规定议员选举采取混合选举制。根据规定，吉尔吉斯斯坦议会由 90 名议员组成，其中 54 名议员按照比例制度从政党中选举产生，其余 36 名议员从单一授权选区中选出。因此，在同年 11 月 28 日选举当天，选民会获得两张不同的选票。第一张是包含单一授权选区候选人姓名的选票，第二张是包含政党列表的选票，选民在第一张选票中选择具体的候选人，在第二张选票中选择要支持的政党。选举前，政党向中央选举委员会提交候选人名单。因此，为了收集选票，候选人不仅要为其政党竞选，而且要为其个人编号进行竞选，根据这些编号，他们被列入名单。候选人在该党名单上的位置并不重要。如果他得到很多选票，即使他在名单的底部，也有可能竞选成功。

在混合选举制下，选民将在每个选区选出一名代表进入议会。政党成员进入议会的规则稍微复杂一些。要进入议会，一个政党必须达到两个选举门槛，政党必须在每个州以及比什凯克和奥什市获得至少 0.5% 的选票，并且至少获得全国 5% 的选票。如果某一政党未达到地区 0.5% 和全国 5% 门槛中的一项，该党就无法进入议会。如果某一党派的某个成员获得很高票数，但该党获得票数未达到门槛，那么该党也没有机会进入议会。需要注意的是，在比例制下，54 个政党席位中，一个政党最多只能获得 27 个席位。为某一政党分配授权名额时，至少有 30% 的席位分配给获得最多选票的女性候选人。如果女性候选人根本没有获得选票，她们仍将获得女性配额下的席位，但基于她们在政党名单上获得的选票情况，那些获得选票更多的竞选者更有机会进入议会。剩余 70% 的席位则根据党内候选人获得的选票数量来分配。

（二）议会的构成与职能

如图 2-1 所示，吉尔吉斯斯坦的议会主要由参议院和众议院组成。其中参议院也被称为立法会议，众议院被称为人民代表会议，其中立法会议人数为35 人，人民代表会议人数为 70 人，每年召开两次会议。根据 1995 年 10 月 16日国家议会第 2 529 号《关于吉尔吉斯共和国议会和其成员的地位》的规定，参议院成员的任期为 6 年，议会代表办公期限为 5 年。众议院代表地方代表机构，体现代表的意志、行政单位的意愿，并考虑到国家利益决定其实施的必要措施，控制其执行。该项法案在 60 天内传送到参议院和众议院获得了多数代表的批准，草案在参议院内获得多数的投票，并在 10 天内交由总统签署成为法律。

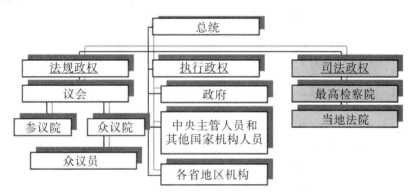

图 2-1　吉尔吉斯斯坦议会的结构

在吉尔吉斯斯坦，任何一个决定在参议院达不到规定的票数是可以遭到拒绝并返回议会的。如果议会新批准项目的票数超过了代表总数的三分之二，将再次传送到参议院进行第二次讨论和表决。由参议院提交的修正案，必须获得成员总数的多数票通过，如果众议院也多数票通过，那么修正案就会在议会获得通过。在这之后，总统签署法律，并在媒体上公开发布。除了国会的法律，还包括议会职权范围内的其他事项，因此苏联全国议会制度崩溃后，涉及一个数量的问题，即反对派的弱点、社会中存在游说精英群体、各方缺乏建设性的计划和长远战略眼光。在这种情况下，国会可能成为在合法的基础上实现国家稳定的一个重要工具。

1. 众议院

众议院又被称为下院或者人民代表会议，其议员是按照人口比例进行名额分配的，由选民直接选举产生，被视为代表着广大人民的利益。

人民代表会议即上议院主要由委员会和临时委员会组成，其中委员会负责准备和初步审议与议会的权利相关的问题，并且对议会通过的法律和决定的执行情况进行控制。议会决定着委员会的数量和管辖问题，委员会的组成主要由派系领袖提议并考虑到它们的比例，代表中区议会相关委员会根据中区议会控制职能的法律，就其管辖范围内的事务，控制中区议会的法律和决定在行政机关的执行。

（1）委员会主席及代表的选举程序

议会委员会的成员主要以无记名的方式投票选举委员会主席及其副手，候选人的提名审议和选举都按照商议回执为候选人规定的方式进行，委员会的成员人数为五名，有义务参加委员会会议。委员会会议在多数成员的参与下具有有效性，并且由出席的多数委员会成员做出决定，派系有义务保证其在委员会中的代表性，其在一个委员会中的代表人数不得超过四人，并拥有决定性的一票。所有加入委员会的成员，根据派系的建议在两个委员会中拥有投票权，同时，该派在委员会组成中的人数不得超过一人，拥有决定性投票权的成员代表有权参加委员会的公开会议，但他们并不是委员会的成员，未经专家和相关部门的同意，委员会成员不得对法律草案进行初步审议。

（2）委员会的权利

①根据相关条例的要求，对法律草案进行初步审议并做出决定；

②审议选举问题并发表意见，同意任命、批准和罢免公职，属于议会（Jogorku Kenesh）的权力；

③将议会的决议草案提交议会审议；

④有权决定将法律草案送交政府、监察员（Akyikatchy）以及独立专家组织，以给出结论和建议；

⑤举行议会听证会；

⑥向国家机关、地方政府、公民和法人索取官方文件和其他材料，无论其所有权形式如何；

⑦在议会会议上提出问题；

⑧成立工作组，制定法律草案，并监督议会的法律和决定在行政当局、地方政府中的实施；

⑨就预算法草案的相关部分向负责委员会提出结论；

⑩在其生效后6个月内监督已通过的在其管辖范围内的法律；

⑪向议长提出建议，将正在审议的问题移交给另一个委员会；

⑫决定举行现场会议，以及与议会其他委员会的联合会议；

⑬听取国家机关首脑的意见；

⑭有权就制定法律草案的必要性向政府提出提案，并概述其概念、目标和目的（立法提案）；

⑮有权让专家、独立专家和民间社会代表参与其工作；

⑯根据议会工作计划向议会明年的预算草案提出建议；

⑰独立决定组织活动的问题；

⑱根据议会控制职能的法律，控制议会的法律和决定在行政机关的执行；

⑲考虑本条例和其他监管法律行为规定的其他问题。

（3）委员会主席的权利

①管理委员会的活动；

②在委员会成员之间分配职责；

③形成委员会会议议程草案；

④主持委员会会议；

⑤签署委员会文件；

⑥行使本条例和委员会条例规定的其他权利。

2. 参议院

（1）选举程序

参议院议会代表的选举程序和众议院议会代表的选举程序相似，都是从各派系的成员中推选出一名代表，参议院副议长的候选人应当在派系空缺的十日之内进行提交，在各派系同意的条件下，参议院的代表的选举可以在非代替的情况下由一个单一的名单进行，与此同时，每个派系只能出一名候选人。在其他情况下，选举是进行无记名投票的。如果候选人获得了多数投票，则被认为正式当选。

（2）代表的权利

①参议院议会的代表根据他关于职责分配的命令行使参议院议会的单独权力。

②在缺席或暂时残疾的情况下，参议院议会的职责由他的一名副手按照参议院议会的命令执行。

③在提前终止其权力的情况下，参议院议会的职责由他的一名副手执行，直到选举一个新的参议院议会为止。

④参议院议会的代表是委员会的成员，该委员会负责条例的问题。参议院议会的代表无权成为议会临时委员会的成员。

⑤参议院议会的代表应向议会提交关于其管辖权问题的年度报告。

3. 议会的职权

为了使议会能够更好地起到制衡行政权力的作用，吉尔吉斯斯坦的宪法对于议会的立法、财政、监督权以及一些重要权力分别做了一定的限制，从而起到与总统权力相互制约的作用。但是，在吉尔吉斯斯坦总统集权，议会的权利相应的受到了一定的削弱，议会在国家政权当中的功能并没有像西方国家那样，得到有效的发挥。

立法权通常是由议会制定、修改，通过和废除法律的权力，吉尔吉斯斯坦宪法并没有像西方国家那样对议会的立法范围进行明确规定。历史传统的认同作用，对吉尔吉斯斯坦的立法机构重建具有一定的重要性，虽然说吉尔吉斯斯坦人对于议会制度的了解并不是很充分，但是在漫长的历史发展当中已经形成了议会雏形，如部族会议、长老会议等，这些古代传统的民族会议都能够体现人民对于民主的渴望。在苏联解体之后，吉尔吉斯斯坦的社会转型涉及社会生活的方方面面，旧社会制度的瓦解，国家利益格局的重新调整等都要求对原有各项旧的社会制度进行重新安排，立法权作为国家制度的一部分，在国家的改革当中具有重要作用，立法机构的重建和改革也是三权分立宪政制度的必然要求和体现，对三权的协调只有通过立法形式对其进行巩固，才能够推进其权力之间关系的稳定。社会制度作为一切国家的核心所在，以立法形式使其合理分配，建立有效的制衡机制，对于防止专制独裁，保证国家正常运行起着重要作用。对吉尔吉斯斯坦而言，完善立法机构也是政治转型的必要。

在吉尔吉斯斯坦，首次明确规定最高苏维埃为常设立法和监督机关是1989 年 9 月 23 日通过的关于修改宪法的法律文件，同时，立法者想要将最高苏维埃变成真正的职业议会，但是其中的代表们并不愿意失去自己的职位，只想单纯的以兼职员的身份担任议员职务，因此吉尔吉斯斯坦的职业议会诞生的时间相对较晚，并且议会受苏联模式的影响比较深刻，加上总统对权力的控制，使得改革的政策很难从立法上得到保证。

苏维埃在吉尔吉斯斯坦独立后保留的时间相对较长，加上总统和议会的各种问题产生了分权使得争权夺利的现象日益明显，这也使得立法机构的改革重组进一步被迫提上日程。1993 年的宪法改革中，阿卡耶夫决定以全民公决的形式修改宪法，并且将从一院制议会改为两院制议会，吉尔吉斯共和国的立法权由两院制的最高会议决定实施，其中立法会议由 35 名代表组成，人民代表会议由 70 名代表组成，将立法会议作为常设机构代表全国人民的共同利益。虽然议会反动派不断地向总统施加压力，但是这次改革，难以逃脱被解散的命运。在 1999 年的选举法颁布后，立法会议又有 15 个席位交由全国选区的政党来角逐，后来，吉尔吉斯斯坦恢复了两院制议会，并于 2005 年宣告结束，其中出台的各项法规达到了 148 件，完善了国家的宪法。

受到本国经济发展以及文化传统的影响，吉尔吉斯斯坦的议会制度并不是很稳定，并且经过不断的宪政改革，议会在国家政治生活当中的地位也在不断发生着变化。吉尔吉斯斯坦议会制度经历了不同的发展阶段，其改革依然需要走很长的一段路。

在吉尔吉斯斯坦独立之初，其就在努力寻求一种能够将本国的经济制度和西方国家体制相结合的治国方式，从而推进民主政治不断向前迈进。但是，吉尔吉斯斯坦的经济基础非常落后，人们对于政党建设以及参政的积极性并不高，加上游牧民族的历史文化传统，各民族之间没有形成共识，这就导致国内政治矛盾不断，严重影响政局的稳定性。吉尔吉斯斯坦议会制度运行中产生的问题包括政党在国家政治生活边缘化、民族矛盾影响议会的稳定性、强总统弱议会、小政府权力格局的存在以及不断的宪政危机等。面临当前的格局，吉尔吉斯斯坦推进政治民主化，提高议会在国家政权当中的地位，需要加强本国的政治建设，促进民族的交流、倡导民族大团结，加强本国经济建设、提高人民的生活水平，重视精英人才的培养，只有在国家的经济水平达到一定的程度，人们的文化水平达到一定程度，民族团结意识强烈的情况下，才能更好地推进国家的政治民主化进程。

（三）议会与其他权力机构的关系

1. 总统与议会

处理好总统和议会的关系，对于国家政治稳定性起着十分重要的作用，就吉尔吉斯斯坦政治转型而言，总统和议会的关系也面临着较多的转折，从宪法的角度来看，吉尔吉斯斯坦总统和议会之间存在的关联主要体现在以下两个方面：

（1）总统对议会施加影响的方式

总统作为国家的元首和最高公职人员，在国家内外政策方针的制定中发挥着重要作用，总统对议会的影响主要表现在：

第一，总统需要每年向议会发表国情咨文，其内容包括本国政治经济改革的重大内容，并且做出评价，同时还要对国家的未来发展前景做出展望。总统发表的国情咨文对国家的立法活动而言，是作为国情指南而存在的，由此可见总统对议会的影响深度。此外，总统也能够就有关国家经济建设以及改革等相关内容提出重要建议。

第二，总统发布的国情咨文并不能作为规范的国家决议，但是对立法而言，总统所发布的内容是十分重要的，对国家建设所起到的作用也是十分重要的。此外，总统也可以对国家经济命脉相关的一些重要行业的建设和发展提出建议和指导。

第三，总统拥有立法权，在议会所经手的不同类型的立法提案中，来源于总统的提案数量相对较多，总统对立法会议的控制性比较强，总统可以完全代表议会行使一些权利。

第四，总统所行使的否决权对议会而言，产生的影响巨大。这也是总统对议会进行权力监督的一种方式，经过议会发布的各类法律文件在经过总统签字审核之后才能生效。

（2）议会对总统的监督作用

吉尔吉斯斯坦的宪法对议会对于总统的监督权利进行了说明，明确指出议会可以通过采取一些方式限制监督总统的职权，主要包括：第一，总统任免国家机构领导人时，应当征得议会的同意。第二，对于国家的财政预算以及各项支出，议会需要进行核准。第三，总统发布有关战争与和平的问题以及宣布战争状态等方面的总统令，需要经过议会的批准。第四，议会有权力对提前终止总统权限的问题进行调查研究。第五，如果总统出现叛国或者从事违法犯罪活动等，议会有权力对其进行职务解除。

2. 议会与政府的关系

政府作为国家的最高权力机关，在宪法中规定其享有立法动议权，议会与政府的关系直接影响着立法工作的质量与效果，而立法提案对于总统和议会而言，是连接两大权力机关的纽带，政府的各类法律提案能否落地实施，需要通过开展立法议会的形式，同时政府也需要对相应的提案做出解释，尤其是国家预算实施情况。

国家税法政策的实施以及国家预算相关的法规条文也做出了相应规定，如果议会提出议案，需要经过政府的同意，才能够正式通过。政府对要求其同意的议案需要在 30 天以内进行回应，另外，政府在议会中设置了常驻代表，其实也是对议会的一种监督，常驻代表可以参加议会开展的各项会议，议会对政府的一些提案的审议或者批准工作，常设代表也能够行使一定的权限，决定法律条文的通过情况，但这项权力的实现也是有限的，因为政府所拟定的各类提案也是依赖于议会的权力的，议会如果不能够通过该项提案，政府的提案就无法上升到法律层面。此外，议会也通过委员会的形式对于政府所开展的各项工作进行监督，或者通过议会代表的形式对政府成员的工作情况进行监督，可以看出议会和政府之间是保持着互相依赖的关系的，它们的良性关系影响着国家政局的稳定，因此这种友好关系的保持也是十分重要的，可以保证国家的各项改革措施顺利进行，并且取得成效。

3. 议会与司法机构之间的关系

议会和司法机构之间保持着互相合作和相互制衡的关系，司法系统中尤其是法院和议会的关系是十分密切的。在吉尔吉斯斯坦的宪法中，该国最高法院、最高仲裁法院对于各自领域内所管辖的问题等都是享有立法权的。议会和司法机构都是共同参与立法行为的主体，由于法院是各项法律的实施机构，它们在司法实践中能够及时地察觉到法律的各种缺陷和漏洞，因此法院和议会双方互相协同，有利于本国法律的完善。根据三权分立原则，议会和司法机构是互相独立的权力体系，但是他们之间的活动却互相影响和制约。吉尔吉斯斯坦宪法规定，法院具有以下权限：第一，如果法律文书和宪法原则相悖时，应当对其进行驳回；第二，解决宪法在运行过程中，相应的法律文书对于做出的解释所产生的纠纷；第三，对吉尔吉斯斯坦宪法修改和补充的时间做出相应的规定。可以看出，最高法院的一些特权对议会的活动进行了一定的制约，并且就连级别较低的法院，同样有权向吉尔吉斯斯坦最高法院发出询问，如果最高法院认为法律法规不利于司法实践，则会对其相应的法律法规予以废止，当然，对于法院所采取的一些不合理的措施，议会也是有权利制止的。在具体操作中，议会会对法院的相应的法律活动进行审核，并且根据宪法所规定的法律框架，对法院的法律活动施加影响。另外，对于总统提名的一些最高法院，也都由议会来进行任命。

三、新政府改革

2021年1月11日，吉尔吉斯斯坦中央选举委员会在完成98%的计票工作后，萨德尔·扎帕罗夫得票率为79.2%；1月28日，他正式宣誓就任吉尔吉斯斯坦总统。扎帕罗夫上任后锐意改革，修改宪法，改国家议会制政体为总统制，以集中权力和所有的行政资源发展国家经济和改善民生。他高调反腐，并誓言要打击有组织犯罪，把吉尔吉斯斯坦建成稳定统一的多民族国家，让每个公民都感到幸福和受到保护。

扎帕罗夫是吉尔吉斯斯坦故乡党成员。1968年12月出生于伊塞克湖州，毕业于吉尔吉斯-俄罗斯斯拉夫大学，1987—1987年在苏联军中服役。他在巴基耶夫时期开始从政，曾任总统顾问、反腐败局负责人，2005—2007年、2010—2013年两任议会议员。2020年10月16日，扎帕罗夫出任临时总统。为参选总统，同年11月24日扎帕罗夫辞去代总统职位兼总理职位。2021年1月20日，扎帕罗夫以79.20%的选票当选为吉尔吉斯斯坦第6任总统。

很多人认为扎帕罗夫是"政治强人"和"民族主义者"，他在民众中有很高的威望，民众普遍认为他勇于捍卫国家利益，清正廉洁，敢于同腐败行为做斗争。吉尔吉斯斯坦国会议员诺曼赞·阿卡巴耶夫提议，推举扎帕罗夫参评诺贝尔和平奖，理由是"尽管扎帕罗夫遭受迫害，并遭遇生活上的困境，但他15年来一直在为吉尔吉斯斯坦法治和人权而奋斗"。

吉尔吉斯斯坦政局风云万变，一场政变将阶下囚萨德尔·扎帕罗夫送上了权力巅峰。扎帕罗夫从为利益纠缠不休的各派中脱颖而出，因此吉尔吉斯斯坦民众称他为"太空人"。

（一）积极权衡政治势力，力控国家局面

在国家一度陷入无政府的混乱状态下，出狱后的扎帕罗夫：让部分议员推选其出任国家总理（根据吉尔吉斯斯坦法律，议会通过的决定必须有60多人在场才具有法律效力，在当时情况下仅有35名代表，且很多是代理人投票表决）；以保留"前总统"地位为条件说服热恩别科夫下台；在出任临时总统当天，即任命其亲密战友——来自吉尔吉斯斯坦南部的塔希耶夫为国家安全委员会主席，积极与各方政治势力谈判，掌控国家核心权力部门。

（二）修宪公投，改议会制为总统制

扎帕罗夫力推在总统选举时进行修宪公投，强化总统权力，弱化政府和议会权力。扎帕罗夫认为政党制度（议会制）在10年内摧毁了吉尔吉斯斯坦，滋生了帮派林立的现象，加剧了贫富差距，导致了严重腐败。为此，他决定进行宪法改革。在强大舆论压力下，修宪公投修改为整体公投，并与总统选举同日进行。根据吉尔吉斯斯坦中选委统计的结果：吉尔吉斯斯坦有81.49%的投票选民支持总统制，10.91%的人支持议会制，4.47%的人对这两种体制均不支持，其他选民选择弃权（吉尔吉斯斯坦曾于2010年6月举行全民公投并通过新宪法，国家政体由总统制过渡到议会制），此次公投将改变吉尔吉斯斯坦现行的议会制政体，从而转向总统制。

（三）加强国家对矿产资源控制

扎帕罗夫在宣誓就职的第二天就签署了《关于重整吉尔吉斯共和国矿山开采领域》的法令，其内容包括：国家级区块必须由100%国有控股公司开发，已获得国家级区块开发权的企业除外；确定国家在非国家级矿产资源区块开发中的持股比例，以及获得股份的条件；加强对非法开采的监管，包括许可证监管，以保障地下资源的合理利用和工业及环境安全，研究引入环境安全国际标准。该法令旨在强化国家对资源的管理和控制，创造良好的投资环境，促进国家经济发展。

为执行"吉尔吉斯斯坦采矿业改革"的总统令和优化矿产资源开发相关国家管理制度，2021年8月吉尔吉斯斯坦政府依法制定了新的许可证发放手续。该手续旨在使吉尔吉斯斯坦国有股份企业和商业实体更容易获得矿产资源开发许可证。国家持股100%的国有企业在获得地下资源使用权和获得对国家具有重要战略意义的地块以及竞拍矿产资源时享有优先权。

（四）打击腐败，彰显反腐决心

扎帕罗夫当选总统后，着力反腐，该国政府多个职位换人，其中包括海关高官、反腐调查机构负责人等。扎帕罗夫称他的目标是"在吉尔吉斯斯坦重建正义，展开一场真正的反腐斗争"。扎帕罗夫执政以来，由国家安全委员会主席塔希耶夫牵头的一系列反腐工作在吉尔吉斯斯坦展开。反腐斗争涵盖的领域、所涉及官员的级别和数量都是吉尔吉斯斯坦独立30年来史无前例的。据吉方数据，2021年上半年开展的全面反腐斗争取得了积极成效，立案相关刑事案件304起，32名官员被起诉，涉案金额超过260亿索姆，收到腐败赔偿金约60亿索姆。这不仅可部分填补国家财政的缺口，也对国内的腐败风气起到了遏制和震慑作用。

（五）加快推进政府机构改革

为提高政府办事效率，打击腐败，政府机构改革提上议程。2021年2月3日，吉尔吉斯斯坦通过新政府组阁方案。根据该方案，吉尔吉斯斯坦政府内阁成员将从原来的22人减少到16人，吉尔吉斯斯坦新宪法修改案将议会成员由120人缩减至90人。

2021年5月5日，扎帕罗夫在首都比什凯克签署新宪法，新宪法规定，吉尔吉斯斯坦国家体制由议会制转为总统制，国家将设立具有协商和协调职能的人民代表会议，就国家社会发展方向等问题建言献策。根据新宪法，议会议员席位改为90位，其中35位议员应在单一选区中选出，其余55位则从各个政党中选出。扎帕罗夫还签署了有关组建新内阁的法令，新组建的内阁设有经济与财政部、国防部、外交部、内务部、生态与气候委员会等14个部门和2个国家委员会。另外，内阁还下设财政调查局、知识产权与创新署等4个部门。

2021年6月29日，扎帕罗夫签署了《关于缩减国家机构人员数量》的法令。这是扎帕罗夫上台以来，继宪法修订之后的又一项重大改革措施。此法令旨在优化国家机关结构、取消重复和多余的职能以及节省国家预算资金。法令要求吉尔吉斯斯坦总统府、政府各部委、国家委员会、行政部门、地方政府部门以及由总统直接管辖的国家机构一律裁员30%。此外，该法令还建议吉尔吉斯斯坦国家议会、最高法院、宪法法院和地方法院以及其他司法部门削减工作人员，消减比例同样是 30%。该文件对地方自治机构同样提出要求，法令建议对接受地方预算资助的组织进行清查，减员 30%。

（六）承诺发展经济，消除贫困

吉尔吉斯斯坦经历过三次新冠病毒感染疫情高发期，全国近 17 万人感染，2 500 多人死亡，其中医护人员有 328 人感染殉职。吉尔吉斯斯坦抗疫物资绝大部分源于国际社会援助。

受新冠病毒感染疫情影响，吉尔吉斯斯坦经济受到重创，与各国的贸易往来曾几乎停滞，国家经济支柱之一的旅游业一度完全停摆。截至 2020 年年底，吉尔吉斯斯坦国内生产总值下滑近 9%，多年入不敷出的国家财政更是雪上加霜。吉尔吉斯斯坦本就是个贫困的国家，受新冠病毒感染疫情影响，许多劳务移民难以前往俄罗斯等国工作，失业人数陡增，贫困化程度加深，南部地区受影响更为严重。数据表明，吉尔吉斯斯坦全国有 90% 的人口生活在贫困中。扎帕罗夫总统在竞选时和当选后，都不断强调解决国内社会经济问题的紧迫性，扎帕罗夫上台后承诺在 2~3 年内消除贫困，但并没有提出具体的实施方案。

2021 年 8 月，在欧亚经济联盟首脑会议期间，扎帕罗夫对吉尔吉斯斯坦经济做出过乐观预测："吉尔吉斯斯坦经济将在 2023 年之前恢复到新冠病毒感染前的水平。随着经济活动的复苏，吉尔吉斯斯坦 2021 年实际国内生产总值将增长 3.8%。预计 2022—2023 年的国内生产总值平均增长率将达到 4.4%。"吉尔吉斯斯坦财政部在 2020 年 9 月的预测则为，2021—2023 年吉尔吉斯斯坦国内生产总值将平均增长 3.4%，其中 2021 年增长 5%，2022 年增长 5.6%，2023 年增长 1.6%。三年内农业将平均增长 3.1%，工业平均增长 0.3%，建筑业平均增长 9.6%，服务业增长 4.6%。

到目前为止，萨德尔·扎帕罗夫在民众中仍有相对广泛的支持。社会大众有彻底变革的需求。因此，吉尔吉斯斯坦目前的形势对改革仍然是有利的，但民众的失望和社会支持率的降低会迅速减少改革的机会窗口。

人民需要政府在各种挑战中的表现出有形的而不是虚构的结果，其可以分为五个方面：经济、技术、机构、地缘政治、流行病学和其他灾害。每一个领域都需要明确和具体的计划，最重要的是需要实际工作。吉尔吉斯斯坦近年来的政治历史显示，改革的时间总是很短，且出于某种原因，改革会在当局最意想不到的时候结束。

萨德尔·扎帕罗夫当选总统已进入第三年。按照吉尔吉斯斯坦的标准，这不是一个小成就。人们希望政府清楚地意识到未来任务的复杂性，并大力解决这些问题，以及最重要的是如何解决这些问题。

第二节　国家机构

一、政府职能及架构

1990 年 10 月，苏联改成总统制后，吉尔吉斯斯坦也开始实行总统制，并对宪法做了相应修改和补充。建立总统制的目的是推行共和国的政治和社会经济改造，保证立法、行政和司法活动协调进行，并且增强国家权力机关工作的责任感和提高效率。

独立后，为稳定政局摆脱经济危机，吉尔吉斯斯坦不断强化行政权力，进一步确立强有力的总统制，赋予以总统为核心的行政机关更大的权力。

吉尔吉斯斯坦的行政权力是由政府（内阁）及其隶属的各部、委、行政主管部门和地方国家行政机关行使的。政府是国家最高权力的执行机关。政府由总理、副总理以及部长和国家委员会主席组成。总理领导政府的活动，总统对政府的工作实行监督，并有权主持政府会议。保证执行宪法、法律和总统、政府的规范性法律文件；制定和保证执行国家预算；执行财政、税收和价格政策；组织和实施对国家财产的管理；制定并实施全国经济、社会、科技和文化发展纲要；采取措施保障国防、国家安全和实施外交政策；采取措施保证法制、公民的权利和自由，保护财产和社会秩序，同犯罪行为做斗争等。吉尔吉斯斯坦根据独立后国家管理体制的变化，对部委一级管理机构进行了较大的调整。

最初，吉尔吉斯斯坦政府为了适应经济改革和市场经济过渡的需要，增设了一些国家机关，如国家经济改革委员会、国家反垄断委员会等，后来根据形势的变化，对国家行政管理机构又做了进一步的调整。

现在吉尔吉斯斯坦政府设立的部委有：财政部、经济部、工业和贸易部、农业部、外交部、内务部、司法部、国防部、交通部、劳动和社会保障部、教育部、卫生部、环境和紧急状态部、国家国有资产管理委员会、国家旅游委员会、运动和青年政策委员会等。此外，政府还有国家地质和矿产资源局、国家不动产产权登记局、国家科学和知识产权局、国家动力局、国家标准化和计量检验局、国家安全局等行政主管部门。

吉尔吉斯斯坦根据完善国家权力机关和管理机关法和政府法继续进行国家机构改革，健全国家行政管理机制，州、区、市的行政权由地方国家行政机关行使。1992 年 1 月 27 日，吉尔吉斯斯坦决定实行地方国家行政机关首长制。

各州和首都比什凯克市的行政长官由总统任命，各区、市行政长官的任命要经总统批准。

2021 年 11 月，吉尔吉斯斯坦数字发展部称，吉尔吉斯斯坦正在引入创新政府（IGov）概念，数字发展部已开始根据 IGov 概念实施创新的政府工作模式。该部门表示，IGov 概念是行政的大规模改革，这一概念将使国家与社会远离相互制约模式。

据悉，实施 IGov 概念的目的是提高数字服务的质量，减少服务过程中人为因素的干扰。数字发展部部长达斯坦·多戈耶夫说："我们不只是简单地转移到数字领域，我们正在改变整体的运作方式和管理系统。随着吉尔吉斯斯坦数字化转型的开始，数字生态系统的关键元素已被创建。IGov 概念是数字国家与社会相互制约到相互帮助、灵活互动的转变过程。"其主要包括三项内容：①"我是政府"（I am Gov）——公民及其需求是所有政府决策的核心，也就是说，不是人民向政府寻求帮助，而是政府主动分析人民的需求，主动联系他们，向其提供服务。②"智能"政府（Intellectual Gov）是实现"国家作为平台"的模式，打造不同市场参与者（金融、电信和其他部门）共同参与合作的创新服务。③"隐形"政府（Invisible Gov）——其原则是通过在线形式解决人民生活困难，通过扩大线上服务力争做到"隐形"，为公民和企业提供高舒适度的服务。预测未来公民对主动服务的需求会越来越高。

二、司法体系

依照 1993 年颁布的吉尔吉斯斯坦宪法，该国的立法权由最高苏维埃代表行使。而吉尔吉斯斯坦独立前选举产生的第十二届最高苏维埃，根据 1994 年 10 月 22 日全民公决的结果提前解散。取代最高苏维埃的是新选举成立的两院制议会——最高会议。从此，吉尔吉斯斯坦立法权由最高会议行使。组成最高会议的两院分别是：立法会议，为常设机构；人民代表会议，定期召开。依据 2003 年 2 月 2 日举行的全民公决的决定，宪法再次被修改，又将两院制议会改为一院制议会，名称仍为最高会议。最高会议由 75 名代表组成，代表由选区按照平等的原则，以无记名投票方式直接选举产生，任期 5 年。

议会履行立法和监督职能，其主要职权是：依据宪法规定的程序通过、修改和补充共和国宪法、法律，并对法律执行情况进行监督；确定对内对外政策的基本方针；批准共和国预算和预算执行情况的报告；批准共和国政府机构建立；批准和宣布废除国际条约；决定战争与和平问题；把国家生活中的重要问题提交全民公决等。

吉尔吉斯斯坦独立后在立法方面做了大量的工作：一方面对原苏维埃社会主义共和国时期制定的法律进行了修改，另一方面根据法制建设和政治经济体制改革的需要制定了一系列新的法律。

1991 年以来，除了该国基本法——宪法，吉尔吉斯斯坦正式颁布的法律主要有：共和国社会组织法、宗教信仰自由和宗教组织法、共和国政府法、总统选举法、地方自治法、居民就业法、公民退休保障法、残疾人社会保障法、自然保护法、土地法典、土地改革法、农民经济法、住房私有化法、对外经济活动法、外国投资法、自由经济区法、反垄断和保护竞争法、破产法、企业外商租赁经营法、国家银行法、有价证券和资金市场法、海关法、矿产法、保护消费者权利法等。

吉尔吉斯斯坦行使司法权的法院有共和国宪法法院、最高法院和各级地方法院以及军事法院。宪法法院是维护共和国宪法的最高司法权力机关，其职权包括：认定那些同宪法有分歧的法律及其他规范性文件是否违宪；解决同宪法的效力、适用范围和解释有关的争议；总统选举合法性以及就罢免总统职务问题做出结论等。宪法法院维护宪法赋予国家权力机关、社会组织和公民个人的权利。

吉尔吉斯斯坦最高法院是民事、刑事和行政诉讼程序等方面的最高司法权力机关。它监督该国各级地方法院和军事法院的司法活动。

吉尔吉斯斯坦检察院的主要职权是对在该国境内准确而统一地执行法律文件的情况实行监督，各级检察机关还依法参与案件的法庭审理。

吉尔吉斯斯坦正致力于建立独立的司法体系，然而目前这一体系还尚未完善，加之经费不足，工作缺乏必要的物质保证，公检法不能各司其职，正常运转。护法机关工作人员的素质不高，执法不严，同犯罪行为斗争不力的情况依然存在。

吉尔吉斯斯坦的司法机构包括法院系统和检察院系统。在 2010 年 4 月革命之前，吉尔吉斯斯坦有宪法法院、最高法院和地方各级法院。4 月革命后，宪法法院被废除。目前最高法院院长为托克巴耶娃。检察院包括最高检察院和地方各级检察院，检察院在其职权范围内对法令的执行情况进行监督。目前总检察长为卓尔度巴耶娃。

三、地方自治

吉尔吉斯斯坦在对中央国家机关进行改革的同时，决定改建地方自治机关。地方自治机关的组织和活动原则由国家法律规定。法律调整地方自治机关与国家行政机关的相互关系，使国家权力机关同地方自治机关更好地配合，从而提高工作效率。

1991 年 4 月 19 日，吉尔吉斯斯坦颁布了共和国地方自治法。地方自治由地方公众实行，其在法律规定的范围内管理地方性事务。地方自治的实施原则主要是：通过各种民主形式表达人民意愿，维护公民权利和利益，保持社会公正，坚持法制和公开性，地方利益和国家利益相结合，独立自主地解决地方性问题。地方会议是地方自治的代表机关，由相应地区的居民按照普遍、平等、直接选举制选举产生，任期 4 年。

地方会议在自己管辖的区域内，保证公民享有宪法和其他法律所赋予的权利和自由；根据有关法律，批准和监督地区的社会经济发展以及居民的社会保障计划；批准地方预算和预算执行情况的报告；区、市、州地方会议有权以不少于代表总数三分之二的票数，表示对相应区域的地方国家行政长官的不信任，地方会议可以不受地方行政机关的限制开展活动。

根据公民会议、地方会议的决议，长老法庭可由当地长老和其他德高望重的公民组成，负责受理经当事人双方协商提交该法庭审理的财产、家庭纠纷等案件。

四、国家元首

吉尔吉斯斯坦成立之初推行总统制，总统是国家权力的核心，是国家元首。第一任总统是阿卡耶夫，1990 年 11 月至 2005 年 3 月执政。其在位期间，推行了政治民主改革，推进了经济市场进程。2005 年春天，吉尔吉斯斯坦发生颜色革命，阿卡耶夫被迫下台。反对派领导人、前总理巴基耶夫于 7 月上台成为总统。2009 年巴基耶夫连任。2010 年，吉尔吉斯斯坦发生"4·7"革命，巴基耶夫政权被推翻，巴基耶夫昔日的盟友奥通巴耶娃建立临时政府并任临时总理。同年 6 月，吉尔吉斯斯坦修改宪法改总统制为议会制，奥通巴耶娃任过渡时期总统。新宪法削弱了总统职权，任期 6 年，不得连任。2011 年 10 月，过渡政府总理阿塔姆巴耶夫在选举中获胜，成为新一届总统。2017 年 10 月，吉尔吉斯斯坦举行总统选举，热恩别科夫当选为总统，11 月宣誓就职。2021 年 1 月 20 日，萨德尔·努尔戈若耶维奇·扎帕罗夫当选总统。

吉尔吉斯斯坦历任总统和代总统如下：

1. 阿斯卡尔·阿卡耶夫（Askar Akayevich Akayev），1990 年 10 月 27 日—2005 年 3 月 23 日，无党派。

代总统：伊斯汗拜·卡德亚若贝克夫（Ishenbai Duyshonbiyevich Kadyrbekov），

2005 年 3 月 24 日—2005 年 3 月 24 日，无党派。

代总统：库尔曼别克·巴基耶夫（Kurmanbek Saliyevich Bakiyev），2005 年 3 月 25 日—2005 年 8 月 13 日，吉尔吉斯斯坦民主运动。

2. 库尔曼别克·巴基耶夫（Kurmanbek Saliyevich Bakiyev），2005 年 8 月 14 日—2010 年 4 月 6 日，吉尔吉斯斯坦民主运动/光辉道路。

代总统：萝扎·奥通巴耶娃（Roza Isakovna Otunbayeva），2010 年 4 月 7 日—2010 年 7 月 2 日，吉尔吉斯斯坦社会民主党。

3. 萝扎·奥通巴耶娃（Roza Isakovna Otunbayeva），2010 年 7 月 3 日—2011 年 11 月 30 日，吉尔吉斯斯坦社会民主党。

4. 阿尔马兹别克·阿坦巴耶夫（Almazbek Sharshenovich Atambayev），2011 年 12 月 1 日—2017 年 11 月 23 日，吉尔吉斯斯坦社会民主党。

5. 索隆拜·沙里波维奇·热恩别科夫（Sooronbay Sharipovich Jeenbekov），2017 年 11 月 24 日—2020 年 10 月 14 日，吉尔吉斯斯坦社会民主党。

代总统：萨德尔·努尔戈若耶维奇·扎帕罗夫（Sadyr Nurgozhoevich Japarov），2020 年 10 月 15 日—2020 年 11 月 13 日，祖国党。

代总统：塔兰特·马姆托夫（Talant Turdumamatovich Mamytov），2020 年 11 月 14 日—2021 年 1 月 27 日，吉尔吉斯斯坦党。

6. 萨德尔·努尔戈若耶维奇·扎帕罗夫（Sadyr Nurgozhoevich Japarov），2021 年 1 月 28 日至今，祖国党。

第三节　主要政党及社会组织

一、主要政党

吉尔吉斯斯坦被称为中亚"民主之岛"，国内政党林立，在司法部正式登记注册的政党有 210 多个。主要政党包括：

（一）社会民主党

社会民主党成立于 1993 年，奉行社会民主主义，主张在吉尔吉斯斯坦建立真正的民主法治国家，全民深化政治、经济、社会领域内的改革进程。该党提倡人文、发展和自由，主张三权文明分工、积极合作。该党是议会执政联盟成员之一，是议会第一大党。党魁为图尔孙·别科夫，同时他也是吉尔吉斯斯坦议会的议长。

（二）共和国—故乡党

共和国—故乡党是由议会党派中的共和国党、故乡党于2015年合并而成，组成当时议会中最大的反对党。现为议会中第二大政党，仍为议会反对党。党魁为巴巴诺夫，此人曾担任吉尔吉斯斯坦政府总理。

（三）吉尔吉斯斯坦党

吉尔吉斯斯坦党成立于2010年，其致力于促进国民经济和社会发展，创建高效的公民社会，为每个公民幸福生活提供必要的条件并予以保护。该党是目前执政联盟成员之一。党魁为伊萨耶夫。

（四）进步党

进步党成立于2012年，主张法治、经济发展、社会公正、公民安全、政权与社会平等对话、司法独立、反对贪污腐败、建设强大的农业国家。该党是目前执政联盟之一。党魁是托罗巴耶夫。

（五）共同党

共同党成立于2010年，主张创建新经济发展模式、扩大就业、支持农业发展、教育医疗改革、分散财政预算等。该党是目前议会中的反对党。党魁为苏莱曼诺夫。

（六）祖国党

祖国党成立于1992年，主张建立独立、民主、法制的吉尔吉斯斯坦和三权分立的民主国家政体。该党于1999年重新注册，主张在承认差异的基础上代表全民利益，以及退让、妥协和相互接纳。党魁为捷克巴耶夫。

二、社会组织

根据吉尔吉斯斯坦社会组织法的规定，属于社会组织的有政党、群众运动、工会、妇女、老年军人、残疾人、青年和儿童组织、科学技术、文化教育、体育运动和其他志愿协会、创作联合会、同乡会、基金会以及公民的其他团体。合作社及其他商贸组织、宗教团体、社会自治机关等不在此列。按规定，社会组织要到司法机关登记以取得合法地位。未办理登记手续的为非正式组织，这类组织在民主化初期较多，以后有的发展成为正式组织，有的逐渐销声匿迹。

1993年5月5日颁布的吉尔吉斯斯坦宪法规定，在吉尔吉斯斯坦可以根据自由表达意志和共同利益的原则建立政党、工会及其他社会团体。国家保证维护社会团体的权利和合法利益，但是吉尔吉斯斯坦不允许在国家机关、团体中建立党组织并开展活动，也不允许军人及内务、国家安全、司法、检察和法院机关工作人员参加政党和表示支持某一政党。吉尔吉斯斯坦实行多党制，但国家活动不得服从某一政党的纲领和决议，国家制度与党的规章制度是严格分开的。

1996 年 6 月 12 日颁布的政党法进一步明确规定政党和社会团体必须在国家法律规定的范围内开展活动，吉尔吉斯斯坦宪法、政党法及其他规范性法律文件是各政党组建和活动的基础；不允许按照宗教派别成立政党，不允许组建旨在推翻和强行改变该国宪法制度，破坏国家主权和领土完整，宣传战争、暴力和残忍行为，挑起社会、种族、民和宗教纠纷以及敌对情绪的政党。若某一个政党发生违犯政党法的行为，国家司法部将依据其情节轻重予以处理。

据吉尔吉斯斯坦国家统计委员会的报告，从各统计单位的统一登记数据来看，截至 2020 年年底，吉尔吉斯斯坦境内登记的社会组织约有 2.2 万个，比 2016 年增加了近 15%。

国家统计委员会介绍，在比什凯克（占比为 34.2%）、奥什州和贾拉拉巴德州（占比为 12.5%）、楚河州（占比为 11.2%）注册的组织数量最多。2020 年，注册的社会组织共计 6 000 个，其中 27% 的社会组织正在运营。年均从业人员约有 1.7 万人，会员人数超过 100 万人。据悉，2020 年社会组织收到财政收入约为 140 亿索姆，比 2019 年减少了 16%，但比 2016 年增加了 1.7 倍。

国家统计委员会强调说："财政资源的主要来自慈善基金会、赞助款、捐赠款（占比为 58%）和定向资金（占比为 20%）。此外，收取会员费和提供服务的收入也帮助其获得大量收入。"

值得注意的是，2020 年社会机构的支出超过 100 亿索姆，比 2019 年减少了近三分之一，但比 2016 年增加了 1.4 倍。支出最多的资金用于赞助和慈善援助（占所用资金总额的 24.4%）、工资和社会贡献（23.4%）以及服务付款（13.5%）。

在吉尔吉斯斯坦数以百计的社会政治组织中，具有代表性的组织有：

（一）吉尔吉斯斯坦人民大会

该组织在 1994 年 1 月 21—22 日举行的第一次吉尔吉斯斯坦人民代表大会上成立，宗旨是尽力促进民族和谐、公民和谐与社会团结。截至 2001 年 1 月 1 日，加入人民大会的社会组织共有 26 个，其中包括乌兹别克民族文化中心、维吾尔人协会、东干人联合会、德意志人协会、哈萨克族文化中心、朝鲜人社会联合组织等。吉尔吉斯斯坦最高权力机关人民代表大会每四年召开一次，执行机关是理事会的主席团。人民大会除了联合国内各民族文化中心等社会组织开展工作、促进各民族语言、文化的复兴和发展，还与一些国际组织合作，研讨和交流世界上多民族国家解决民族问题的先进经验，为实现民族和睦和社会稳定发挥积极作用。

（二）吉尔吉斯斯坦工会联合会

早在 19 世纪末，在吉尔吉斯斯坦南部煤矿区就出现了最初的工会组织，苏联时期随着工人阶级队伍的壮大，工会组织得到了巨大的发展。1990 年 10 月，吉尔吉斯斯坦工会第 16 次代表大会决定成立吉尔吉斯斯坦工会联合会，取代工会理事会，通过了工会联合会章程和行动纲领，决定彻底改革吉尔吉斯斯坦工会的工作任务，集中力量、协调行动，更有效地捍卫公民的权益，解决共同关心的问题。1998 年吉尔吉斯斯坦通过工会法，赋予工会更广泛的权利，为工会工作奠定了法律基础。吉尔吉斯斯坦独立后，吉尔吉斯斯坦工会联合会加入了世界工会联合会，同国际社会保持经常性的联系。2000 年 9 月，吉尔吉斯斯坦工会第 19 次代表大会通过了 2001—2005 年的活动纲领，修改了工会章程。目前，吉尔吉斯斯坦工会联合会包括 20 个共和国部门工会、7 个州工会理事会和 8 060 个基层工会组织，工会会员共计 96.6 万人。

（三）吉尔吉斯斯坦妇女会议

该组织建立于 1993 年 5 月，其任务是扩大和提高妇女在社会生活中的地位和作用，帮助妇女在充分发挥才能方面获得平等机会，吸收妇女参与政治与决策，妇女会议特别重视提高妇女的知识水平、管理能力和生产技能。

为此，该组织同"欧亚"基金会联合建立了教学中心，开办企业经营管理、外语、电脑技能等培训班；同美国民主委员会一起举办了加强妇女在建设民主法治国家中的作用的学习班。此外，该组织还在"妇女与政治"俱乐部举办女领导者短训班，在此期间其为帮助安置妇女就业做了大量工作。吉尔吉斯斯坦妇女会议通过各种方式与国际社会建立和保持联系，组团出访，与包括中国在内的近 20 个欧亚国家的妇女组织签署了合作备忘录。该组织在全国 7 个州设有分支机构，截至 2001 年年底共有 5.2 万名成员。

（四）吉尔吉斯斯坦青年联合会

该组织是根据 1991 年 10 月 5 日吉尔吉斯斯坦列宁共产主义青年团第 23 次代表大会决定，由共青团改建成青年组织。其活动的宗旨是为青年社会保障服务，为解决青年的社会问题和经济问题创造适宜的条件。其全部经费用于解决吉尔吉斯斯坦青年的需要和发展企业活动。青年联合会完全放弃意识形态方面的职能。青年报社是青联中央的部门之一，它在意识形态方面是自主的，报纸按照自己的观点看待和反映青年问题。

（五）共和国少年儿童组织联合会

该组织是少年先锋队被解散后成立的少年儿童组织，它同成年人的政治组织在意识形态方面没有联系，不受其影响。

第三章　经济发展

自独立以来，吉尔吉斯斯坦不断调整经济方针，循序渐进地向市场经济转型，经济保持了低增长态势。工业生产恢复性增长，机械制造业、加工工业、农业仍然很落后，服务业增加值的比重保持稳定，迫切需要资金投入和技术改造。吉尔吉斯斯坦经济发展的重点是改善国内经济环境、吸引外国投资、发展农业。

第一节　国民经济概况

吉尔吉斯斯坦独立以后，采取了一系列的经济体制改革，努力克服重重危机和困难，使国内经济形势经历了由骤降到缓慢回升的历程。其中1992—1995年是中央集权的经济管理体制被打破、产量骤降的阶段，农业生产量的下降严重影响吉尔吉斯斯坦经济发展，其他各项领域的投入也显著减少，国内生产总值在1991—1995年平均下降了12.8%。一直到1996年，吉尔吉斯斯坦市场经济才逐渐恢复正常化，经济开始缓慢回升。1998年，吉尔吉斯斯坦进行了大规模的经济体制改革，旨在重建和恢复国家工业和农业，并且支持中小企业发展，吸引外商投资，取得了巨大成效，推动了国家经济稳步增长。尤其在1996—2006年，吉尔吉斯斯坦国民生产总值以年均4.5%的速度递增①。

吉尔吉斯斯坦的经济发展过程主要可以分为以下四个阶段：1991—1995年为第一阶段；1996—1999年为第二阶段；2000—2011年为第三阶段；2012年至今为第四阶段。

---

① 本书由于该国可查询的数据资料有限，部分数据时间未更新到最新年份。

一、1991—1995 年，第一阶段：遭遇衰退与危机

在苏联时期，作为一个加盟共和国，吉尔吉斯斯坦主要依赖于苏联的直接和间接补贴，这些补贴可以达到该国国内生产总值的30%。但苏联解体后，吉尔吉斯斯坦作为一个独立国家，失去了这些经济来源，国家经济在独立之初就处于危急之中，因此在1991—1995 年，国内生产总值增长率下降了45%，如表3-1所示。同时，天灾不断，国内农业受到自然灾害的严重破坏；卢布贬值，通货膨胀率上升；更为严重的是，整个国家极度缺乏市场经济管理型人才。这一系列问题给吉尔吉斯斯坦的经济发展带来了极大影响。这段时期也是吉尔吉斯斯坦经济和社会面临挑战最严峻的几年：国内生产总值急剧下降；工业企业大规模破产；生产企业在适应总需求和国内外竞争新条件背景下遇到严峻挑战，政府的发展方向和重点主要集中在实现宏观经济的稳定和确保民生方面。

1991 年1 月，吉尔吉斯斯坦政府制定并批准了一项旨在建立混合型经济的经济政策。1991 年年底，吉尔吉斯斯坦作为"平等的创始国"参加了独联体，积极发展与俄罗斯的战略伙伴关系以及与独联体其他国家的双边和多边合作。独立之初，由于没有像俄罗斯那样实行私有化改革，向市场经济的直接过渡是不可能的，私有化和私营部门的发展问题就成了首要问题。因此，在国际货币基金组织的指导下，于12 月20 日，吉尔吉斯斯坦制定了宏观经济发展方案，并积极启动经济自由化进程，开始国内市场价格自由化流程，通过了新的法律和法令，即企业私有化和土地改革的法律和法令。吉尔吉斯斯坦成立了国家财产委员会执行该法，进行了包括国有企业私有化、企业重组、贸易和货币制度以及金融机构改革等在内的广泛改革。吉尔吉斯斯坦迅速通过了《吉尔吉斯共和国私有化法》《吉尔吉斯共和国非国有化、私有化和企业主活动总则法》和《关于加速国家和公共财产非国有化和私有化的紧急措施的命令》等一系列法令，推进实行非国有化和私有化，并将私有化进程分为三个阶段进行：首先，对国营农牧业企业私有化，主要是租赁承包，建立私人农场和农村小企业；其次，对国有住宅私有化和小私有化；最后，对大中型企业非国有化和私有化。与此同时，对国家行政结构进行重组，并在关键的国家职位上更换重要的人员，即选择了"休克式"市场改革。截至1993 年年底，吉尔吉斯斯坦实现了98.7%的生活综合服务企业私有化、80.7%的贸易和公共饮食业企业、67.5%的建筑企业私有化、39%的工业企业私有化。截至1996 年年底，吉尔吉斯斯坦经营主体总数中非国有制企业的数量已占96.7%，国有制企业的数量只占

3.3%。在工业产值中，国营成分占17%，私营成分占83%。

原来实行的全苏联境内的专业化大分工导致各同盟国经济结构单一，生产布局并不完全符合各国的资源和市场状况，因而许多公司难以在本国或本地区找到原料和市场，难以重新扶持起来。于是，吉尔吉斯斯坦政府就在这一阶段进行了产业结构调整。同时，为了摆脱困境，自1992年1月4日起，吉尔吉斯斯坦政府采取了以下措施：①在放开物价的同时，加强社会保障。全面放开物价，但食品（特别是面包、牛奶和食盐）、运输、能源、药品和房租等价格仍由国家控制和调节。政府还相应地提高了在职职工的工资、退休人员的补助金和大专院校学生的助学金，并向农牧民提供优惠，使其生活水平不至于过分下降。②调整产业结构。一是发展农业，扩大粮食作物种植面积，争取粮食自给自足。二是解决能源自给的问题，利用本国水力资源丰富的特点大力发展水电事业，减少能源进口。三是优先发展一些部门，并且放开价格。最优先发展的部门是：农业和食品工业（大力发展农牧业，以保证人民的衣食问题），包括纺织和缝纫、皮革和裘皮加工、民间工艺品生产在内的轻工业；燃料、动力工业；采矿工业；电子及微电子工业；旅游业。③进行经济改革，向市场经济过渡，实行私有化和非国有化。前总统阿卡耶夫不止一次明确指出，坚决实行国家财产非国有化和私有化。他认为，如果不消灭国有财产的垄断制度，在吉尔吉斯斯坦就不会出现认真工作的劳动者，而只会养出更多的懒汉；如果不发展私营经济，不发挥私营企业主的主动精神，吉尔吉斯斯坦的生产就不能得到更快发展，也不可能摆脱危机。

国家所有制的转型促成了非国家经济的形成，根据吉尔吉斯斯坦统计委员会资料：1996年非国家经济在1 963家企业中（占私有化总数的近2/3）占到国内生产总值的22.3%。与此同时，吉尔吉斯斯坦的私营部门只集中在少数几个活动领域，就业主要集中在非正规经济部门；国家的出口和增值产品是黄金开采，就业集中在劳动密集型领域，如农业、缝纫和零售。中小型企业占全部就业的19%，占国内生产总值的37%。另外，农业部作为保障吉尔吉斯斯坦国家粮食安全和居民就业的关键经济部门，主要为工业企业提供原料，为居民提供食品。因此，在独立之初，吉尔吉斯斯坦政府决定解散集体农庄和国营农场，并将其所有的财产（牲畜、机械和土地）移交给农民。建立的农场取代了国营农场和集体农庄，农业部门雇用了近1/3的就业人口，约占国内生产总值增加值的1/3，但由于国内经济改革混乱，私有化并没有取得预期的效果，吉尔吉斯斯坦不得不重新寻找经济转型的道路（此阶段吉尔吉斯斯坦经济发展具体情况见表3-1）。

表 3-1　1991—1995 年吉尔吉斯斯坦经济发展主要指标

年份	1991	1992	1993	1994	1995
国内生产总值/亿美元	7.53	8.94	10.82	13.83	14.92
国内生产总值增长率 （1991 年=100，按不变价格计算）/%	100	86.1	72.8	58.1	55.0
工业产值/亿索姆	—	—	33	63	71
农业产值增长率/%	100	95	85	70	68
粮食产量/千克	1 374	1 516	1 508	996	991

二、1996—1999 年，第二阶段：走出危机实现复苏

随着吉尔吉斯斯坦政府采取一系列稳定、恢复和发展经济的措施以及国际社会提供的援助，在这一阶段，政府进行大力的结构性改革，为吉尔吉斯斯坦经济发展的成功转型创造了新的因素和条件，使得国家宏观经济领域取得了一系列进展：经济增长强劲、通货膨胀减缓、投资活动复苏。1995—1999 年，吉尔吉斯斯坦经济恢复增长，平均年增长率为 4.7%，市场机制在该国逐渐建立起来，人民越来越积极地为自己寻找新的机会。

自 1996 年起，吉尔吉斯斯坦经济停止下滑并开始回升，一些宏观经济指标开始有所改善。在政府努力和国际社会的帮助之下，1995 年吉尔吉斯斯坦的经济下滑速度开始放慢，到 1996 年，吉尔吉斯斯坦的经济开始逐渐复苏实现增长，国内生产总值达到 225 亿索姆，约合 1.828 亿美元，较上年增长了 5.6%。工业产值上升 10.8%，农业产值增长 13%，发电量增长 14%，粮食基本达到自给。1997 年国民经济形势更好，与 1996 年相比国内生产总值增长 10.4%，增长幅度在独联体国家中名列第二。1998 年国家进行了经济结构改革，旨在恢复和重构国家工业和农业，发展和支持中小企业，吸引投资，推动国家经济稳定增长，这一改革初见成效：国内生产总值保持了连续几年的增长。1998 年国内生产总值已达到 1991 年的 92%。通货膨胀的速度也受到抑制。截至 1998 年年底，工农业的主要产品产量恢复情况如下：发电量 116 亿千瓦小时（81.7%），原煤 40 万吨（11.4%），水泥 70 万吨（53.8%）；纺织品 1 690 万平方米（11.8%），鞋 20 万双（2.1%），电视机 4 000 台（50%），洗衣机 100 台（0.05%），录音机 900 台（0.87%），动物油 1 300 吨（12.87%），植物油 6 500 吨（43.9%），砂糖 8.83 万吨（23.8%）；粮食 173.4 万吨

（126.2%），籽棉6.2万吨（100%），甜菜43.4万吨（36倍），土豆75.6万吨（232%），蔬菜52.9万吨（133%），水果9.4万吨（111%）；肉18.7万吨（81.3%），奶97.3万吨（86%），蛋1.76亿枚（27.1%）。从上述经济恢复的结果来看，此阶段农业比较好，工业则比较差。这说明农业可能在短期内全面恢复，而工业则需要花更多的时间。据统计，1997年的工业增长幅度为46.8%，居独联体国家之首；农业产值增长10%，对外贸易出口额增长15%。外国投资比重在吉尔吉斯斯坦总额中占到63%。增长的主要原因是对采矿业投入了大量外资。西方采金公司基本上控制了吉尔吉斯斯坦的金矿，进行大力开采。黄金开采量从1996年的1.5吨增至1997年的17吨，黄金产量总价值达1.76亿美元，其中，仅吉尔吉斯斯坦与加拿大合资的一家公司在吉尔吉斯斯坦库姆托尔金矿的开采量就达15.6吨。同时在此阶段，吉尔吉斯斯坦的对外贸易额也有很大程度的提升。截至1998年年底，吉尔吉斯斯坦与世界上其他国家的外贸进口额为3.93亿美元，比上年增加1.19亿美元；出口额是2.88亿美元，比上年增加300万美元。而1998年吉尔吉斯斯坦与独联体国家之的外贸进口额为4.25亿美元，比上年减少1100万美元；出口额为2.49亿美元，也比1997年减少了7000万美元。

另外，1998年10月17日，吉尔吉斯斯坦就土地问题进行了全民公决，90%以上的人赞成土地私有化和土地自由买卖。根据公决的结果，吉尔吉斯斯坦在1999年进行了土地私有化改革。事实证明：吉尔吉斯斯坦在政权更迭以及推进改革等方面，是独联体中的"先锋"——它是第一个发行本国货币的国家，还是独联体国家中首个加入世界贸易组织的国家。1998年10月，世界贸易组织接纳吉尔吉斯斯坦为新成员，吉尔吉斯斯坦成为中亚五国中唯一一个世贸组织成员，被西方国家称为市场经济发展较快、市场开放程度较高的国家。1999年其国内生产总值为483亿索姆，与1998年相比（下同）增长了3.6%。经济实体有1.9万个，增加了11%。截至1999年年底，吉尔吉斯斯坦工业生产总值为341亿索姆，减少了1.7%，但电力、燃料、石化和机器制造业产值分别增长了7.5%、27.7%、7%和1.9%，重要工业产品中增产占41.8%；农业生产总值为313亿索姆，增长了8.7%；在投资方面，国家预算和外国贷款也主要用于电力、交通、通信、住房项目建设和改造（此阶段吉尔吉斯斯坦经济发展具体情况见表3-2）。

表 3-2　1996—1999 年吉尔吉斯斯坦经济发展主要指标

年份	1996	1997	1998	1999
国内生产总值/亿美元	18.27	17.67	16.40	12.50
国内生产总值增长率 （1991 年＝100，按不变价格计算）/%	58.9	64.7	65.9	—
工业产值/亿索姆	97	181	211	341
农业产值增长率（1991 年＝100）/%	78	88	92	—
粮食产量/千克	1 424	1 618	1 734	—

三、2000—2011 年，第三阶段：保持稳定与增长

2000—2011 年，稳定经济为吉尔吉斯斯坦政府政策的转变创造了必要的条件。在这一阶段，政府开始认识到，只有政府与社会的合作以及政府各部门之间实现有效联动，才能取得成功，以确保国家和私营部门的经济利益之间的真正平衡。2000—2011 年，国家在非国有化和私有化领域的后续政策都致力于实现以下目标和任务：对战略性经济部门实行非国有化并打破其垄断，基本上完成对其他经济部门的私有化。国家私有化政策的优先任务：

1. 在所有制改造领域

——完成前几个阶段开始的私有化项目；

——对战略性经济部门的企业实行非国有化和私有化。

2. 在支持私有化进程领域

——根据法律规定使正被私有化和已被私有化的企业实际运行起来，包括及时注册发行有价证券；

——通过吸引有战略意义的投资人和保障财产权自由再分配的方式建立能促进有效所有制结构形成的机制；

——保护所有者的权利，建立有效的财产权注册体系；

——促进有价证券市场的发展和有效运行，它应成为加快私有化、给私营经济部门吸引投资的资金来源地；

——提高私有化项目的投资吸引力；

——完善私有化过程的监督体系和私有化企业运行情况的监督体系。

3. 在国有财产管理领域

——根据市场经济的要求，尤其是集团化管理原则的要求，建立国有股管理机制；

——提高含有国有财产份额的企业的经营效率，这意味着要在企业的各运行领域进行结构重组；

　　——引入破产和清算机制，以便有效利用贫困企业财产平衡表中的国家财产；

　　——通过签订目标管理合同，强化企业领导人和国家财产代表对自己做出的管理决定、企业财产的完善保管及有效利用、企业的财政经营结果应负的责任。

　　于是，通过自上而下的改革，吉尔吉斯斯坦在恢复经济增长的同时，贫穷人口逐渐减少，收入分配改善。在此期间，吉尔吉斯斯坦国内生产总值稳步增长，如表 3-3 所示。

表 3-3　2000—2011 年吉尔吉斯斯坦国内生产总值　单位：亿美元

年份	2000	2001	2002	2003	2004	2005	2006	2007	2008	2009	2010	2011
国内生产总值	13.70	14.43	14.42	15.44	16.52	16.49	17.00	18.46	20.01	20.59	20.31	21.73

　　吉尔吉斯斯坦的经济结构发生了重大变化。随着国民生产部门的占比下降，主要是工业（从 1991 年的 27.5% 下降到 2010 年的 19.4%）、农业（从 1991 年的 33.3% 下降到 2010 年的 18.5%）、服务业和贸易业（从 1991 年的 4.2% 增加到 2010 年的 16.1%）、运输和通信（从 1991 年的 3.7% 增加到 2010 年的 9.1%）。其中，吉尔吉斯斯坦在外贸领域取得了快速的发展，其主要原因是吉尔吉斯斯坦独立后，率先于 1998 年 12 月 20 日加入了世界贸易组织。自 1992 年起，吉尔吉斯斯坦的对外贸易额就呈现出连年增长的趋势，从 7.38 亿美元增长到了 2006 年的 27.27 亿美元（2000—2006 年数据见表 3-4）。

　　随着吉尔吉斯斯坦对外开放度不断提高，贸易伙伴不断增多，该国已与 100 多个国家有贸易往来，外贸总量有较大增长，进口依存度较高，由以独联体国家为主变为与非独联体国家并重。

表 3-4　2000—2006 年吉尔吉斯斯坦对外贸易情况　单位：万美元

年份	2000	2001	2002	2003	2004	2005	2006
总额	105 860	94 330	107 220	129 870	165 930	177 330	272 700
进口额	55 410	47 610	58 670	58 170	94 100	67 200	79 600
出口额	50 450	46 720	48 550	71 700	71 830	110 130	193 000

数据来源：吉尔吉斯斯坦国家统计委员会《吉尔吉斯共和国统计公报》，2007 年 5 月。

2007 年，为进一步推进经济发展，吉尔吉斯斯坦政府加大了对国家各发展部门的支持力度，通过改善法律法规基础、增进国家与行业之间的相互协作、降低国家对企业的操控力度、扩大企业的自主权等途径为企业的发展创造一切必要的条件。这些支持使黄金开采量增加了 18.3%，其他工业产值增加了 9%，农业产值增加了 6%，服务业产值增加了 8%，旨在让吉尔吉斯斯坦逐渐由原料型经济转变为工业型经济。2008 年，即使在金融危机波及全球、国内能源短缺的情况下，吉尔吉斯斯坦国内生产总值仍达 50.7 亿美元，同比增长 7.6%，在独联体国家中位列第四。其中，工业总产出为 23.5 亿美元，同比增长 14.9%，位列独联体国家中的首位，主要原因为：就其国内环境而言，吉尔吉斯斯坦整体政治环境区域内稳定，这为经济发展奠定了良好的外部环境；为应对全球金融危机，吉尔吉斯斯坦还对内进一步减轻农产品加工企业的税务负担、加强对国家财政支出的监控，对外与国际金融机构密切沟通协调，并联合俄罗斯、哈萨克斯坦、亚美尼亚和塔吉克斯坦，斥资 100 亿美元建立共同基金，以促进国内经济的稳定发展。

四、2012 年至今，第四阶段：新的起点，新的发展

（一）2012—2017 年，吉尔吉斯斯坦走上经济可持续发展道路

2012 年 12 月初，吉尔吉斯斯坦前总统阿塔姆巴耶夫在"稳定经济发展国家理事会"的首次会议上，宣布了《2013—2017 年吉尔吉斯共和国稳定发展战略》。其旨在大幅度提高人均国民生产总值，将国民生产总值从 2011 年的 59.2 亿美元提高到 135 亿美元，平均每年增长逾 7%；此外，降低国内贫困率，从 2013 年的 37%降低到 2017 年的 25%，并将平均工资从 193 美元提高到 553 美元，到 2017 年将吉尔吉斯斯坦建成快速发展中国家。

为此，国家和政府集中精力优先发展以下经济领域：交通、电力、采矿、农业、轻工业、服务业等。在交通方面，吉尔吉斯斯坦政府每年新建和修复超过 450 千米的沥青混凝土路面公路，不仅连通国家的南部和北部，而且可以解决矿区的矿产品运出问题。同时发展航空和铁路运输，将本国打造成为区域的运输枢纽。在电力方面，将电力作为重要的出口产品，通过向周边国家售电增加国家和居民收入，提高吉尔吉斯斯坦在中亚区域的地位，同时也促进本国中小企业的业务发展。在农业方面，由于吉尔吉斯斯坦超过一半的国民生活在农村，为了发展农业，吉尔吉斯斯坦政府通过预算拨款以及外国贷款来修复多个地区的灌溉系统，意在保障本国粮食安全的同时，还可以大力发展本国绿色农产品的出口。在采矿和轻工业方面，吉尔吉斯斯坦吸引外国投资建设一批以本

国矿产资源为原材料的国际水准加工厂，增加出口商品的附加值。同时发展缝纫品和饮用水的生产。在服务业方面，将吉尔吉斯斯坦建成符合现代化要求的区域性旅游与休闲中心，并且努力建立区域性的金融中心、现代艺术中心、创意经济中心等。同时，政府最重要的工作就是为国内外投资者营造最便利的投资环境，包括确立稳定的经济规则，建立严格的法律制度，保障自由的融资方式。具体的措施包括：减免税收，简化许可证制度，统一技术标准；缩短资金的流动过程，防止无谓的"中间"费用产生；打击经济腐败，保障合法投资者的权益等。

尽管在这一阶段中亚地区存在不少各种严重阻碍国家经济发展的因素，但吉尔吉斯斯坦的经济仍然保持稳定。仅 2013 年上半年，吉尔吉斯斯坦经济形势就有所好转，国内生产总值达 27.9 亿美元，实现 7.9% 的同期明显增长，经济形势开始呈现一片生机勃勃的状态。加工、能源和采矿业是吉尔吉斯斯坦工业的三大主导产业。2013 年上半年，吉尔吉斯斯坦的工业产值 13.1 亿美元，同比增长 18.4%。其中，加工业产值 10.1 亿美元，同比增长 25.5%，占工业产值的 77.4%；能源业产值 2.5 亿美元，同比下降 0.7%，占工业产值的19.3%；采矿业产值 0.4 亿美元，同比增长 3.4%，占工业产值的 3.3%。外贸总额 32.9 亿美元；出口额 6.5 亿美元。

2015 年，《吉尔吉斯共和国加入欧亚经济联盟条约》生效，这是吉尔吉斯斯坦发展道路上的一个重要转折点，吉尔吉斯斯坦与亚美尼亚、白俄罗斯、哈萨克斯坦和俄罗斯一道，成为联盟的正式成员。2014 年 12 月，吉尔吉斯斯坦决定加入欧亚经济区，这对该国来说是一个复杂而费时的过程。这一年，吉尔吉斯斯坦经济增长率达到了 3.5% 的水平，国内有 14 000 家企业，其中 13 200家是小型企业，800 家是中型企业。25% 以上的现有企业从事批发和零售业务，16.2% 为工业相关业务，11.4% 为科学和技术相关业务。平均而言，2011—2015 年，中小型企业生产的总增加值份额约占国内生产总值的 40%。另外，由于吉尔吉斯斯坦国家经济体量有限，不得不依赖于外国资本的支持。此年，国内外资企业所贡献的产值增长明显，仅当年内获得的直接外资就已达到了15.73 亿美元，是上年的 2.16 倍，约占当年吉尔吉斯斯坦内生产总值的 24%。国外资本主要集中在吉尔吉斯斯坦内的金融、通信以及矿产能源等国民经济的重要领域。虽然在经济领域所进行的改革并没有使得该国国民经济得到根本改善，但经济指标表现有所改善，国家经济发展水平提高出现了新的希望。

到了 2017 年，据吉尔吉斯斯坦统计委员会公布的数据：吉尔吉斯斯坦人均国内生产总值为 1 042.24 美元，全球排名 157 位；全年对外贸易进出口总额达 62.72 亿美元，同比增长 12.5%，其中吉尔吉斯斯坦出口额为 17.907 亿美元，同比增长 13.8%（对独联体国家出口 7.485 亿美元，增长 24%，独联体以外国家出口 10.422 亿美元，增长 15.3%）；进口额为 44.813 亿美元，同比增长 12%（从独联体国家进口 20.698 亿美元，增长 18.1%，从独联体以外国家进口 24.115 亿美元，增长 7.3%）。从进口、出口的贸易结构上看，吉尔吉斯斯坦出口占比 28.6%，进口占比 71.4%，2017 年贸易逆差 26.906 亿美元（2016 年贸易逆差 24.272 亿美元）。从吉尔吉斯斯坦贸易国别来看，欧亚经济联盟占吉尔吉斯斯坦贸易额的 38.6%，其中出口占 23.5%，进口占 76.5%。欧亚经济联盟以外国家占吉尔吉斯斯坦贸易额的 61.4%。综上可以看出，《2013—2017 年吉尔吉斯共和国稳定发展战略》帮助吉尔吉斯斯坦克服了发展速度减慢的趋势，达到国内生产总值增长 4.5% 的基本目标，逐步走上了经济可持续发展道路。

（二）2018 年至今，吉尔吉斯斯坦站到了新的发展起跑线上

自 2018 年以来，吉尔吉斯斯坦的政治、社会和经济制度发生了重大变化，选择一条适合吉尔吉斯斯坦经济的未来发展道路仍然是最紧迫的问题之一。如何发现并找准阻碍国家经济发展的主要问题，确定政府的优先事项和找到打破僵局的具体途径，对于"年轻"的吉尔吉斯斯坦来说是一项重大的挑战。

2018 年 10 月 31 日，吉尔吉斯斯坦国家可持续发展委员会通过了《2018—2040 年吉尔吉斯共和国国家发展战略》，因为无法套用其他国家发展战略模式，吉尔吉斯斯坦必须提出本国独特的国民发展战略，以促进国家、社会和人类的各方面发展。这让"年轻"的吉尔吉斯斯坦进入了一个重要的历史阶段，其政治、经济社会稳定已经为国家的长期发展提供了前提、做好了准备。为实现《2018—2040 年吉尔吉斯共和国国家发展战略》，吉尔吉斯斯坦通过解决问题，克服一系列困难，其中包括适应国际一体化的新条件，以及基础设施落后和国家经济规模过小等发展障碍，确定了国家长期发展的战略指导方针，站在了新的起跑线上并开始加速发展。

据吉尔吉斯斯坦国家统计委员会网站公布的数据：吉尔吉斯斯坦 2018 年的经济增长率达到 2.8%，贸易额同比增长 6.2%；全年对外贸易额超过 59.676 亿美元，出口额增长 0.8%，达到 15.33 亿美元；进口额增长 8.2%，总额达到 44.344 亿美元。

2019 年，吉尔吉斯斯坦的经济增长率为 4.5%，国内生产总值达 5 900.42 亿索姆（约合 84.59 亿美元），同比增长 4.5%（若不计库姆托尔金矿产值，则同比增长 3.8%）。其中，工业产值为 2 785.65 亿索姆（约合 39.94 亿美

元），同比增长 6.9%（若不计库姆托尔金矿产值，则同比仅增长 2%）；农业产值为 2 199.67 亿索姆（约合 31.54 亿美元），同比增长 2.6%；畜牧业产值为 1 039 亿索姆，同比增长 56 亿索姆；种植业产值为 1 105 亿索姆，同比增长 101 亿索姆；固定资产投资为 1 617.91 亿索姆（约合 23.19 亿美元），同比增长 5.8%。另外，2019 年吉尔吉斯斯坦家外汇储备总额为 24.24 亿美元，增长 2.69 亿美元，创 2002—2019 年的高点。吉尔吉斯斯坦国家银行利用外汇储备主要对外汇市场波动进行干预，2019 年吉尔吉斯斯坦共进行了 6 次干预，共售出 1.43 亿美元，截至 2020 年 9 月底，吉尔吉斯斯坦外汇储备总额为 29.9 亿美元。据吉尔吉斯斯坦国家统计委统计，2019 年吉尔吉斯斯坦对外贸易总额为 68.7 亿美元（2018 年为 71.3 亿美元），同比下降 2.1%，其中吉尔吉斯斯坦出口额增长 14.1%，进口额下降 7.2%。根据世界经济论坛发布的《2019 年全球竞争力报告》，在全球 141 个经济体中，吉尔吉斯斯坦排名第 96 位（2018 年为第 97 位）。根据英国伦敦国际智库列格坦研究所公布的 2019 年年度全球"繁荣指数"（内容主要包括：经济质量、商业环境、政府管理、个人自由、社会资本、安全保障、教育、健康和自然环境）排名，吉尔吉斯斯坦在 167 个国家中排名第 88 位。根据世界银行发布的《2020 年营商环境报告》，吉尔吉斯斯坦在 190 个国家参加排名中位列第 80 位，比 2021 年下降 10 位，营商环境有所恶化。

2020 年，受新冠病毒感染疫情影响，吉尔吉斯斯坦的经济发展被蒙上了阴影。其经济受到重创，呈持续衰退态势，主要经济指标大幅回落。2020 年吉尔吉斯斯坦国内生产总值为 5 980 亿索姆（约合 77 亿美元），同比下降 8.6%，若不计库姆托尔金矿产值，则吉尔吉斯斯坦国内生产总值为 5 300 亿索姆，同比下降 9%。2020 年 1—7 月，如不计库姆托尔金矿产值，国内生产总值总量下降了 7.7%，其中工业下降 0.9%，农业增长 1.8%，批发零售业下降 17.6%，酒店餐饮业下降 44.8%。2019 年库姆托尔金矿黄金产量 18.6 吨，销售总收入 8.28 亿美元，上缴税收约 2.12 亿美元。在新冠病毒感染疫情期间，该企业制定了一系列防疫措施，目前仍保持正常生产。该矿为吉尔吉斯斯坦第一大金矿，年产值约占吉尔吉斯斯坦国内生产总值的 10%。2020 年，吉尔吉斯斯坦通胀率达 9.7%。食品和非酒精饮料整体涨幅最大，达 17.6%，其中食用油涨幅达 49%、鲜肉涨 26.3%、鸡蛋涨 23.6%、水果涨 17.6%，而冻鱼价格同比下降 3.1%。

同时，对外贸易也大幅回落。2020 年，吉尔吉斯斯坦对外贸易额为 56 亿美元，同比下降 19%，其中出口下降 1.1%，进口下降 26.2%。出口商品下降的有鞋类、烟草制品、服装及其附件、水泥等；出口商品增长的有活禽、塑料及制品、黄金、设备及机械设备、汽车零件等。进口商品下降的有鞋类、化纤、陶瓷制品、服装及其附件、电动汽车及其设备、烟草及其制品等；进口商品增长的有蔬菜及根茎类、黑金属制品、面粉、药品、天然气等。2020年1—7月，国家预算收入为763亿索姆，实际上仅实现了89.6%的预算目标。与上年同期相比，关税和税收收入下降了38.4%。

吉尔吉斯斯坦是全球少数几个经济以侨汇为基础的国家之一，侨汇占该国国内生产总值的1/3，2019年流入吉尔吉斯斯坦的汇款达24亿美元，2020年前5个月侨汇收入6.99亿美元，为其前5年中的最低水平。根据吉尔吉斯斯坦国家统计委员会的数据，2020年前5个月吉尔吉斯斯坦侨汇收入为6.99亿美元，为其前5年中的最低水平，其中4月的侨汇收入最低，仅为7630万美元，而去年同期为2亿美元，来自俄罗斯侨汇收入为6.8亿美元，占比97%。据亚洲开发银行的数据，受新冠病毒感染疫情影响，2020年吉尔吉斯斯坦侨汇收入下降了25%。

侨民汇款的减少导致居民购买力的下降，加之疫情隔离政策，社会经济活动的放缓，进一步导致了社会贫困化现象加剧。鉴于此，吉尔吉斯斯坦政府为恢复经济发展，支持企业经营活动，批准了延期缴纳税款、推迟纳税申报提交期限、调整税费、保险费的滞纳金额度、免除部分国有财产的租金等多项措施。除此之外，为了给企业提供更多支持，吉尔吉斯斯坦政府也在考虑为企业提供更多优惠贷款、给予农民补贴等政策措施。在国家"创业实体融资"计划框架内，政府设立了一个总预算高达140亿索姆的反危机基金，该基金已向各类企业实体发放了6 623笔贷款，贷款金额高达54亿索姆，2021年推动经济发展的核心支出集中在对农业生产者的补贴、发展数字经济等领域。该基金将分配8.5亿索姆给商业银行，以补贴农业生产者，5亿索姆用于经济数字化，5亿索姆用于国家数字化发展，5亿索姆用于发展国家抵押贷款，1亿索姆用于发展边境地区以及5亿索姆用于支付医务工作者的补偿金。

此外，吉尔吉斯斯坦政府也在推动的"清洁饮用水"项目。2020年，该国96个村庄的约17.3万人获得了干净的饮用水。同时灌溉系统更新计划也按计划开展，2021年形成17平方千米的新灌溉土地，并在18.5平方千米土地上增加供水量。灌溉设施的改善为3.1万人提供了新的工作机会。同时，为了满足国内居民用电，根据吉尔吉斯斯坦政府批准的2021—2025年电费标准，家庭用电收费标准为：每月用电不超过700千瓦时，价格为0.77索姆/千瓦时；超出700千瓦时的部分，价格为2.16索姆/千瓦时；偏远地区用电量无限制，为 0.77 索姆/千瓦时。2021 年，每千瓦时的电力成本超过 1.5 索姆。吉尔吉斯斯坦能源部前部长多斯库尔·别克穆尔扎耶夫发言称：吉尔吉斯斯坦是世界上电价最低的国家之一。据吉尔吉斯斯坦家统计委员会公布的数据，截至 2021 年 1 月底，吉尔吉斯斯坦国内生产总值为 332.1 亿索姆（约合 3.93 亿美元），同比下降 7.4%。其中，工业生产同比下降 9.5%，建筑业同比下降 22.5%，矿山开采业同比下降 21%，固定资产投资同比下降 25.9%，仅农业同比增长 0.9%。消费物价指数与 2020 年 12 月相比上涨 1%，登记失业人数为 7.74 万人，同比增长 1.6%，平均工资为 18 493 索姆（约合 219 美元），同比增长 7.7%。

2021 年，根据吉尔吉斯斯坦国家统计委员会统计，国内生产总值为 7 231.22 亿索姆（约合 85.44 亿美元），同比增长 3.6%，人均国内生产总值达 1 276.7 美元，同比增长 9.4%，如表 3-5 所示。国内第一、第二、第三产业增加值占国内生产总值的比重分别为 14.7%、26.7% 和 58.6%。这是自新冠病毒感染疫情暴发以来吉尔吉斯斯坦经济的首次增长。

表 3-5　2016—2021 年吉尔吉斯斯坦国内宏观经济情况统计

年份	国内生产总值/亿美元	经济增长率/%	人均国内生产总值/美元
2016	65.50	3.8	1 120
2017	71.60	4.5	1 242.8
2018	80.90	3.5	1 308.1
2019	84.55	4.5	1 268
2020	77.35	-8.6	1 182.5
2021	85.44	3.6	1 276.7

数据来源：根据世界银行统计数据整理得出。

第二节　经济结构

一、工业

工业是吉尔吉斯斯坦经济当中的一个重要组成部分，占国内经济总量的份额超过 19%。主要工业有采矿、电力、燃料、化工、有色金属、机器制造、木材加工、建材、轻工、食品、烟草等，其中最主要的是矿石开采和能源加工，尤其是黄金的开采加工对国内经济发展的作用最为明显。吉尔吉斯斯坦经济是从1996年开始好转的，同时工业生产结构也开始出现变化，有色冶金和石油开采加工所占的比重上升。

2010年，吉尔吉斯斯坦工业产值约27.07亿美元，整个工业产值比1995年增长了1.8倍，从事加工工业的企业在整个工业当中所占份额不断加大，达到了80%。其中"库姆托尔"黄金公司的产值就占了一半，约为13.45亿美元；农业产值约为25.25亿美元，其中种植业占53%，畜牧业占44.9%；城市第二和第三产业地域分割也十分明显。

2015年，吉尔吉斯斯坦内生产总值为4 236.355亿索姆（约合65.72亿美元），同比增长3.5%；人均国内生产总值为74 400索姆（约合1 154美元），同比增长了1.4%；这时吉尔吉斯斯坦的经济增长主要依靠农业、建筑业、服务业等行业，而工业对国内生产总值的贡献不大，其工业总产量仅为1 751.64亿索姆（约合27.27亿美元），同比下降4.4%。

截至2018年上半年，根据吉尔吉斯斯坦国家统计委员会公布的数据，吉尔吉斯斯坦工业总产值为1 086.528亿索姆（约合15.86亿美元），同比下降6%。若不计库姆托尔金矿相关产量，则为691.636亿索姆（约合10.1亿美元），同比增长5.1%。

根据统计可以看出，吉尔吉斯斯坦工业总产值主要由以下四部分组成：①采矿业产值为56.864亿索姆（约合8 301万美元），占工业总产值的5.2%。②加工业产值为823.229亿索姆（约合12.02亿美元），占工业总产值的75.8%。③供电、供气及供热的产值为196.758亿索姆（约合2.87亿美元），占工业总产值的18.1%。④供水及废料加工处理回收的产值为9.677亿索姆（约合1 413万美元），占工业总产值的0.9%。2018年1—6月，吉尔吉斯斯坦工业总产值下降的原因是金属开采、机械、设备及交通工具类生产下滑。吉尔吉斯斯坦工业企业生产经营的调查报告显示：在吉尔吉斯斯坦474种工业品生产中，277种产品产量增加，占比58.4%；159种产品产量减少，占比33.5%；38种产品没有生产，占比8.1%。吉尔吉斯斯坦工业企业生产经营活跃度的调查报告显示，2018年上半年，吉尔吉斯斯坦全国工业企业的平均运行负荷率为55.2%，负荷率最大的是电力生产和供配厂（89.3%），负荷率最低的为化工企业（28%）。工业企业运营困难的主要原因是资金不足、国内市场需求疲软、采购方支付困难、原材料欠缺、税收政策不稳定以及经常断电等。

根据吉尔吉斯斯坦国家统计委员会公布的数据：吉尔吉斯斯坦2020年工业总产值为3 198.8亿索姆（约合37.68亿美元），同比增长12.47%。其中，采矿业产值为 178.76 亿索姆（约合 2.11 亿美元），同比下降 22.4%；制造业产值为 2 609.85 亿索姆（约合 30.79 亿美元），同比下降 7.2%；供电、供气及供热产值为 375.43 亿索姆（约合 4.43 亿美元），同比增加 2.7%。供水及废料加工处理回收的产值为 29.74 亿索姆（约合 3 508 万美元），同比下降 2.1%。

2021 年，吉尔吉斯斯坦的经济呈现出明显的增长。根据吉尔吉斯斯坦家统计委员会统计，2021 年吉尔吉斯斯坦工业总产值为 3 571.76 索姆（约合 42.2 亿美元），同比增长 9%。其中，制造业产值 2 787.65 亿索姆（约合 32.94 亿美元），同比增长 6.3%；采矿业产值 327.99 亿索姆（约合 3.88 亿美元），同比增长 83%；供电供气供热产值 415.17 亿索姆（约合 4.91 亿美元），同比增长 10.7%；供水及废料加工产值 40.96 亿索姆（约合 3 622 万美元），同比增长 31%。2021 年吉尔吉斯斯坦工业总产值 75% 以上集中在楚河州、伊塞克湖州及比什凯克市，其中楚河州占比 46%，比什凯克市占比 12.8%，伊塞克湖州占比 21.2%。2021 年吉尔吉斯斯坦主要工业品产量：煤炭 298.99 万吨、原油 27.56 万吨、天然气 2 220 万立方米、水泥 246.75 万吨、发电量 151.34 亿度。

据吉尔吉斯斯坦国家统计委的统计：2022 年 1—7 月吉尔吉斯斯坦工业产值为 2 270 亿索姆（约合 27.47 亿美元），同比增长 17.8%。其中，金属和金属制品（机械设备除外）产值增长 45.6%，木材、造纸和印刷业产值增长 27.5%，石油产品产值增长 14.6%，食品和烟草产值增长 12.9%，采矿业产值增长 8.1%。工业产值的增加主要得益于机械设备制造、造纸印刷等行业产值的增加。

（一）矿产开采

吉尔吉斯斯坦矿产资源丰富，在国家经济结构中占有重要地位，是国内的支柱产业，主要有黄金、锑、汞、钨、锡、铀、铁和稀有金属等。2021 年的统计数据显示：黄金储量为 2 149 吨，探明储量 565.8 吨；锑储量 26 万吨，居世界第四位。吉尔吉斯斯坦还拥有一些世界级的大型矿床，如库姆托尔金矿、哈伊达尔干汞矿、卡达姆詹锑矿等。吉尔吉斯斯坦多数矿产未得到充分利用，但发展潜力较大。其中吉尔吉斯斯坦拥有黄金总储量达 2 149 吨，探明储量有 565.8 吨，吉尔吉斯斯坦北天山、中天山、南天山均有金矿产分布，是金成矿的有利地带。吉尔吉斯斯坦发现的金矿点超 2 000 处，其中储量大于 10 吨的矿产近 10 处，大于 100 吨的矿产 3 处，最主要的是吉尔吉斯斯坦和加拿大合资开发的库姆托尔金矿，该金矿产值一直占吉尔吉斯斯坦国内生产总值的 10% 左右，占工业产值的 40% 左右。可见，吉尔吉斯斯坦的产业结构和出口结构是"一业独大，一家独大"，国家经济高度依赖黄金产业。大多数矿床开采权由吉尔吉斯斯坦黄金总公司所有，由于缺少资金，尚未进行商业开发。因此，吉尔吉斯斯坦的国情特点有利于中国企业在其境内进行矿业投资，我国可继续深化该领域合作。

另外，吉尔吉斯斯坦境内共发现约 70 处煤矿床和矿点。其煤矿总储量为 13.45 亿吨，其中 A+B+C1 级 10.27 亿吨，C2 级 3.18 亿吨。随着政局趋稳、经济稳步发展，近年来吉尔吉斯斯坦采煤量逐年上升，2020 年煤炭开采量为 248.8 万吨。吉尔吉斯斯坦探明的铁矿石储量为 41.85 亿吨，预测资源量为 100 亿~200 亿吨。吉尔吉斯斯坦铁矿以沉积—变质型铁矿和岩浆型钒钛磁铁矿为主，形成超大型、大型矿床。其中，杰德姆矿田是吉尔吉斯斯坦最大的铁矿，预测资源量 57 亿吨，探明储量 21.58 亿吨，为沉积变质型。

截至 2022 年年底的统计数据显示：吉尔吉斯斯坦的金、锑等金属矿产的开采和冶炼已初具规模。煤炭和铁铜铝等大宗性资源开发虽不具规模，但资源前景和开发潜力较大。随着地质勘查和矿业开发投资的快速增加，未来吉尔吉斯斯坦矿业发展前景看好，国内各州的主要优势矿产资源如下：

（1）楚河州：塔尔德布拉克左岸金矿为第三大金矿，探明储量 64.2 吨；铜资源丰富，塔尔德布拉克铜矿为该国第一大铜矿，探明储量 70 万吨；奥克托尔依科为该国第三大铜矿，探明储量 50 万吨。

（2）奥什州：萨瓦亚尔顿金矿、恰尔套柳克—阿克吉勒尕金矿探明储量分别为 7.4 吨和 13.4 吨；主要煤矿企业开采量为 16.3 万吨/年；库杜克铜矿为第二大铜矿，探明储量 60 万吨。

（3）伊塞克湖州：库姆托尔为最大金矿，探明储量 316 吨。

（4）塔拉斯州：杰鲁伊为第二大金矿，探明储量 74.6 吨，安达什金矿探明储量 1.83 吨；谢维尔诺耶铜矿、安达什铜矿、达列铜矿探明储量规模在中型以上，铜资源潜力较大，有成为大型铜矿的潜力。

（5）贾拉拉巴德州：马克马尔金矿为第四大金矿，探明储量 50 吨，铁列克金矿、伊什坦贝尔格金矿、库鲁铁格列克金矿、铁格列克金矿探明储量分别为 3.8 吨、34 吨、24 吨和 6.1 吨；库鲁—捷格列克铜矿和博齐姆恰克铜矿探明储量分别为 32 万吨和 20 万吨；主要煤矿企业开采量为 2.3 万吨/年。

（6）巴特肯州：煤炭、锑、霞石正长岩（可提炼铝和钾）资源较为丰富，其中主要煤矿企业开采量为 9.6 万吨/年；吉尔吉斯斯坦的锑几乎全部分布在该州，其中大型矿床海达尔坎锑矿总资源量为 11.2 万吨，卡达姆扎伊锑矿总资源量为 10.5 万吨；扎尔达列克矿为最大的霞石正长岩矿区，C1+C2 储量为 9 亿吨。

（二）能源开发

1. 石油和天然气

吉尔吉斯斯坦的油气资源相对较少，主要情况如下。

油气生产：尽管采掘业是吉尔吉斯斯坦国民经济的支柱产业，但油气开采并不是其主业，每年产值不到工业总产值的 2%。虽然吉尔吉斯斯坦有近百年的油气开采史，但产量极低，石油年产峰值是 32 万吨，天然气年产峰值是 3.8 亿立方米。1985 年以后，油气产量呈现逐年下降趋势，根本不能满足本国需求。由于高山地形以及水浸，原油生产困难，采收率很低。据《吉尔吉斯共和国统计年鉴》的数据，2003—2009 年石油年平均产量约为 7 万吨，如表 3-6 所示。

表 3-6　2003—2009 年吉尔吉斯斯坦年平均石油、天然气产量

年份	石油/万吨	天然气/万立方米
2003	6.95	2 710
2004	7.41	2 890
2005	7.72	2 510
2006	7.09	1 940
2007	6.82	1 490
2008	7.12	1 700
2009	7.51	1 450

数据来源：由《吉尔吉斯共和国统计年鉴》统计数据整理所得。

油气进口：由于资金不足或综合开发成本高等，吉尔吉斯斯坦的油气产量始终不高，远不能满足国内需求，每年约 95% 的全国原油、天然气和石化制品需要依靠进口来满足。除国内炼厂外，进口油气主要用于冬季枯水期的热电厂发电和热力。吉尔吉斯斯坦本国的天然气产量远不能满足其国内需求，不足部分主要从乌兹别克斯坦进口，每年进口 7.5 亿~8.5 亿立方米天然气。2006 年进口价格为 55 美元/千立方米，2007 年价格为 100 美元/千立方米，2008 年为 145 美元/千立方米。自 2009 年起，乌兹别克斯坦将参考俄罗斯进口土库曼斯坦天然气的价格，以 300 美元/千立方米的价格向吉尔吉斯斯坦出口天然气。2008 年吉尔吉斯斯坦国内的每 1 000 立方米用气价格为：南部居民 6 907.58

索姆，北部居民 7 211.26 索姆，南部企业 8 541.94 索姆（含增值税），北部企业 8 982.91 索姆（含增值税）。

油气加工：吉尔吉斯斯坦国内共有四座炼油厂，其中规模比较大的两座均为合资企业。一是吉尔吉斯斯坦国家石油公司与英国的 Petrofac 国际公司于 1996 年 10 月合资组建的吉尔吉斯斯坦石化公司，二者各占 50% 股份，位于贾拉拉巴德市，系吉尔吉斯斯坦国内第一座炼油厂，年处理能力 50 万吨原油和凝析油，但目前每年只能加工约 7 万吨，主要生产汽油、柴油和重油。二是吉尔吉斯斯坦与美国合资的东方炼厂，位于比什凯克市，年处理能力 18 万吨，主要生产汽油、柴油和重油等成品油。可以说，吉尔吉斯斯坦国内石化工业具有年处理 68 万吨石油的能力，如果进行技术改造，还可提高到 100 万吨。但由于存在油源不足以及运输成本高（约占 1/5，主要依靠铁路）等困难，实际开工能力只有设计能力的 1/4，致使产量远不能满足国内燃料市场需求（每年约 50 万吨），石油产品的自给率低于 30%。

主要的油气企业：吉尔吉斯斯坦国家油气公司是其国内油气资源的主要开采者。吉尔吉斯斯坦天然气运输公司负责天然气管道管理和运输。此外，还有一些投资公司参与吉尔吉斯斯坦的油气开发。吉尔吉斯斯坦国家油气公司 85.16% 的股份由国家掌握，9.8% 属于个人和法人，剩下的 5.04% 由职工掌握。每年开采约 7 万吨石油和 2 500 万~3 000 万立方米天然气。产品主要在国内消费，主要天然气用户是马利苏电灯厂，还有部分天然气用于南方居民。石油加工后的重油主要供给奥什电站和吉尔吉斯斯坦住宅和市政企业联盟。截至 2006 年 1 月初，吉尔吉斯斯坦国家油气公司共拥有石油钻井 472 个（其中 325 个可使用），天然气井 38 个（其中只有 11 个可使用）。大部分油气设备都已经使用六七十年，严重老化，而更换费用高昂，如一个钻井就需要 200 万~300 万美元。截至 2006 年 1 月初，马利苏电灯厂欠吉尔吉斯斯坦国家油气公司天然气费 1 500 万索姆，奥什电站和吉尔吉斯斯坦住宅市政企业联盟这两个企业共欠重油款 4 700 万索姆，实际上相当于国家油气公司免费向这三个企业提供能源。吉尔吉斯斯坦天然气运输公司的股权结构是：国有资产管理委员会持股 87.9%，社保基金持股 5.37%，其余为公众或法人持股。该公司每年供应吉尔吉斯斯坦全国约 7.3 亿立方米天然气，拥有天然气干线 753.6 千米、分配站 23 个。此外还有普通高压管线 50.5 千米、中压管线 641.6 千米、低压管线 1 644 千米、分配站 1 057 个。根据吉尔吉斯斯坦与哈萨克斯坦 2003 年 12 月 26 日签订的联盟关系条约，两国于 2004 年 3 月 25 日组建吉哈天然气公司，共同管理吉尔吉斯斯坦北部的天然气管道，该管道负责为吉尔吉斯斯坦北部地区和哈萨克斯坦江布尔州和阿拉木图州供气。

据吉尔吉斯斯坦能源部前部长图尔杜巴耶夫在议会会议上透露：吉尔吉斯斯坦目前石油总储量为2.89亿吨，2020年开采原油24万吨，出口5.49万吨，出口额106万美元。吉尔吉斯斯坦属贫油国，原油储量和产量均很小，汽油和柴油等石油产品的加工量也很不稳定，远远满足不了年消费量150万吨以上的市场需求。吉尔吉斯斯坦油气能源产品主要依赖自俄罗斯、哈萨克斯坦、乌兹别克斯坦进口。2020年，吉尔吉斯斯坦进口汽油79.4万吨、柴油57.7万吨、煤油5.6万吨、重油2.04万吨。

2. 煤炭工业

煤炭生产：苏联解体前，1955—1991年吉尔吉斯斯坦的煤炭年产量为290万~360万吨。苏联解体后，其产量急剧下滑，2003年以后每年开采量为30万~50万吨，具体见表3-7。

表3-7　2000—2008年吉尔吉斯斯坦煤炭产量　　　　单位：万吨

年份	2000	2001	2002	2003	2004	2005	2006	2007	2008
产量	40	50	40	41.53	46.08	33.53	32.13	35.32	49.2

资料来源：由《吉尔吉斯共和国统计年鉴》统计数据整理所得。

煤炭不是吉尔吉斯斯坦的支柱产业，2007年煤炭开采仅占本国总产值约1.7%。吉尔吉斯斯坦的煤炭主要用于火力发电和热力。据测算，吉尔吉斯斯坦煤炭的远景储量约为46.65亿吨，截至2007年年初，剩余可采储量为13.45亿吨（约含2亿吨焦炭），其中A+B+C1级占76%，C2级占24%。吉尔吉斯斯坦国家煤炭集团负责全国煤炭的勘探、开采和销售，下设15家煤炭生产企业及其他建筑设计和科研单位。

煤炭进出口：虽然吉尔吉斯斯坦拥有如此丰富的煤炭储量，但是因为绝大多数矿井都建设于苏联时期，开采设施老化损毁，并且开采技术落后，再加上运输费用的不断上涨，所以煤炭开采量在苏联解体后不断下降，到2006年达到了最低点32万吨左右。21世纪开始逐渐恢复，提升到了2011年的83万吨。但通过对吉尔吉斯斯坦经济水平的测算，吉尔吉斯斯坦每年煤炭需求量约为150万吨，主要用于火力发电和热力，特别是冬季。这意味着，吉尔吉斯斯坦每年需进口煤炭约110万吨，进口量约占国内总需求量的4/5，主要从哈萨克斯坦进口。

（三）电力发展

1. 电力生产与消费

吉尔吉斯斯坦水力资源丰富（尤其是纳伦河和萨雷贾兹河），全国约有252条大、中河流，蕴藏着1 850万千瓦水能，每年潜在的水力发电能力为1 425亿度（仅北部纳伦河就可以兴建22个水电站，发电能力高达300多亿度），但目前仅开发利用了10%左右。全国的小河流平均径流量为3~50立方米/秒，每年可发电50亿~80亿度，但目前仅开发了约3%。吉尔吉斯斯坦的电力工业以水电为主。现有电站18个，其中水电站16个、热电站2个，年均可发电140亿千瓦时，总装机容量为291万千瓦，基本可满足国内工农业生产需求。吉尔吉斯斯坦能源体系在满足本国经济发展和城市居民用电的同时，也向哈萨克斯坦、乌兹别克斯坦和中国提供出口。中国企业可对建设新的水电站、改造现有的水电站从而实现电力出口等具有前景的几个方向进行投资。

吉尔吉斯斯坦事业部能源电力发布的《2023—2027年吉尔吉斯共和国电力行业投资前景及风险分析报告》数据显示，托克托库尔水库位于吉尔吉斯斯坦纳伦河下游和锡尔河起点，蓄水规模达195亿立方米，水坝高215米，托克托库尔水电站装机容量达120万千瓦，年均发电量为57亿千瓦时。该电站有调节纳伦、锡尔河流域费尔干纳盆地的农田灌溉职能，并负责向吉尔吉斯斯坦北部地区供电。目前，吉尔吉斯斯坦国内电网与哈萨克斯坦、乌兹别克斯坦及中国相联通，吉尔吉斯斯坦每年从乌兹别克斯坦、哈萨克斯坦进口部分电力，并向哈萨克斯坦、中国出口部分电力。目前，世界银行正探讨为CASA-1000项目（中亚—南亚输变电线）提供资金支持，该项目拟将吉尔吉斯斯坦、塔吉克斯坦的电力输送到阿富汗和巴基斯坦。

2. 吉尔吉斯斯坦电力工业基本情况

吉尔吉斯斯坦境内有18座发电站，总装机容量达360多万千瓦（1996年为368.84万千瓦）。此外，其全国动力系统为：有6 100千米110~500千伏的超高压主干线输电线路；6.3万多千米0.4~35千伏的高压供电网分线路；490千米的供电网干线。全年电力生产能力为120亿~140亿千瓦小时。吉尔吉斯斯坦18座电站中，装机容量超过50万千瓦的有托克托古（120万千瓦，1976年建成）水电站、库尔普萨（80万千瓦，1982年建成）水电站、比什凯克中央热电站（70.2万千瓦）。在所有电站中，水力发电站的装机容量达295.5万千瓦，占全国电站总装机容量的82.1%，而其电力生产能力约占全国每年发电量的90%。

3. 国内水电发展潜力

吉尔吉斯斯坦水利电力资源十分丰富，可开发利用的资源量达 1 335 亿千瓦·时，其中经济潜能达 480 亿千瓦·时，技术潜能 730 亿千瓦·时，在独联体国家中次于俄罗斯、塔吉克斯坦，居第 3 位。按吉尔吉斯斯坦境内水电站装机容量近 300 万千瓦，年产电力 120 亿千瓦·时来计算，吉尔吉斯斯坦水利电力资源仅开发利用了近 10%。大纳伦河梯级电站开发计划是 20 世纪 50 年代吉尔吉斯斯坦科学院水利和动力研究所提出的，包括 22 座梯级电站，总装机容量可达 700 万千瓦。自 1962 年起先后在纳伦河上建成乌奇阔尔贡（18 万千瓦）、阿特巴申（4 万千瓦）、托克托古（120 万千瓦）、库尔普萨（80 万千瓦）四座水电站，装机容量为 222 万千瓦，约占整个大纳伦河梯级开发计划的 32%。

4. 输变电网

吉尔吉斯斯坦风能发电潜在储量有 20 亿千瓦时，吉尔吉斯斯坦每年平均日照天数为 250 天，辐射约为 1 700 千瓦/平方米。吉尔吉斯斯坦可再生能源发展潜力巨大，投资前景可观。截至 2007 年，吉尔吉斯斯坦共有 0.4~500 千伏电网 6.49 万千米，其中 500 千伏输电线 541 千米，220 千伏 1 714 千米，110 千伏 4 346 千米。35~500 千伏的变电站共 495 个，总变电容量 10 368 兆瓦，其中 500/220/10 千伏变电站 2 座，220/110/35-10-6 千伏变电站 14 座，110/35/10-6 千伏变电站 174 座。

2012 年 8 月，中吉两国最大的能源合作项目、特变电工承建的"达特卡—克明"500 千伏输变电工程开工奠基；2013 年 7 月，吉尔吉斯斯坦南部电网改善项目竣工，对巩固和提升中吉双边经贸关系意义重大，使吉尔吉斯斯坦南部形成独立的电网，极大地改善了当地电网的输配电能力。2015 年，完成"达特卡—克明"输变电线项目（与中方合作），从而将吉尔吉斯斯坦南、北部的电网连接起来，并且完成对比什凯克市和奥什市的供电系统改造工程。

二、农业

吉尔吉斯斯坦以农业作为经济基础。私营农业产品占到总收成的 1/3 到1/2。主要作物包括小麦、甜菜、棉花、烟草、蔬菜及水果；羊毛、肉制品和奶制品也是其主要的农产品。在不久的将来，生态农业将成为吉尔吉斯斯坦农业的重要发展方向，生态农产品市场以超前的速度发展。到 2025 年，世界生态农业的销量可望达到 2 000 亿~2 500 亿美元。在新冠病毒感染疫情和世界经济局势大背景下，农业领域将是保证吉尔吉斯斯坦粮食安全和居民就业的基本经济领域之一。

作为国民经济的重要组成部分，吉尔吉斯斯坦农业产值占国民生产总值的19%左右。国内种植业与畜牧业的发展齐头并进，玉米、小麦、燕麦、棉花、烟叶和蔬菜等为主要农作物，全国六成以上的民众从事农业生产和农业服务工作。吉尔吉斯斯坦境内有8.5平方千米牧场。高山融化的雪水使全国一半面积的土地成为牧草丰盛的山地草原和高山草甸，全国3/4的耕地是水浇地。马、羊的存栏数和羊毛产量在中亚位居第二。农用土地面积为10 770平方千米，其中10 080平方千米为农业适宜用地，受居民饮食习惯的影响，果蔬品种比较少，主要是土豆、西红柿、黄瓜、洋葱，外观和品质也相对比较差。其他的蔬菜主要从中国和乌兹别克斯坦进口。水果以苹果、葡萄、石榴、西瓜、甜瓜、柿子、梨以及樱桃为主。果汁、果酱、饮料、奶及肉制品丰富，大都产自本国及周边国家，在当地超市都能买到。

吉尔吉斯斯坦独立后就着手进行了大规模的经济改革，其目的是：通过对国有财产的非国有化和私有化建设具有发达市场经济的民主国家。这场经济改革的主要方向之一是进行农业改革和土地改革。而农业改革的目的在于：形成以面向社会的市场经济，使农业商品生产者在经营管理方面完全独立，对国有财产实行非国有化和私有化，建立竞争氛围和市场结构。

1994年8月22日，吉尔吉斯斯坦政府公布了《关于批准和进行土地改革和农业改革条例》的第6号决议。决议规定了向公民分配份地和颁发份地使用权证书以及改组农业企业的改革，这也是第一阶段的改革，主要任务有：①制定和实施关于农业稳定发展的计划；②改组集体农庄和国营农场，并在此基础上建立私人农场、农户、农业合作社及其他所有制形式的生产单位；③关闭和改组破产的农业企业；④保证农业商品生产者经营管理的独立自主性；⑤执行政府关于对新出现的农业商品生产者进行国家扶持的市场政策；⑥形成农业企业主和自由农民阶层。农业改革第一阶段的特点是，进行大量工作促使所有土地向非国有化和私有化转变，土地所有权和土地资源管理权的非集中化。在土地改革、农业改革的第一阶段，改革为农村多成分经济的形成和发展奠定了基础。

1998年10月21日，吉尔吉斯斯坦对宪法进行了修改，开始了第二阶段的农业改革。对宪法的这些修改加强了人们对土地私有权问题的观念变化。为落实上述宪法修改，1999年6月2日通过了吉尔吉斯斯坦土地法典。该法典确定了土地私有制度。土地法典确定了土地私有者的基本权利和义务，同时也巩固了土地私有者的地位。例如，土地法典特别规定了土地私有者的下述权利：

①有权独立经营土地，按照一定用途使用土地；②有权播种农作物及其他作物，有权拥有由于利用所分的土地而获得的培育出来的农作物及其他作物以及拥有出售这些作物的收入；③有权从事同土地所有权有关的、同土地法典规定的限制有关的民事法律规定的交易。与此同时，土地法典也规定了土地私有者应承担的义务，其中包括土地私有者必须保证按照规定用途和提供土地的条件使用土地。除了通过土地法典，吉尔吉斯斯坦还通过了另外两部涉及农业部门的重要法律，即农户（农场）法和合作社法。这两部法律是发展土地最有前途的经营管理方式——合作社和农户（农场）经济的行动纲领。吉尔吉斯斯坦还规定了这些法律确定的组织形式在农村进行活动的法律依据以及创建与活动程序。这也标志着吉尔吉斯斯坦正由土地、经济的"分散割据"状态逐渐向合作化过渡。

据统计，2013 年全年，吉尔吉斯斯坦农林牧业产值为 1 719.8 亿索姆（约合 35.5 亿美元），同比增长 2.9%，高于近年来 1% 左右的缓慢增速，主要是由于当年天气状况良好带来粮食丰收。农业种植耕地的总面积为 1.17 万平方千米，同比增长 0.4%，其中 50.2% 种植谷物。谷物产量 170 万吨，同比增长 27.5%，其中小麦产量为 81.9 万吨，同比增长 51.6%；谷物的单位产量为 28.8 公担/公顷①，同比增长 23%；小麦的单位产量为 23.7 公担/公顷，同比增长 41%。此外，2013 年吉尔吉斯斯坦棉花产量为 6.9 万吨，同比下降 19.1%；甜菜产量为 19.5 万吨，同比增长 91.6%；油料作物产量为 5.6 万吨，同比下降 5%；土豆产量为 133 万吨，同比增长 1.5%；蔬菜产量为 88.2 万吨，同比增长 1.8%。同期，畜牧业发展良好，由于畜养的牲畜数量和家禽数量增加，各类产品皆略有增长，其中禽畜肉产量 35.5 万吨（增长 0.7%），牛奶产量 140.8 万吨（增长 1.9%），鸡蛋产量 4.2 亿枚（增长 1.1%），羊毛产量 1.16 万吨（增长 2.3%）。出口蔬菜 19.3 万吨、水果 7.3 万吨、牛奶及奶产品 2.7 万吨、非酒精饮料 552.4 万吨，出口牛皮 98.7 万件、羊毛 1 000 吨、棉花 1.9 万吨。在农业总产值中，按领域划分，种植业占 50.5%，畜牧业占 47.8%，服务业占 1.6%，狩猎和林业占 0.1%；按所有制划分，农场占值和私人占值分别占 60% 和 40%；按地区划分，楚河州占 23%，奥什州占 19.8%，贾拉拉巴德州占 18.6%，伊塞克湖州占 12.7%，而巴特肯州、纳伦州和塔拉斯州的占比分别为 7.1%、9.8% 和 9%。

据国家统计网站的数据，2015 年吉尔吉斯斯坦人均农业增加值为 2 158.27

---

① 1 公担＝100 千克，1 公顷＝0.01 平方千米。

美元，吉尔吉斯斯坦农业增加值在国内生产总值的比重一直处在动态变化之中，尤其是在 2008—2015 年呈现出持续下降的趋势：2008 年吉尔吉斯斯坦农业在国内生产总值的比重为 27.04%，2015 年仅占国内生产总值的 15.94%。吉尔吉斯斯坦农业产业结构逐步优化，由以农业为主的传统结构逐步向以现代化工业为主的工业化结构转变。在农业产值结构中，2015 年农业产值为 1 970.658 亿索姆（约 30.57 亿美元），其中谷物种植约占 49.52%，畜牧业产值占 48.09%，相关服务产业占 6.39%。

2018 年 1 月，吉尔吉斯斯坦发布了一项"2018 年为区域发展年"的法令，该法令旨在"为各地区的支持政策和社会经济发展政策根本性变革奠定基础。"但吉尔吉斯斯坦农业发展倒退实际上是因为缺乏国家政策支持，从农业部门的预算支出可以看出：吉尔吉斯斯坦农业、食品工业和土壤改良部年预算仅 15 亿索姆，几乎一半的资金用于该部员工的工资。为此，吉尔吉斯斯坦政府于 2017 年年底发布了一项农业、食品工业和土壤改良部改革计划；另外还有专家建议，要解决吉尔吉斯斯坦农业遇到的困难和瓶颈，第一步应该恢复集体农庄。截至 2018 年年底，在吉尔吉斯斯坦共有 420 个合作社，其大多数指标都高于小农场。第二步，政府须免除合作社的所得税、农产品供应增值税和固定资产进口增值税。

（一）种植业

1. 吉尔吉斯斯坦农作物种植面积

吉尔吉斯斯坦的农作物以粮食作物和经济作物为主，主要的粮食作物是小麦、大麦、玉米、水稻、燕麦、黑麦以及高粱等，主要经济作物是棉花、甜菜、红花、烟草、花生等。2012 年，农业作物的种植面积为 11 657 平方千米，同比增长 0.6%。其中，粮食作物种植面积为 5 686 平方千米，占农业种植总面积的 48.8%；粮用豆类作物种植面积为 492 平方千米（4.2%）；油料作物种植面积为 545 平方千米（4.7%）；棉花种植面积 310 平方千米（2.6%）；烟草种植面积为 34 平方千米（0.3%）；甜菜种植面积为 56 平方千米（0.5%）；土豆种植面积 816 平方千米（7%）；蔬菜种植面积为 454 平方千米（3.9%）；饲料作物种植面积为 3 100 平方千米（26.6%）。综上，吉尔吉斯斯坦约有一半的耕地种植粮食。不过，粮食作物种植的面积同比减少了 14%（约为 529 平方千米），这主要是由于小麦种植数量锐减：秋播小麦种植面积减少 28.2%（约为 700 平方千米），春播小麦种植面积则增长 13.1%（约为 171 平方千米）。此外，大麦的种植面积同比增长 20%（240 平方千米），玉米种植面积增长 30%（208 平方千米）。

2. 吉尔吉斯斯坦农作物产量

2012 年，吉尔吉斯斯坦粮食产量达 133.38 万吨，同比减少 10.2%（15.12
万吨），其中小麦产量为 54.05 万吨（占粮食总产量的 40.5%），大麦 21.27 万
吨（16%），玉米 57.83 万吨（43.4%）。由于种植面积减少和收成率下降等影
响，小麦产量同比减少 32.4%。2012 年，吉尔吉斯斯坦粮食平均收成率为
23.4 公担/公顷，小麦收成率为 16.8 公担/公顷；经济作物中，2012 年产棉花
8.47 万吨，同比减少 16.4%，这主要是由于棉花种植面积减少 17.1%（64 平
方千米）；烟草产量 7 400 吨，同比减少 25%（2 500 吨）；土豆收成 131.27 万
吨，同比减少 4.8%；蔬菜收成 86.59 万吨，同比增长 5.5%；果类收成 22.27
万吨，同比增长 3.6%。

2013 年，吉尔吉斯斯坦农业种植耕地的总面积为 1.17 平方千米，同比增
长 0.4%，其中 50.2% 种植谷物。2013 年，吉尔吉斯斯坦谷物产量 170 万吨，
同比增长 27.5%，其中小麦产量为 81.9 万吨，同比增长 51.6%；谷物的单位
产量为 28.8 公担/公顷，同比增长 23%；小麦的单位产量为 23.7 公担/公顷，
同比增长 41%。此外，为了保证吉尔吉斯斯坦粮食自给，政府进行了政策调
整，消减了农民对部分经济作物的种植热情。2013 年，吉尔吉斯斯坦棉花产
量为 6.9 万吨，同比下降 19.1%；油料作物产量为 5.6 万吨，同比下降 5%；
但是一些作物非减反增，甜菜总产量高达 19.5 万吨，同比增长 91.6%；马铃
薯产量为 133 万吨，同比增长 1.5%；蔬菜产量为 88.2 万吨，同比增长 1.8%。

近年来，吉尔吉斯斯坦国内农产品贸易总额在稳步增加的同时也会有一定
的波动，吉尔吉斯斯坦农产品贸易规模稳步增加的主要原因在于吉尔吉斯斯坦
近些年来进口贸易额占全部贸易额的比重逐年增加，同时吉尔吉斯斯坦在维持
原有贸易伙伴的基础上，积极同欧洲、中亚等其他国家扩大农业贸易合作规
模。吉尔吉斯斯坦农业处新闻部的数据显示，就 2017 年和 2018 年的数据来
说，其中吉尔吉斯斯坦的农产品出口额由 2.3 亿美元降至 1.6 亿美元，农产品
进口额由 5.4 亿美元降至 4.6 亿美元。虽然都在下降，但是贸易逆差也在同时
下降，2013—2016 年，吉尔吉斯斯坦的农产品贸易逆差由 3.1 亿美元降至 3 亿
美元。

（二）畜牧业

吉尔吉斯斯坦畜牧业历史悠久且较为发达，9 万平方千米的牧场和天然割
草场，以及充足的日照使得畜牧业发展具备得天独厚的条件，是中亚的畜牧大
国。其畜养殖业发展迅猛，以牛羊肉、皮、毛、蛋、奶产品等为主，活动物
产品表现出极强的出口优势。

1. 畜牧业产值

畜牧业是吉尔吉斯斯坦最具有特色的传统产业和基础产业，之所以能成为吉尔吉斯斯坦农业经济以及整个国民经济的重要支柱，是因为具有天然的自然资源优势。吉尔吉斯斯坦拥有丰富的天然草场资源：全国93%的国土为山地，1/3地区的海拔为3 000~4 000米，有54%的国土适宜发展农牧业，43%的土地是牧场，共计农业用地面积约有1 080万平方米，其中牧场和天然割草场有900多万平方米，占农牧用地的86%左右。优越的草场条件为生产优质又便宜的畜产品和上等原料奠定了坚实的基础。此外，吉尔吉斯斯坦降水量丰富，气候温和，丰富的自然资源和适宜的自然环境也为其畜牧业的发展提供了十分有利的条件。

畜牧业是吉尔吉斯斯坦农业的重要支柱，同时也是吉尔吉斯斯坦经济的重点领域之一。统计数据显示：2013年，吉尔吉斯斯坦农业总产值为1 679亿索姆，其中，畜牧业产值为816.8亿索姆，占农业总产值的48.6%；2017年，吉尔吉斯斯坦农业收入取得了突飞猛进的增长，产值增长到了2 032.3亿索姆，同比上一年增长了5.5%；但是畜牧业增长缓慢，2017年畜牧业产值为950.5亿索姆，同比上一年增长了0.2%，占2017年农业总产值的46.8%，如表3-8所示。由此可见，2013—2017年吉尔吉斯斯坦畜牧业产值在不断小幅增长，整体来看，畜牧业依然是吉尔吉斯斯坦农业的重要支柱。

表3-8　2013—2017年吉尔吉斯斯坦农业和畜牧业产值

单位：亿索姆

年份	2013		2014		2015		2016		2017	
产业	农业	畜牧业	农业	畜牧业	农业	畜牧业	农业	畜牧业	农业	畜牧业
产值	1 679	816.8	1 911.9	930.2	1 922.4	947.1	1 926.2	948.2	2 032.3	950.5

资料来源：由《吉尔吉斯共和国统计年鉴》的数据整理所得。

从这些年来畜牧业占吉尔吉斯斯坦国内生产总值的比重来看，呈现出略不稳定的态势，这主要是由于吉尔吉斯斯坦的国内生产总值自2014—2016年出现了下滑的趋势。2013年，吉尔吉斯斯坦的国内生产总值为5 034.6亿索姆，畜牧业占国内生产总值的16.2%；2017年吉尔吉斯斯坦的国内生产总值为5 286.5亿索姆，其中，畜牧业占比为17.9%，如表3-9所示。

表 3-9 2013—2017 年吉尔吉斯斯坦畜牧业占农业和国内生产总值比重

单位:%

年份	2013	2014	2015	2016	2017
占农业产值的比重	48.60	48.60	49.30	49.20	46.80
占国内生产总值产值的比重	16.20	18.10	20.70	20.30	17.90

资料来源:由《吉尔吉斯共和国统计年鉴》的数据整理所得。

从表 3-9 可以看出,吉尔吉斯斯坦畜牧业占农业的产值自 2016 年开始出现了下滑的态势,占国内生产总值比重在 2015 年也呈现出了下滑的态势。由此可见,吉尔吉斯斯坦畜牧业发展在当前出现了一定的问题。

2. 畜产品生产与消费量

从《吉尔吉斯共和国统计年鉴》的数据来看,2017 年吉尔吉斯斯坦畜牧产品中的肉类产品生产了 216 600 吨肉,比 1990 年减少了 261 400 吨;奶类产品达 1 556 200 吨,比独立之初增长了 371 200 吨;蛋类生产了 5.1 亿枚左右,比 1990 年减少了约 2.03 亿枚;毛的生产量达 12 800 吨,占 1990 年产出蛋的 1/3。2017 年畜牧业总产值达 950.5 亿索姆,其中肉和牛奶的生产比重占 94.5%,蛋的生产占 3.4%,毛的生产占 0.4%,其他占 1.7%(此阶段吉尔吉斯斯坦畜牧产品生产的部分情况详见表 3-10)。

表 3-10 1990 年和 2013—2017 年吉尔吉斯斯坦畜牧产品生产的部分情况

年份	1990	2013	2014	2015	2016	2017
肉和肉制品产量/吨	478 000	193 200	202 800	208 300	212 400	216 600
奶和奶制品产量/吨	1 185 000	1 408 200	1 445 500	1 481 100	1 524 600	1 556 200
蛋产量/万枚	71 380	42 230	44 570	43 290	46 970	51 070

资料来源:由《吉尔吉斯共和国统计年鉴》的数据整理所得。

吉尔吉斯斯坦牲畜头数虽然不断增长,有的牲畜种类头数超过了独立前的数量,但是畜产品产量还是很低。这在很大程度上反映出吉尔吉斯斯坦畜牧业存在低产量问题,这种情况也直接影响了吉尔吉斯斯坦人民对畜产品的需求以及生活水平,导致吉尔吉斯斯坦畜牧产品的消费需求难以满足。2013—2017 年吉尔吉斯斯坦畜牧产品消费情况如表 3-11 所示。

表 3-11　2013—2017 年吉尔吉斯斯坦畜牧产品消费情况

年份	2013	2014	2015	2016	2017
肉和肉制品产量/吨	183 600	193 600	225 800	225 200	228 600
奶和奶制品产量/吨	1 175 000	1 202 900	1 290 400	1 307 400	1 327 300
蛋产量/万枚	45 350	45 570	49 200	46 610	51 110

资料来源：由《吉尔吉斯共和国统计年鉴》的数据整理所得。

3. 畜牧业牲畜存栏量

吉尔吉斯斯坦自 1991 年独立以来，牲畜存栏量 1990—1996 年大幅度减少，不过自 1997 年起，牲畜的头数就开始逐步增长。2017 年，吉尔吉斯斯坦牲畜存栏量与苏联时期相比，牛的头数增长了 74%，马的数量增长到 62.7%，家禽的数量约恢复到原来的 43%，绵羊和山羊的数量约恢复到原来的 62%。奶牛和肉牛的繁殖以及肉羊和毛羊的繁殖也一直是吉尔吉斯斯坦畜牧业的优先领域，在这期间，这几类牲畜的存栏量稳步增长（此阶段吉尔吉斯斯坦牲畜数量情况详见表 3-12）。

从表 3-12 可以看出，独立后吉尔吉斯斯坦经济的混乱状态对畜牧业产生了直接影响——牲畜头数的大幅下降。其中：牛的数量从 1991 年的 119.02 万头下降到 1996 年的 84.76 万头，下降了 28.8%；奶牛的数量从 1991 年的 51.83 万头下降到 1996 年的 45.99 万头，下降了 11.3%；肉牛的数量从 1991 年的 67.19 万头下降到 1996 年的 38.78 万头，下降 42.3%；羊的数量从 1991 年的 952.49 万只下降到 1997 年的 280.39 万只，下降了 71.9%；猪的数量从 1991 年的 35.49 万头下降到 1996 年的 8.8 万头，下降了 75.2%；马的数量从 1991 年的 32.05 万匹下降到 1996 年的 31.41 万匹，下降了 6.7%；鸡的数量从 1991 年的 1 357.12 万只下降到 1996 年的 212.2 万只，下降了 84.4%。由此可见，猪、羊和鸡在该阶段的存栏量下降幅度最大。同时还可以看出：大多牲畜类的数量从 1997 年开始上升，直到 2008 年，一些牲畜和家禽的存栏量才恢复到 1991 年水平。到 2017 年，牛（奶牛、肉牛）和马超过了 1991 年的指数。其中，牛的头数相比 1991 年上升了 32.4%；马上升了 50.2%。羊、猪和鸡的数量虽然有上升，但是还远落后于 1991 年前的指数。

表 3-12 1990—2017 年吉尔吉斯斯坦牲畜数量

年份	牛/万头	奶牛/万头	肉牛/万头	猪/万头	羊/万只	马/万匹	鸡/万只
1990	120.53	50.62	69.92	39.34	996.94	31.27	1 391.47
1991	119.02	51.83	67.19	35.49	952.49	32.05	1 357.12
1992	112.24	51.46	60.78	25.44	874.15	31.3	1 042.06
1993	106.23	51.13	55.1	16.94	732.33	32.2	691.66
1994	92.01	48.09	43.92	11.78	507.6	29.9	220.83
1995	86.9	47.08	39.82	11.39	427.49	30.82	203.18
1996	84.76	45.99	38.78	8.8	371.61	31.41	212.2
1997	88.48	47.35	41.13	9.22	280.39	32.53	232.94
1998	91.06	49.22	41.83	10.55	381.06	33.52	272.75
1999	93.23	51.15	42.08	10.48	380.65	34.98	297.99
2000	94.7	52.38	43.22	10.11	379.92	35.39	306.37
2001	96.95	53.56	43.39	8.66	374.42	35.44	345.43
2002	98.8	45.75	44.06	8.72	376.54	36.07	364.76
2003	100.44	53.39	47.04	8.28	367.92	34.05	433.22
2004	103.49	54.82	48.67	8.27	377.36	34.72	451.09
2005	107.48	56.51	50.96	7.78	387.6	34.52	427.9
2006	111.67	58.48	53.18	7.96	425.18	35.56	458.92
2007	116.8	60.72	56.08	7.49	425.18	35.56	458.92
2008	122.46	63.56	58.9	6.33	450.27	36.24	436.48
2009	127.81	66.43	61.38	6.13	481.55	37.3	453.58
2010	129.88	66.65	63.24	5.98	503.77	37.84	474.99
2011	133.86	68.42	65.44	5.92	528.81	38.9	481.53
2012	136.75	69.93	66.81	5.54	542.39	39.88	507.66
2013	140.42	71.85	68.57	5.18	564.12	40.74	538.57
2014	145.84	74.43	71.4	5.08	582.9	43.3	542
2015	149.25	75.44	73.51	5.03	592.95	44.96	558.62
2016	152.78	76.99	75.78	5.11	602.26	46.72	567.36
2017	157.54	78.98	78.56	5.22	607.78	48.13	591.04

数据来源：由《吉尔吉斯共和国统计年鉴》的数据整理所得。

进入 21 世纪后，吉尔吉斯斯坦的羊和鸡存栏量在小幅上升，牛、奶牛、马等牲畜增幅显著，只有猪呈现数量减少的趋势，主要是因为一般情况下养殖和消费猪肉的是俄罗斯人和乌克兰人。独立后，大多数来自俄罗斯、乌克兰和白俄罗斯人回到了自己的国家，导致猪的养殖业发展十分缓慢。从整体来看，吉尔吉斯斯坦畜牧的存栏量在独立后表现出了不稳定的增长趋势。尽管吉尔吉斯斯坦畜牧牲畜数量不断上涨，但其产值占国内生产总值的比重却不断下降，说明吉尔吉斯斯坦畜牧业产业链条短，生产能力较弱，仅依靠牲畜数量来实现收益。

4. 畜牧产品的进出口贸易

畜牧业是吉尔吉斯斯坦农业经济收入的重要来源，因为吉尔吉斯斯坦牲畜品种多样化，原有的及改良后的畜牧资源种类丰富，加之畜牧业的发展与动物生物安全防控水平逐渐提高，国外对吉尔吉斯斯坦的一些优良畜种资源需求逐渐显现，这一优势促进了吉尔吉斯斯坦对外国的活畜出口的增长。而且马、牛和羊等畜牧品种的出口也在一定程度上为牧民增加了收入来源，出口贸易活动进一步带动了吉尔吉斯斯坦畜牧业的发展。另外，随着人们生活水平的提高，对肉类、蛋奶类产品的质量的需求也在逐渐增多，吉尔吉斯斯坦的畜牧产品逐渐不能满足国内所需，因此，畜牧产品及活畜的进口也随之开始缓慢增长（此阶段吉尔吉斯斯坦畜牧产品进出口贸易情况详见表 3-13）。

表 3-13　2013—2017 年吉尔吉斯斯坦畜牧产品进出口贸易情况

年份	2013	2014	2015	2016	2017
活牲畜和畜产品出口/万美元	3 070	3 300	2 720	2 700	4 950
活牲畜和畜产品进口/万美元	11 390	12 440	8 140	3 740	10 280
肉类产品出口/吨	72 200	72 800	21 100	20 200	20 400
肉类产品进口/吨	61 200	65 700	39 100	33 700	34 100
奶类产品出口/吨	126 700	126 700	72 900	85 900	132 000
奶类产品进口/吨	25 700	22 800	26 700	35 800	112 600
蛋类产品出口/万枚	—	—	30	70	50
蛋类产品进口/万枚	3 270	6 580	4 420	710	1 390

数据来源：由《吉尔吉斯共和国统计年鉴》的数据整理所得。

从表 3-13 可以看出，除了奶类产品，吉尔吉斯斯坦对其他几类畜牧产品的进口需求量较大，远高于出口量。在 2013—2017 年，除 2016 年外，其余年份的牲畜和畜产品的进口量是出口量的三四倍；肉类产品的出口量在 2013 年、2014 年比进口量略大，2015—2017 年，进口量开始超出出口量。由此可见，吉尔吉斯斯坦本国的畜牧肉类产品难以满足国内对肉类的需求；奶类产品的出口量在 2016 年以前要比进口量超出很多，尤其在 2013 年和 2014 年，出口量几乎是进口量的 5 倍，但是出口量却开始呈现出不断下降的趋势，到 2017 年，出口量和进口量几近持平。从吉尔吉斯斯坦的蛋类产品来看，出口量微乎其微，而进口量较大，但进口量呈现出日益减少的趋势，这说明了吉尔吉斯斯坦家禽畜牧业的发展相对缓慢，但是在逐渐改善。从整体来看，吉尔吉斯斯坦畜牧产品的进出口贸易出口量小于进口量，在对外贸易中处于逆差的地位。

5. 吉尔吉斯斯坦畜牧业区域分布

吉尔吉斯斯坦划分为七个州、两座全国级的城市，七个州又分为 35 个地区和 13 个乡级市（州级）。吉尔吉斯斯坦首都比什凯克的区域总产值占全国总产值的 38%，是全国经济发展相对较好的区域。楚河州、伊塞克湖州、贾拉拉巴德州、奥什州、奥什市、巴特肯州、塔拉斯州、纳伦州的区域总产值分别占国内生产总值的 16.7%、12%、11.5%、7%、5.7%、3.5%、3%、2.6%。

从表 3-14 和表 3-15 可以推断出：吉尔吉斯斯坦畜牧业的发达地区主要集中在山地和高原地区，而工业经济相对发达的地区反而畜牧业所占比例较小。其中，楚河州、伊塞克湖州、贾拉拉巴德和奥什州均是畜牧业发展比较好的地区。楚河州农林牧渔业总产出达 52.8 亿索姆，占全国农林牧渔业总产出（208.5 亿索姆）的 25%、奥什州和贾拉拉巴德州各占 19%、伊塞克湖州占12.5%；楚河州生产肉和生奶占全国的 25%，生产蛋占全国的 61%；贾拉拉巴德州畜牧业肉类产出占全国的 15%、奥什州占全国的 20.5%，两个地区生奶的产出量基本相同，均占到全国奶总产量的 20%；贾拉拉巴德州的牲畜毛的产量占全国的 17%，奥什州占全国的 18%。

表 3-14　2017 年吉尔吉斯斯坦的区域总产值　　单位：亿索姆

区域	巴特肯州	贾拉拉巴德州	伊塞克湖州	纳伦州	奥什州	塔拉斯州	楚河州	比什凯克市	奥什市
总产值	179.1	612.1	644.1	139.6	372.5	159.7	884.2	2 009.1	304.4

资料来源：由《吉尔吉斯共和国统计年鉴》的数据整理所得。

表 3-15   2017 年吉尔吉斯斯坦的区域畜产品产量

产品	巴特肯州	贾拉拉巴德州	伊塞克湖州	纳伦州	奥什州	塔拉斯州	楚河州	比什凯克市	奥什市
肉/吨	14 200	32 900	28 800	24 100	44 500	12 400	58 600	200	800
奶/吨	96 600	318 500	223 700	124 700	310 500	76 200	398 200	600	7 200
蛋/万枚	2 180	6 380	2 420	750	5 560	2 170	31 350	100	240
毛/吨	700	2 200	2 100	2 100	2 300	1 500	1 700	5	30

数据来源：由《吉尔吉斯共和国统计年鉴》的数据整理所得。

从表 3-16 可以推断出，吉尔吉斯斯坦养牛业有两个区域：吉尔吉斯斯坦牛的养殖主要在该国南部地区，如奥什州的牛养殖量占全国的 22.5%，贾拉拉巴德州占全国的 20.3%，巴特肯州占全国的 9%；楚河州和伊塞克湖州是吉尔吉斯斯坦北部地区主要的牛养殖基地，分别占全国的 17.8% 和 14.6%。2018年，巴特肯州和纳伦州牛的头数比 2017 年增长了 6.7%，伊塞克湖州增长了 5.1%。

表 3-16   2018 年吉尔吉斯斯坦区域畜牧业存量

产品	巴特肯州	贾拉拉巴德州	伊塞克湖州	纳伦州	奥什州	塔拉斯州	楚河州	比什凯克市	奥什市
牛/头	149 012	329 623	237 564	174 650	366 327	67 596	289 952	589	11 362
羊/只	504 002	1 305 833	916 615	1 064 767	1 142 087	552 709	655 618	1 864	24 328
马/匹	7 774	71 444	105 606	119 367	96 439	26 836	70 074	261	737
家禽/只	281 429	1 115 204	638 953	204 510	950 268	257 674	2 480 455	18 252	62 959

数据来源：由《吉尔吉斯共和国统计年鉴》的数据整理所得。

吉尔吉斯斯坦的养羊业，主要集中在贾拉拉巴德州（21.2%）、奥什州（18.5%）、纳伦州（17.3%）和伊塞克湖州（14.9%）。这些地区拥有大面积条件优良的山地牧场，良好的自然条件使得相关产品纯净环保，具有很好的价格竞争力；该地区主要养殖肉用细毛育种羊，本地肥尾粗毛羊也受当地农民的欢迎。2018 年养羊业存栏量在纳伦州、伊塞克湖州、巴特肯州和贾拉拉巴德州分别增长了 2.7%、2.3%、2.2% 和 1.7%。

吉尔吉斯斯坦大量牧场的存在，使养马成本较低，马在各种气候条件下都能够自给自足。2018 年，纳伦州（23.9%）、伊塞克湖州（21.2%）和奥什州（19.3%）是主要的养马基地，纳伦州和巴特肯州的养马业存栏量增长了

5.8%、楚河州的增长率达 4.8%。

家禽养殖业属于吉尔吉斯斯坦畜牧业非传统领域之一，它从 20 世纪 60 年代开始发展。2018 年，作为肉类和鸡蛋补充来源家禽的存栏量为 600 多万只，主要养殖鸡（火鸡）、鹅、鸭。其中，楚河州的家禽存栏量所占比重最大，占到 41%，贾拉拉巴德州、奥什州和伊塞克湖州各占 18.5%、15.8% 和 10.6%。尽管该行业具有早熟、盈利性高等优点，但由于国内的需求少，在吉尔吉斯斯坦并没有得到广泛发展。

2019 年，吉尔吉斯斯坦农业总产值为 30.11 亿美元，其中畜牧业产值占比就达到 45.40%。足以表明，畜牧业仍是吉尔吉斯斯坦的重要产业，在国内生产总值中具有重要地位。2015—2019 年，吉尔吉斯斯坦畜牧业的产值逐年升高，年均增长率为 5.33%，其中，家畜、牛奶的产值占比为 94.5%~94.7%，处于核心地位；羊毛产值年均增长率最高，发展潜力巨大，如表 3-17 所示。数据表明，家畜、牛奶是该国畜牧业传统优势产业，持续优化畜种结构是保障需求的重要手段，以牛奶生产为主体的奶产业也呈现出快速发展的势头。

表 3-17　2015—2019 年吉尔吉斯斯坦畜牧业情况　　单位：美元

年份	畜牧业产值	家畜	牛奶	牛奶	羊毛	其他
2015	123 273	78 243	38 564	4 059	197	2 210
2016	136 312	86 120	42 791	4 792	303	2 305
2017	137 750	85 814	44 527	4 744	315	2 351
2018	141 760	87 886	46 233	4 766	322	2 553
2019	149 539	89 773	49 011	5 050	932	4 772

资料来源：由《吉尔吉斯共和国统计年鉴》的数据整理所得。

截至 2021 年年底，吉尔吉斯斯坦农林渔牧业产值为 3 242.83 亿索姆（约合 38.31 亿美元），同比下降 5%，其中畜牧业占比 44.6%、种植业占比 53.1%、林业占比 0.1%、渔业占比 0.3%、服务业占比 1.9%。2021 年，吉尔吉斯斯坦全国土地耕种面积为 12 262 平方千米。由于夏季异常高温干旱，农田灌溉用水不足，农作物大幅减产。2021 年吉尔吉斯斯坦主要农作物产量：小麦 36.27 万吨、土豆 128.91 万吨、蔬菜 111.42 万吨、瓜类作物 22.49 万吨、水果浆果类作物 26.64 万吨、籽棉 6.69 万吨。

综上所述，吉尔吉斯斯坦拥有丰富多样的生态系统，动植物物种多，种群密度大，森林覆盖率高，光照充足，农业资源环境良好，是中亚重要的贸易集散地。通过多年的发展，其取得了很大的成果，但还有很多需要加强的地方，如在农业基础设施的投入上，需要进一步增加投入，减少农民对"靠天吃饭"的依赖。在农业种植资源上，其可以通过加强合作，引进和推广新品种和种植模式，增加作物单产，可以适当降低农药进口条件和引进大的化肥生产企业，增加在单位面积上的农药和化肥使用量，保证农业高产。吉尔吉斯斯坦的农产品加工产业链目前还不成熟，在加工、运输、保鲜、储藏等多个关键环节还比较落后，技术水平不高，需要与实力强、竞争力强的龙头企业加强合作。政府还需要在贷款、税收、海关等方面提供更多的优惠政策，进一步重点推动牛羊肉、皮毛、棉花等产品的出口。

三、服务业

从吉尔吉斯斯坦服务业生产产值情况来看，服务业产值虽然一直保持增长态势，但增长速度并不高。依据前十年的服务业发展情况，服务业仍然保持良好的发展状态，对吉尔吉斯斯坦经济的贡献非常大的，占比也是最高的。2015年，吉尔吉斯斯坦服务业的总产量为 5 687 亿索姆（约 88.23 亿美元），同比增长 6%。其中比什凯克的服务生产量占 43.4%、贾拉拉巴德州的服务生产量占 13.1%、楚河州的服务业产量占 13.4%、奥什市占 8.3%，奥什州的服务业产量占 7.6%、伊塞克州的服务业产量占 5.7%。按服务类型来看，商品零售批发及汽车维修占比是最高的，比重为 73.3%，运输货物占 7.4%，宾馆饭店占 4.9%，通信业占 4.6%，金融中介与保险占 3.5%。

截至 2021 年年底，吉尔吉斯斯坦内各类服务业总额为 8 587.36 亿索姆（约合 101.46 亿美元），同比增长 10.2%，其中商品批发零售及汽车维修营业额为 6 893.02 亿索姆（约合 81.44 亿美元），同比增长 10.5%；交通运输及仓储营业额为 431.57 亿索姆（约合 5.1 亿美元），同比增长 20.6%；宾馆和餐饮服务业营业额为 207.91 亿索姆（约合 2.46 亿美元），同比增长 13.7%；通信业营业额为 301.77 亿索姆（约合 3.57 亿美元），同比增长 1.7%。

第三节　国家发展战略规划

为了恢复经济发展，吉尔吉斯斯坦政府做了不少努力，制定并实施了一系列政策。例如，2001 年，吉尔吉斯斯坦政府通过《2010 年前综合发展框架》，该文件提出"在本国减少贫困"的任务。2003 年，吉尔吉斯斯坦政府正式出台《2003—2005 年国家减贫战略》。2006 年，巴基耶夫总统发表了国情咨文

《国家发展战略和近期任务》，在其基础上，政府于 2007 年发布了《2007—2010 年国家发展战略》，于 2008 年发布了《2009—2011 年国家发展战略》。2013 年吉尔吉斯斯坦政府发布了《2013—2017 年国家持久发展战略》，2017 年发布了《2018—2040 年国家持久发展战略》。

一、《2007—2010 年国家发展战略》

为了全面解决吉尔吉斯斯坦所面临的经济社会问题，巴基耶夫总统签发命令批准了经国家发展战略委员会审核同意的《2007—2010 年国家发展战略》，并强调了实施 2007—2010 年国家发展战略具有重要意义。该战略规定国家发展目标为：发展目标应该指向克服贫困，为公民创造公平的劳动条件，从而提高他们的生活水平和生活质量，为他们提供良好、健康的居住环境，促进社会团结，保护和提高公民的文化道德价值观，保护公民权利，实现社会公正，实现高效民主的管理。该战略明确提出发展目标应指向克服贫困，为此，国家层面提出具体要求：促进经济高速发展，从计划开始实施到 2010 年，国内生产总值年均增长须达到 8%～9%；经济政策的首要目标是实现劳动生产率的大幅提高，通过自由贸易与投资政策实现与世界经济一体化；依靠中小企业发展提高劳动生产率，增加贸易量；改善私营企业贸易环境和投资环境；改革税收体系，降低税率，打击"影子"经济；严格管理国债；改革政府机构，使之廉洁高效；国家支出主要用于社会和生产等关键领域；促进人与社会和谐发展等。

二、《2009—2011 年国家发展战略》

鉴于《2007—2010 年国家发展战略》收效不是特别理想，政府根据当时实际情况制定了新的国家发展战略，即《2009—2011 年国家发展战略》。该战略规定国家其后三年的发展战略目标是：改善经济增长质量；提高国家行政效率；提高人民生活水平；改善环境质量。在改善民生方面，该战略规定的目标是：人均寿命达到 70 岁；平均养老金增长 1 倍（达到 2 000 索姆）；居民货币收入增长 50%，工资增长 1 倍；失业率从 8% 降低到 7%。值得注意的是，为应对世界金融危机带来的影响，该战略把 2009—2011 年国内生产总值增长率从 7.9% 调低到 5.5%。

我们不难看出：该战略更加注重社会领域的发展，与前一部国家发展战略不同，它并没有把减贫作为直接目标，而是把经济增长和促进社会公正等放在突出位置。值得称赞的是，该战略对区域平衡发展做出了新规定：《2009—

2011 年国家发展战略》框架内的区域发展战略目标是每一个地区包括城市和乡村，通过开发有益的项目和活动获得平衡和高水平发展。我们可以看出：吉尔吉斯斯坦的发展战略已经不同往日，通过大力发展经济，促进地区间平衡发展来消除区域间的发展差异，进而提高社会不同层面民众的生活水平，是该战略的一大亮点。由于政府持续推进社会发展战略，收效比较显著。根据吉尔吉斯斯坦家统计委员会公布的数据，2011 年吉尔吉斯斯坦国内生产总值为 61.98 亿美元，2012 年为 66.05 亿美元，2013 年为 73.35 亿美元。国内生产总值稳步增长，为减贫提供了物质基础。世界银行数据显示，吉尔吉斯斯坦 2012 年人均国内生产总值为 905.166 美元，2013 年为 984.239 美元，较前几年增长较快。随着经济发展，该国家与国民在逐渐摆脱贫困状态。

三、《2013—2017 年国家持久发展战略》

相较之前的国家发展战略，《2013—2017 年国家持久发展战略》最大亮点在于提出了大力反腐。腐败是对国家安全的真正威胁，越是腐败，国家就越贫困，而越贫困就会更加腐败，从而形成恶性循环。尽管国家战略规定要大力反腐，但实际执行很困难。反腐不力也影响到经济发展的实际效果。根据世界银行国民经济核算数据和经济合作与发展组织国民经济核算的数据：2014 年吉尔吉斯斯坦国内生产总值为 74.045 亿美元，2015 年为 65.72 亿美元。2015 年尽管国内生产总值有所减少，但人均国内生产总值依然稳步提高。2014 年人均国内生产总值为 1 003.51 美元，2015 年为 1 017.164 美元。2015 年，劳动者平均月工资 12 848 索姆，同比增长了 9%。按行业划分，金融、保险业居首位，人均月工资达到了 28 739 索姆，通信业达到 25 245 索姆，采矿业达到 21 087 索姆，物流行业达到 18 720 索姆，科技行业达到 17 327 索姆。根据世界银行发布的国别贫困评估数据，2013 年吉尔吉斯斯坦按国家贫困线衡量的贫困人口比例为 37%，2014 年下降为 30.6%，2015 年稍有回升达到 32.1%。由此数据可以得出：该战略实施效果显著，国家贫困率已呈下降趋势，贫困人口也在逐渐减少，这些均显示出了该战略的合理性和实施效果。

四、《2018—2040 年国家持久发展战略》

国家强盛的关键在于发展经济，而《2018—2040 年国家持久发展战略》就重点强调在经济发展中要先改善营商环境。一系列改善营商环境的措施将创造更多体面的工作岗位、增加出口、发展地区、改善国家的基础设施、推动教育和卫生健康事业发展、带动社会福利增长等。

国家的优先目标是提高人民生活水平和为居民的体面生活创造有利条件，即确保获得不间断的电力、热能、清洁用水、优质教育、卫生健康、交通、通信服务和其他福利等。提高国家的投资吸引力，优化生产流程，会创造更多的工作岗位并提高居民的工资水平，以此来带动生活质量的提高，达到社会经济发展目标。国家的政策措施旨在发展社会服务市场，国家现阶段的重要任务是确保每个人的生活质量，国家的最低基本保障社会标准将全部得到兑现。各地区成功发展是全国成功发展的关键，因此，发展农工联合企业、建立大中型加工综合体、开发出口产品、大量吸收贫困人口参加生产活动成为发展各地方经济的重要途径，目的是缩小各地区经济社会发展差距，为社会发展创造物质基础。

　　综上所述，吉尔吉斯斯坦政府制定并适时调整国家减贫战略，使国家经济状况的发展困境得到逐步缓解。尽管受到全球金融危机的影响，但国家经济正趋于稳定。2013—2017 年吉尔吉斯斯坦国内生产总值稳步增长，年均增长了57%。五年来赤贫率下降了78%，本国货币保持稳定。2015 年外商直接投资比 2013 年增长了 1.6 倍。同时，该阶段的吉尔吉斯斯坦市场经济正处于发展的初级阶段，需要采取新方法来解决经济的结构性问题。根据国际货币基金组织数据，2017 年吉尔吉斯斯坦人均国民生产总值在 193 个国家中排名第146 位。

第三节　独立后发展成就综述

　　从 1991 年 8 月 31 日吉尔吉斯斯坦最高委员会签署了关于国家主权独立的宣言以来，吉尔吉斯斯坦社会、政治和经济生活发生了重要变化，吉尔吉斯斯坦民众为建立一个强大和繁荣的国家付出了高昂的代价，但他们也守护了国家和人民最重要的资产——独立。

　　俄罗斯、中国、美国和许多欧洲国家率先承认了吉尔吉斯斯坦的独立，目前吉尔吉斯斯坦已与 165 个国家建立了外交关系。自独立之初，吉尔吉斯斯坦就被看作中亚地区的一个民主国家。人们在讨论吉尔吉斯斯坦独立后的成就和缺点时，往往把重点放在民主价值和言论自由上。从 1990 年开始，吉尔吉斯斯坦就被称为"中亚民主之岛"。30 多年来，国际社会目睹了吉尔吉斯斯坦发生的三场革命，三任总统最终被赶下政坛。自独立以来，吉尔吉斯斯坦的发展经历了许多困难时期，有起伏，也有成就。吉尔吉斯斯坦民众在面对困难时总是能团结一致，同时他们也为所取得的胜利和成就感到欢欣鼓舞。

一、社会领域

独立后 30 多年来，吉尔吉斯斯坦人口增加了 213.4 万人，人口年平均增长率为 2.1%。截至 2021 年年底，吉尔吉斯斯坦人口总数为 663.7 万。在苏联时期，吉尔吉斯斯坦只有 9 所高等教育机构，到 2021 年有 57 所高等职业教育机构，其中 40 所为国立机构，17 所为私立机构。2021 年，超过 21.4 万名学生接受高等教育，以及超过 6.3 万名外国学生来吉尔吉斯斯坦学习。吉尔吉斯斯坦已经建成各类学校 461 所。

二、文化领域

吉尔吉斯斯坦目前有 19 个专业剧院，其数量在过去 30 多年里增加了 2.4 倍。同时，各类博物馆数量从 1991 年的 34 个增加到 2021 年的 68 个，涵盖了历史、建筑、自然保护、艺术、文学等各个领域。

三、旅游领域

吉尔吉斯斯坦拥有巨大的旅游发展潜力：多样化的自然风景、丰富的文化遗产，包括丝绸之路、民族传统、特色美食等。2021 年，该国为发展旅游业投资超过 150 亿索姆。

四、体育领域

截至 2021 年年底，吉尔吉斯斯坦共有 1 400 个体育馆、61 个健身中心、39 个射击场、10 个可容纳 1 500 人以上的体育场，24 个游泳池及其他各类体育设施。吉尔吉斯斯坦共培养了 4 300 名一级运动员、1 200 名候选运动健将、556 名运动健将和 66 名国际级运动健将。在 2021 年东京奥运会上，吉尔吉斯斯坦运动员获得了 2 枚银牌和 1 枚铜牌。

五、农业领域

农业是吉尔吉斯斯坦主要经济活动之一，占国内生产总值 13% 以上。截至 2021 年年初，吉尔吉斯斯坦共有 378 个农业合作社、108 个集体农场、31 个农业股份公司和 31 个国有农场。除了国家和集体农业企业，吉尔吉斯斯坦还有许多私人农场，且数量每年都在增加。

六、对外贸易领域

截至 2021 年年初,吉尔吉斯斯坦对外贸易额达 56.48 亿美元,与 1991 年相比,增长了 7.7 倍。进口贸易额达到 36.84 亿美元,增长了 8.8 倍,出口贸易额增长了 6.2 倍,达到 19.64 亿美元。

七、通信领域

2020 年,吉尔吉斯斯坦手机数量为 973 万部,但是其中大多数为非智能手机;使用互联网的人数约为 306 万,占全国人口的 47%;使用社交媒体的人数约为 250 万,占全国人口的 39%,如表 3-18 所示。

表 3-18　2020 年吉尔吉斯斯坦通信领域的统计数据

项目	统计数据	
手机	总量/万部	单人手机量/部
	973	1.5
网民	总量/万人	占比/%
	306	47
社交媒体使用	总量/万人	占比/%
	250	39

数据来源:https://www.statista.com。

八、未来国家发展潜力和方向

吉尔吉斯斯坦未来发展的主要领域和方向如下:

第一,积极建设大型和小型水力发电站,利用好吉尔吉斯斯坦能源潜力。

第二,发挥地理优势,努力挖掘吉尔吉斯斯坦过境运输潜力。吉尔吉斯斯坦计划建立多式联运航空货运中心,建设工业贸易和物流综合体,提高玛纳斯、塔姆奇、巴特肯和奥什国际机场运输能力。

第三,希望通过公私合营方式委托建造大型设施。

第四,尊重与邻国的友好关系,有意愿与战略伙伴、盟友和友好国家进一步发展合作。未来发展的重点之一是为商业和投资创造有利环境,吉尔吉斯斯坦已经开始进行彻底的经济改革,包括财政、运输、物流以及外贸政策等。

第五,重视发展旅游。博物馆里会有新的展览。免税店的开建也会吸引游客来吉尔吉斯斯坦消费，主要旅游城市还会建立外国游客购物退税制度。

第六，重视特殊人群教育问题。残疾人将能够更加积极地参与吉尔吉斯斯坦的社会和政治生活。吉尔吉斯斯坦将进行提高残疾人生活质量的改革。未来吉尔吉斯斯坦还会改变与残障人士互动的方式，增强该群体的社交，而不是单纯的医疗服务。2021年，24%的特殊儿童能够在普通学校学习，到2025年其将增加到40%。

第七，继续加强与俄罗斯的合作。吉俄两国正在积极发展合作，在吉尔吉斯斯坦的俄罗斯企业数量也处于领先地位，共有2335家。两国的合作几乎涵盖所有领域，包括工业、农业、能源、教育、科学和移民等。

第八，重视欧亚经济联盟与区域内合作。吉尔吉斯斯坦作为欧亚经济联盟的成员，将进行更多互动。吉尔吉斯斯坦打算在多个领域与联盟内其他成员展开合作，包括水资源、交通、劳动力市场、工业和金融等。事实上，欧亚经济联盟成员国之间的合作正在增加，贸易正在增长，这意味着吉尔吉斯斯坦经济也在加强。

第九，促进税费增长。2022年水电、燃气等费用上涨。与2021年相比，此类服务的费用没有增加。

第十，加强打击极端主义。尽管吉尔吉斯斯坦和邻国采取了措施，但因为阿富汗局势恶化，中亚的军事威胁还存在着。对此，吉尔吉斯斯坦有必要加强与集体安全条约组织的合作。2020年，俄罗斯中央军区分别在吉尔吉斯斯坦、塔吉克斯坦、乌兹别克斯坦等举办了约50场国际活动，有10个国家的武装部队参加。

第四章 对外政策

吉尔吉斯斯坦位于中亚内陆，北南西接壤中亚内陆各个国家，东边紧邻中国。吉尔吉斯斯坦自从 1991 年独立之后，为维护国家利益、获得应有的国际地位与空间，奉行全方位而又有重点的平衡、务实的外交政策，积极同世界各国，特别是同周边国家、发达国家以及联合国等国际组织发展关系，国内稳定和发展营造了良好的外部环境，其中俄罗斯、美国、中国以及中亚邻国作为吉尔吉斯斯坦外交的重点方向。其对外贸易从无到有地发展起来，并且对于经济发展起到了重要的作用。不少吉尔吉斯斯坦人在国外投资创业，同时，也有不少国外的人对吉尔吉斯斯坦感兴趣并开始在吉尔吉斯斯坦境内投资、与各种企业合作等。

第一节 经济政策

为达到社会经济预测规定的各项指标，吉尔吉斯斯坦政府将维护经济稳定和社会安定作为其宏观经济政策的主要目标，并制定了相互协调的财政预算政策、货币信贷政策、投资政策和创新政策，在促进实体经济发展的基础上，保障国家社会职能的实现。

一、财政政策

《吉尔吉斯共和国财政政策构想（2015—2020 年）》中指出，吉尔吉斯斯坦财政政策的主要任务是：①提高国家管理质量和政府决策能力；②最大限度地平衡各经济部门和纳税主体的税收负担；③利用并创新现行政策管理工具，确保顺利地实现欧亚经济联盟国家一体化；④进一步推进强制性缴费的立法进程，通过研究国际成功案例，丰富征收实践，完善管理制度，确保纳税人用最少的时间和劳动成本履行自身义务；⑤在实施该政策构想的第一阶段，形成税收文化并提高纳税人（包括公务员）的税务能力。

二、预算政策

吉尔吉斯斯坦预算政策的中期目标是构建高效透明的预算体系，以结果为导向，提高国家预算资金的利用效率。优先发展方向为：①实现预算稳定；②推进公共财政管理制度改革；③优化债务结构，稳定外债，适度增加内债。为此，吉尔吉斯斯坦政府采取了以下措施：①减少政府支出，限制不具备相应资金支持的新支出计划的通过，同时，通过设立若干金融和非金融指标，强化预算支出效率监督；②逐步减少对地方预算的补贴，加强地方政府在预算管理方面的责任，提高其在增加预算收益和优化支出效率方面的积极性；③实施政府采购时进行电子招标，并将其纳入预算进程。

近几年，吉尔吉斯斯坦发展预算资金主要用于建筑业、教育、医疗等社会项目的改造以及应急设施的修复，然而效果并不显著。未来几年，发展预算计划投入到筹备相对完善的建筑项目之上，尽可能地降低新建项目的比例，减少在建工程数量。此外，发展预算将用于保障地区经济的稳定。结合地区经济发展特点，形成优先预算投资项目清单，并将其列入社会发展中期规划，作为制定地区和地方预算的基础。吉尔吉斯斯坦将加大地区基础设施建设的政府投资，如为比什凯克市具有战略意义的公路建设融资，为巴特肯州、纳伦州、塔拉斯州等大面积新灌溉用地修建灌溉渠道融资等。2017 年吉尔吉斯斯坦从国家预算中拨出 3.5 亿索姆，为出口导向型农产品和服装制造商提供补贴，三年贷款利率为 10%，五年享受优惠利率，获得贷款的企业或已经从事生产经营活动，或已与俄联邦签订贸易合同，或符合欧亚经济联盟商品技术规定。

三、货币政策

在稳定物价的同时，保持适度的通货膨胀，是吉尔吉斯斯坦中期货币政策的重点，也是确保经济稳定增长的条件之一。①将贴现率作为货币信贷政策的中介目标，据其确定利率走廊，并促进现行信贷工具的现代化；②降低商业银行的贷款利率，保持金融领域的竞争环境，提高金融中介服务水平；③协调和监督《吉尔吉斯共和国关于加大非现金支付和结算份额的国家规划（2012—2017 年）》的执行，扩大非现金结算的比例，尤其是在零售市场；④坚持自由浮动汇率机制，仅在汇率剧烈波动时采取强制性政策干预，以流动性和安全性为原则管理外汇储备；⑤逐步降低经济美元化程度，缩减外汇贷款需求，并为企业和居民投资和储蓄提供可替代工具。

四、投资政策

外商直接投资的地域和行业分配不均衡，是吉尔吉斯斯坦制定投资决策时应解决的首要问题。出于对利益的追逐，外资总是优先进入那些收益较快的行业，近年来外资主要集中在科技领域和制造业，占吉尔吉斯斯坦引资总额的一半以上。采矿业和金融业引资不足，也进一步说明了外资对政治风险的极度敏感。为增强投资环境的吸引力，吉尔吉斯斯坦政府将努力提高国家投资政策的稳定性，以地区为导向，构建高效的引资机制：①刺激地方企业的投资积极性，动员地方闲散资金，为基础设施建设项目融资；②对于具有重要社会意义的、优先发展的地方经济部门，加大国家的扶持力度，积极推进中央和地方之间的投资合作；③消除限制地方企业投资活动集约化发展的行政障碍，政府机关要更为平等、合理地对待地方企业主体。

五、创新政策

设立国家专利基金，希望形成有效的创新活动保护机制，刺激知识产权项目的商业化，提高企业的市场竞争力，这是吉尔吉斯斯坦创新政策的主要目标。目前，吉尔吉斯斯坦集中完善知识产权领域的法律基础，构建技术创新的搜索、模仿、试用和扩散机制，提高对知识产权项目的认定和监督标准，通过国家知识产权和创新局保证各项创新政策的实施：鼓励企业根据国家和地区技术和创新机构提供的信息和优惠政策，进行信息检索并寻找潜在客户；为中小企业、农业企业和政府机构提供合作空间，并对企业进行培训，使其掌握通过开展创新活动获取经济收益的方法；通过遴选，对拥有丰富生产经验的创新产品提供更有力的投资支持，科技成果加速转化为现实生产力；深化公众对于知识产权和创新活动的认识和理解，为国家创新体系的形成和发展提供统一的愿景。

第二节　对外贸易战略

吉尔吉斯斯坦独立之初，在对外经济发展方面缺乏十分明确的政策方针，使得对外贸易基本上处于自发状态：既缺少懂理论知识且有实际能力的外贸工作者，又缺少有竞争力的国际产品。这些都使得原本就缺乏基础的吉尔吉斯斯坦外贸发展困难重重。经过一段时期的适应和调整，吉尔吉斯斯坦逐步明确了以促进经济发展为主题的政策方针：一是经济外交多样化。在恢复和发展与独联体经济联系的同时，努力向世界其他经济体系靠拢，并且努力调整出口贸易结构，由传统的原料出口型向成品出口型转变；通过使机械和仪表制造以及高科技产业等部门现代化的途径，扩大出口贸易；发展依赖进口的产品的替代产业，逐渐缩小甚至消除外贸逆差；培养熟练工人和工程技术干部，加大输出过剩的劳动力，以解决就业问题，创汇更多；大力发展国际旅游业，积极开展度假服务和国际旅游服务等活动。二是经济外交平等化。吉尔吉斯斯坦主张在平等互利、互不干涉内政、认真履行合同的前提下发展对外经济，优先考虑保证满足国内商品市场、增加外汇收入和住房建设的项目；希望能更多地吸引外商投资，引进国外先进技术，增强科技生产能力。三是经济外交的全球化。吉尔吉斯斯坦在参与国际事务的过程中越来越深刻地认识到自己独特区位优势造就的在欧亚经济合作、共建"一带一路"倡议、反恐、保护能源安全等国际合作中的作用，对小国发挥大作用信心逐步增强，希望积极参与国际事务，获得相应的利益。除了积极参与世界贸易组织，还积极与多边组织、金融贷款机构加强相互协作，与亚洲国家加强安全合作，与中国、美国、俄罗斯等积极发展贸易合作及投资合作，努力通过积极外交来确保国家的领土完整和主权独立，为国家的稳定和发展营造良好的外部环境，在地处亚洲参与亚洲的同时依靠历史资源积极参与欧洲事务。

20世纪90年代初期，吉尔吉斯斯坦前总统阿卡耶夫多次重申吉尔吉斯斯坦坚持民主和西方国家的发展道路，确定外交政策时主要考虑独立后需要解决政治、经济和社会问题，从国家建设和经济改革的紧迫性出发，希望通过积极承担国际社会主权国家的责任以对自己的公民负责，对国家的发展负责。这充分考虑了国际和区域系统为吉尔吉斯斯坦发展提供的机会，以及吉尔吉斯斯坦作为一个小而新的独立国家在对外能力上的限制，阿卡耶夫选择了多项外交政策的思路，积极与主要的区域和全球伙伴建立友好关系。巴基耶夫担任总统以后，其对外发展思路在前任基础上进一步完善，继续执行多方向外交政策，将发展经济作为第一要务，也作为民生建设、文化建设和政治安定的基本前提。除了挖掘内部潜力实现自给自强，吉尔吉斯斯坦作为小国和拥有特殊区位优势的国家，也将借助外援、外部资源作为十分重要的渠道。

对外政策促进经济发展，重点是要促进本国的出口贸易和招商引资。出口、投资和消费是拉动经济增长的"三驾马车"，吉尔吉斯斯坦作为经济基础薄弱的国家，人口有限，消费潜力也有限，投资更多地需要外部资金的注入，出口是拉动经济增长的极重要力量。

一、对外政策历程

吉尔吉斯斯坦独立之初就提出"旨在追求经济利益""坚持奉行中立政策不偏向东方，也不偏向西方"的稳妥务实的外交政策，政府把全方位外交和多边合作作为国内改革和社会经济发展创造有利条件的基本国策之一，力争全方位地发展对外经济联系，尤其重视国际合作和使国家与世界经济一体化，确保外资和先进技术的流入。从 1992 年开始，吉尔吉斯斯坦政府采取了如下主要措施：①提出发展外贸构想，调整对外经济联系。按照该国总统经济顾问科秋耶夫与其他经济学家于 1992 年 4 月提出的发展对外经济联系的构想，实行经济联系多样化，在恢复和发展与独联体经济联系的同时，向世界经济体系靠拢，要使对外经济联系由传统的原料出口型向成品出口型转变；通过使机械和仪表制造以及高科技容量产业等部门现代化的途径，扩大出口基地；发展替代进口产品的生产，逐渐消除或缩小进出口逆差；组织劳务输出，这既有利于劳动就业问题的解决和创汇，也可以培养熟练工人和工程技术干部；在独联体内部开展度假服务和国际旅游服务等活动。②制定新的对外经济联系方针，其主要内容是：在平等互利、互不干涉内政、认真履行合同的基础上，开展同外国的经贸活动，优先考虑那些保证满足商品市场、外汇收入和住房建设等项目。③吸纳外资，引进先进技术，建立合资或独资企业。为鼓励和吸引外国在这些领域投资，吉尔吉斯斯坦政府又配合外国投资法制定了税收优惠法。根据这项法律，对无线电技术、汽车工业、备用零件、机床生产、印刷设备、农业原料加工、轻工业及生活用品的生产实行税收优惠。

为赢得国际社会的承认和支持，吉尔吉斯斯坦积极开展全方位外交活动。到 1994 年，世界上已先后有 120 多个国家承认该国独立。吉尔吉斯斯坦已同 67 个国家建立外交关系，其中包括中国、美国、英国、德国、意大利、韩国、土耳其和日本等国，并在 14 个国家设立大使馆、代表处和领事馆。同时，还先后被接纳为联合国、欧洲安全与合作组织、国际货币基金组织、世界银行、世界卫生组织成员。1998 年 10 月，吉尔吉斯斯坦在独联体国家中率先加入世界贸易组织，成为唯一加入世界贸易组织的独联体中亚国家。因此它在外交上把同美国、欧盟等的重要伙伴关系放首位。后来其又加入北约"和平伙伴关系"计划，与西方国家的关系正在升温。与此同时，吉尔吉斯斯坦也越来越面向远邻国家，实施"经济外交"，发展贸易关系。前总统阿卡耶夫提出的"靠近俄罗斯"的思想不只是从经济方面考虑，更重要的是从国家安全角度出发。因此，吉尔吉斯斯坦一直同俄罗斯保持着友好的关系。在吉尔吉斯斯坦的对外政策中与独联体其他国家，特别是与中亚国家的关系处在优先地位。吉尔吉斯斯坦首先与中亚实力较强的哈萨克斯坦、乌兹别克斯坦结成了中亚统一经济空间（1994年）。这之后，其又在联合国大会上倡议建立中亚五国安全合作机构。1992年1月5日中吉两国正式建交，睦邻友好关系不断加强。1995年6月5—7日，中亚五国代表聚首吉尔吉斯斯坦的伊塞克湖畔共商中亚地区和平与发展战略。吉尔吉斯斯坦与其他中亚国家通力合作，在保证地区安全和经济转轨方面起着不可低估的作用。

2012年12月21日，吉尔吉斯斯坦总统令批准了《2013—2017年吉尔吉斯共和国稳定发展战略》，提出了一系列经济发展目标：截至2017年年底，国内生产总值提高至135亿美元，平均每年增长7%；人均国内生产总值提高至2 500美元；贫困率从37%降低到25%，平均工资从193美元提高至553美元。战略还提出，优先发展交通、电力、采矿、农业、轻工业、服务业等领域，在2017年建成经济快速发展的国家。具体来说：①在交通方面，每年新建和修复超过450千米的沥青混凝土路面公路，不仅连通国家南部和北部的交通，而且要解决矿区的矿产品运出问题。同时，强调发展航空和铁路运输，以期成为区域运输枢纽。②在电力方面，增加向周边国家的售电量，以提高在中亚区域的电力出口大国地位，同时促进本国中小企业的发展。③在农业方面，拟通过预算拨款以及外国贷款来修复多个地区的灌溉系统。在保障本国粮食安全的同时，大力发展绿色农产品的出口。④在采矿和轻工业方面，通过吸引外国投资建设一批以本国矿产资源为原材料的、符合国际水标准的加工厂，从而增加出口商品的附加值。⑤在服务业方面，建设符合现代化要求的区域性旅游与休闲中心，并且努力建立区域性的金融中心、现代艺术中心、创新经济中心等。该战略还提出了改善投资环境的任务。吉尔吉斯斯坦政府还表示：为国内外投资者营造最便利的投资环境，包括确立稳定的经济规则，建立严格的法律制度，保障自由的融资方式。具体措施包括：减免税收、简化许可证制度、统一技术标准；缩短资金的流动性，取消多余"中间"环节费用；打击经济犯罪，保障投资者合法权益等。

可以说，2013—2017年是吉尔吉斯斯坦向新的可持续发展模式过渡的第一个阶段。

二、《2018—2040年吉尔吉斯共和国国家发展战略》中的对外经济政策

2018年10月31日，吉尔吉斯斯坦国家可持续发展委员会通过《2018—

2040 年吉尔吉斯共和国国家发展战略》①。该战略要求本国制定相应战略，挖掘国民潜力，促进国家全面发展，旨在应对正在迅速变化的国际形势，使吉尔吉斯斯坦成为发达的国家。其主要内容为：在该国家战略框架下，至 2040 年之前，吉尔吉斯斯坦政府计划投资 208 亿美元实施 244 项国家级项目，确定把能源、矿产、农业、水利、轻工业、加工业、运输业、旅游业和民生等多个领域作为经济优先发展领域。

战略会分步实施，第一步于 2018—2023 年实施，国内和平与社会稳定是发展的基础，只有在政治稳定的条件下，国家发展的战略目标才能实现。其中最具紧迫性的任务之一是实现促进国家管理体系的开放和诚信建设，大力发展对外关系。

（一）促进公民社会发展

吉尔吉斯斯坦的公民社会是中亚诸国中公民社会发达的国家之一，在职业发展、卫生、环境和教育等各个领域中有大约 3 500 个公民社会组织在开展工作，旨在加强公民社会与政府互动的能力。

（二）扶持中小企业

吉尔吉斯斯坦政府发展中小型企业的政策会在中期内稳定经济和刺激经济增长，保护企业家不受行政压力，建立权力和企业之间的伙伴关系，改善商业环境和扩大各经济产业。吉尔吉斯斯坦发展战略主要目标之一是实现中、小型企业稳定发展。优化和完善中小企业将有助于新企业进入市场，降低现有企业的成本；另外，改革将在政府对企业的管理方面出台竞争法，改善国内的商业环境，增加产品进入外部市场的机会。区域市场不断变化的形势要求加快尚未完成的改革，特别是在建立产品质量管理系统和消除对外贸易壁垒方面，这也帮助吉尔吉斯斯坦进入区域经济一体化进程。

（三）吸引国内外投资

扩大贸易和投资活动，对国外投资者开放所有经济领域，创造有利的投资环境，积极推动加强公私伙伴关系，为投资者和地方工业项目提供优惠的税收政策。吉尔吉斯斯坦在地缘上具有相对优势，如舒适的自然和气候条件以及清洁的环境，该国在能源、矿业、农产工业、旅游业发展方面具有相当大的潜力。吉尔吉斯斯坦市场规模不大，但发展空间广阔，任何成功的投资项目都将成为国家整体经济发展的重要贡献。吉尔吉斯斯坦发展战略主要目标之一是为

---

① 为什么是至 2040 年，而不是传统的五年计划？前总统阿坦巴耶夫指出："第一个原因是 2040 年是吉尔吉斯汗国建立 1 200 周年，吉尔吉斯斯坦人民应该庄严地进行庆祝。第二个原因是，2041 年吉尔吉斯斯坦独立正好整整 50 周年。一般来说，每半个世纪都是万象更新的一个周期。"

国家提供巨大的投资吸引力的机会。

（四）提升运输和道路基础设施建设水平

吉尔吉斯斯坦发展战略的关键目标是使吉尔吉斯斯坦从几乎身处绝境的国家转变为过境国家，并使其成为区域运输和物流中心。政府致力于努力恢复和维护吉尔吉斯斯坦的公路，此外，还努力发展国际运输走廊和扩大国内公路网，以确保货物和旅客的国际过境，并使吉尔吉斯斯坦加速融入区域一体化进程。

（五）支持和促进出口贸易

提高双边贸易水平，加强金融合作，着重发展与邻国的友好关系。吉尔吉斯斯坦对外经济政策目标是保持经济开放、扩大出口、实现多样化、提高出口稳定。因此，政府采取一系列降低生产和交易成本措施，以使吉尔吉斯斯坦产品和服务进入国外市场。发展区域合作，消除现有的贸易、运输和过境壁垒，是促进出口的一个关键领域，其主要任务是使吉尔吉斯斯坦的货物和服务能够进入邻国的市场，并减少过境货物的费用。此外，还应采取发展连接吉尔吉斯斯坦与外部市场的运输基础设施的措施。吉尔吉斯斯坦在与邻国合作框架下，将努力简化海关和过境手续，消除边境和海关腐败的机会，另外，将采取便利通过区域所有国家的领土过境措施，包括通过吉尔吉斯斯坦领土过境的措施。吉尔吉斯斯坦政府将加紧政府间联合委员会的活动，以迅速审议与所有主要贸易伙伴的双边合作问题，以期扩大与邻国的边境贸易。

（六）实施务实的对外政策

在对外关系领域，吉尔吉斯斯坦必须找到外交的平衡，妥善制定与大国以及周边国家的外交政策。外交政策应以国内发展需要为指导，并在与所有外部伙伴进行平等对话的基础上进行。对外政策本着下列基本原则和优先事项：保护国家主权和领土完整；确保吉尔吉斯斯坦和区域的和平、安全与稳定；促进国际合作和维持与外国的友好关系；保护吉尔吉斯斯坦公民在国外的权利和合法利益；通过外交政策手段促进有利于和谐和可持续发展的外部经济环境。吉尔吉斯斯坦奉行加强与邻国、盟国和战略伙伴的全面合作的政策，尤其是将吉中关系提升至全面战略伙伴关系，并共同致力于双边关系的持续发展，和"一带一路"建设对接，作为发展本国基础设施建设。这从区域经济一体化方面来看，战略与"一带一路"建设有效对接，扩大从中国经吉尔吉斯斯坦向欧洲进行传输的光纤传输线路网络，建立高科技物流中心以及共同发展电子商务将帮助吉尔吉斯斯坦加入区域一体化发展进程。同时还将发展同土耳其、日本、韩国、美国和欧盟的友好关系，继续巩固与欧亚经济联盟、集体安全条约组织、上海合作组织成员国的全面合作关系，包括在联合国框架内进行合作，并以此作为战略目标。

上述六个方面是吉尔吉斯斯坦可持续发展战略的关键，主要目标是把吉尔吉斯斯坦建设成为一个独立且强大的国家。

第三节　对外经贸合作

一、吉尔吉斯斯坦贸易现状

吉尔吉斯斯坦缺乏具有国际竞争力的大宗出口产品，同时国内物资相对匮乏，很多产品（包括日用品、食品等）依赖进口，这导致其进出口贸易始终处于劣势，难以形成较强的地区和国际影响力。

表4-1显示，在吉尔吉斯斯坦进口物品中，绝大部分为维系民生的食品和生活用品（含矿物能源、纸张、药品等）。出口物品则多为原料类产品，如表4-2所示。

表4-1　2011—2018年吉尔吉斯斯坦进口物品统计

年份	2011	2012	2013	2014	2015	2016	2017	2018
肉及其制品/吨	84 283.8	76 631.5	60 092.0	64 945.1	44 942.6	31 799.1	31 092.6	28 465.2
牛奶和日用品/吨	8 748.6	11 420.2	11 033.3	10 141.6	8 168.2	7 047.8	23 819.5	5 903.1
茶/吨	3 952.1	4 899.4	4 678.9	4 181.1	3 721.7	3 145.2	5 982.6	5 239.9
小麦/吨	289 895.8	438 400.1	361 665.9	449 930.8	336 199.8	283 733.8	240 513.5	147 263.2
玉米/吨	561.5	1 778.6	3 869.8	1 169.4	5 472.9	260.0	1 399.7	580.2
稻米/吨	15 914.9	25 987.4	21 658.0	20 227.0	17 096.3	10 583.2	7 707.1	3 732.5
面粉/吨	136 572.2	119 645.2	139 948.2	57 103.5	52 149.6	48 705.7	72 315.6	61 858.7
菜油/吨	37 140.9	43 083.1	48 933.1	54 399.4	62 096.1	36 008.8	49 576.6	45 852.9
糖/吨	86 120.9	82 683.5	82 724.3	82 720.3	69 974.2	81 310.9	38 833.7	44 254.9
巧克力制品/吨	19 299.8	19 958.2	19 921.5	20 246.4	14 214.3	12 176.5	19 775.7	18 178.5
啤酒/升	21 458.3	17 469.4	15 883.1	13 869.6	8 025.8	8 889.8	8 362.1	8 572.5
伏特加/升	688.5	746.3	781.4	701.8	395.8	380.2	139.8	875.5
烟和烟草/万吨	370 770	410 990	499 430	726 830	450 830	637 330	893 850	651 360
石棉/吨	8 224.0	8 415.5	7 238.1	5 629.5	5 603.3	6 796.7	9 601.6	9 320.0
煤炭/吨	1 024 054.4	1 110 678.5	1 270 453.8	1 275 506.3	1 265 232.3	773 449.7	925 413.2	692 251.3

表4-1（续）

年份	2011	2012	2013	2014	2015	2016	2017	2018
机油/吨	558 718.4	709 620.0	801 824.3	618 437.7	716 753.3	719 485.0	628 850.7	598 295.4
煤油/吨	117 557.8	102 085.3	126 001.1	95 663.5	88 467.5	181 239.4	80 002.7	75 111.7
柴油/吨	354 106.4	468 526.4	567 696.2	509 211.1	535 749.7	347 534.8	541 322.2	426 122.9
黑油/吨	76 413.4	39 492.6	9 423.4	147 969.2	205 717.6	223 530.7	37 414.6	14 461.1
天然气/万立方	30 510	35 190	27 480	23 700	24 390	25 850	27 840	30 790
液化气/吨	10 649.9	10 649.9	12 812.6	11 004.4	759.1	78 922.7	44 520.0	25 016.4
药品/吨	5 608.4	6 608.2	8 495.7	7 410.8	7 329.1	9 505.1	21 326.9	8 182.9
轮胎/条	1 638 300	1 355 000	1 270 900	1 300 100	689 400	684 700	1 332 300	1 584 800
纸张/吨	3 719.4	2 644.0	3 115.8	3 029.6	2 168.8	325.4	1 566.6	1 317.7
玻璃/吨	74 005.8	79 431.5	50 676.0	71 286.2	53 115.0	30 822.0	40 274.2	28 614.6
轧钢/吨	70 466.9	99 309.6	141 067.6	122 564.6	105 373.6	102 262.0	179 726.2	127 803.3
汽车/辆	1 275	1 292	2 556	2 833	2 491.6	10 497	4 091	3 833
汽车零配件/吨	19 773.0	27 162.7	28 858.1	13 043.7	40 693.6	9 193.9	80 404.0	105 569.2
家具/吨	118 500	179 000	147 900	143 670 000	104 229 100	436 897 200	171 458 900	138 087 800

资料来源：吉尔吉斯斯坦国家统计委员会报告，http://www.stat.kg/。

表4-2　2011—2018年吉尔吉斯斯坦出口物品统计

年份	2011	2012	2013	2014	2015	2016	2017	2018
牛/吨	6 753	6 554	6 462	4 151	2 781	7 529	859	1 149
肉及其制品/吨	344.0	565.4	727.3	72 790.4	20 056.6	1 034.3	1 190.5	1 559.4
牛奶/吨	26 863.4	26 935.9	14 111.3	106 986.8	50 607.2	19 704.3	23 916.7	25 522.0
玉米/吨	599.0	—	508.4	161.9	—	26.0	51.0	347.6
蔬菜/吨	297 303.8	225 189.9	235 429.3	476 766.0	306 707.8	177 625.5	113 411.3	97 142.2
水果/吨	79 909.1	85 340.0	80 854.7	63 385.2	32 334.9	21 020.7	29 439.4	33 647.7
糖/吨	7.0	1.9	0.4	12.9	1.2	6.1	357.4	19 326.7
糖蜜/吨	5 159.3	5 507.0	3 720.6	6 195.1	2 238.5	5 659.1	—	—
烟草/吨	4 361.3	3 577.5	3 833.8	5 194.4	2 928.5	1 472.4	459.5	748.1
香烟/万支	16 110	4 200	14 630	64 460	97 510	172 120	278 210	120 490
水泥/吨	95 120.0	126 186.4	178 091.6	136 740.1	23 050.7	64 654.3	146 195.5	518 844.7
煤/吨	37 604.5	178 505.0	143 327.5	236 049.5	227 088.7	249 653.2	207 907.4	394 483.7
原油/吨	1 687.0	—	2 423.3	6 571.8	—	7 229.0	14 693.2	70 431.1
电力/万千瓦时	279 490	158 800	37 650	7 240	18 240	19 910	121 530	75 460

表4-2(续)

年份	2011	2012	2013	2014	2015	2016	2017	2018
牛皮/张	1 166 800	1 201 700	1 264 100	979 800	978 900	542 100	445 600	1 467 700
羊皮/张	3 183 400	1 970 600	2 002 700	1 750 700	675 600	115 000	73 900	107 000
羊毛/吨	2 615.7	1 065.9	1 497.2	1 150.6	1 568.8	1 633.5	—	2 704.9
羊毛纱/吨	17.8	7.1	—	1.6	—	3.2	8.8	26.7
棉纱/吨	21 205.7	26 931.7	15 471.6	18 562.8	16 039.6	15 349.7	16 100.4	23 164.0
棉纤维/平方米	2 182 100	1 355 100	1 031 400	1 287 100	216 200	1 043 500	325 900	38 900
地毯/平方米	33 000	57 100	115 000	131 700	59 800	125 900	84 400	45 300
轧钢/吨	4 885.3	8 483.7	11 628.8	3 659.2	3 488.4	10 032.7	—	4 950.3
钢管/吨	496.7	630.6	496.8	3 547.6	—	439.3	84.5	75.8
玻璃/平方米	5 600	4 120 900	9 823 000	9 416 000	3 890 700	6 333 300	10 063 400	10 857 200
废金属/吨	4 640.5	7 613.6	7 800.5	9 456.6	10 626.9	16 570.5	15 570.8	25 816.8
离心泵/吨	43	—	42	3	211	3	79	13
交流发电机/吨	4	55	12	20	32	39	42	18
白炽灯/万个	15 740	15 650	16 360	12 820	13 470	7 110	5 530	6 400

数据来源：吉尔吉斯斯坦国家统计委员会报告，http://www.stat.kg/。

近年来，吉尔吉斯斯坦开始生产少量工业产品，以减少金属矿石和贵金属的开采与出口。但总体上，出口的物资依然以农产品（原材料）、矿石和金属、电力、手工制品等为主，且出口量不大。服装、橡胶和塑料制品的出口开始增长，这与该国引进的外资企业类型有一定关系。

二、吉尔吉斯斯坦对外贸易关系情况

因为吉尔吉斯斯坦经济结构单一，经济发展水平滞后，所以近10多年来，吉尔吉斯斯坦的经济对外贸保持着较高的依存度。据吉尔吉斯斯坦官方统计，其出口额曾连续6年维持在国内生产总值中的40%左右（最高年份为43%，最低年份为27%）。

2016年，吉尔吉斯斯坦国家统计委员会公布的数据显示：吉尔吉斯斯坦全年对外贸易总额为54.64亿美元，同比下降1.4%。其中出口额为15.45亿美元，同比增长5.1%；进口额为39.19亿美元，同比下降3.7%，见表4-3。进口额是出口额的2.5倍，贸易逆差为23.74亿美元。2017年，吉尔吉斯斯坦海关统计数据显示：吉尔吉斯斯坦全年对外贸总额为62.72亿美元，同比增长12.5%。其中出口额为17.907亿美元，同比增长13.8%；进口额为44.813亿美元，同比增长12%。吉尔吉斯斯坦外贸进口、出口占比分别为71.4%和

28.6%，外贸逆差为 26.906 亿美元。

2017 年，吉尔吉斯斯坦与欧亚经济联盟国家的贸易额为 24.182 亿美元，占吉尔吉斯斯坦外贸总额的 38.6%，其中出口占比 23.5%，进口占比 76.5%。2018 年 1—5 月，吉尔吉斯斯坦海关统计数据显示：吉尔吉斯斯坦对外贸总额为 27.163 亿美元，同比增长 20.9%。其中出口额为 6.81 亿美元，同比增长 5.5%；进口额为 20.353 亿美元，同比增长 27.1%。吉尔吉斯斯坦外贸进口、出口占比分别为 74.9% 和 25.1%，外贸逆差为 13.543 亿美元，如表 4-3 所示。

2018 年，吉尔吉斯斯坦与独联体内、外国家的贸易占比分别为 39.9% 和 60.1%。吉尔吉斯斯坦对独联体国家贸易额为 10.843 亿美元，同比增长 10.6%；对独联体以外国家贸易额为 16.324 亿美元，同比增长 28.9%。吉尔吉斯斯坦与欧亚经济联盟成员国的外贸总额为 9.038 亿美元，同比增长 6.5%。2018 年前 5 个月，若不计黄金，商品出口额为 4.681 亿美元，同比增长 20.6%。

表 4-3　2015—2018 年吉尔吉斯斯坦对外贸易统计　单位：亿美元

年份	2015（1—11 月）	2016	2017	2018（1—5 月）
贸易总额	49.862	54.64	62.72	27.163
进口额	36.818	39.19	44.813	20.353
出口额	13.044	15.45	17.907	6.81
差额	−23.774	−23.74	−26.906	−13.543

数据来源：中国驻吉尔吉斯斯坦经商参处。

（一）主要的贸易伙伴

2016 年，吉尔吉斯斯坦在整个对外贸易中，独联体国家占 41.1%，独联体以外的国家占 58.9%。主要的出口国为瑞士，出口额 6.48 亿元，占比为 42%；其次为欧亚经济联盟成员国，出口额为 4.18 亿美元，占比 27.1%，其中对哈萨克斯坦出口约 2.76 亿美元，对俄罗斯出口约 1.39 亿美元（见表 4-4）。主要的进口国为中国，进口额为 14.684 亿美元，从俄罗斯进口 9.107 亿美元，从哈萨克斯坦进口 5.975 亿美元，从土耳其进口 1.911 亿美元，从美国进口 1.54 亿美元。2016 年，中国为吉尔吉斯斯坦第一大贸易伙伴国（占吉尔吉斯斯坦外贸总额的 28.3%）、第一大进口来源国（占吉尔吉斯斯坦进口总额的 37.5%）和第六大出口目的国（占吉尔吉斯斯坦出口总额的 5.2%）。

表 4-4　2016 年吉尔吉斯斯坦与前五大贸易伙伴的进出口情况

序号	国别	贸易额/亿美元	同比增长/%	所占比重/%	吉尔吉斯斯坦出口额/亿美元	吉尔吉斯斯坦进口额/亿美元
1	中国	15.485	50	28.3	0.801	14.684
2	俄罗斯	10.499	−32.4	19.2	1.392	9.107
3	哈萨克斯坦	8.73	8.8	16	2.755	5.975
4	瑞士	6.597	13.7	12.1	6.48	0.117
5	土耳其	2.811	13.5	5.1	0.9	1.911

数据来源：中国驻吉尔吉斯斯坦经商参处。

2017 年，吉尔吉斯斯坦与 126 个国家有贸易关系，其中出口涉及 86 个国家，进口涉及 120 个国家。在吉尔吉斯斯坦整个对外贸易中，主要国家占比情况为：中国 25.5%，俄罗斯 23%，哈萨克斯坦 14.1%，瑞士 8.1%，土耳其 5.7%，乌兹别克斯坦 4.9%，英国 3.3%，美国 2.5%。

出口额从国别上看，欧亚经济联盟国家占 31.7%（5.68 亿美元），其中哈萨克斯坦 52.3%（2.972 亿美元），俄罗斯 46.2%（2.622 亿美元），瑞士占 27.3%（4.893 亿美元）；进口额从国别上看，从独联体国家进口占 46.2%（20.698 亿美元），从独联体以外国家进口占 53.8%（24.115 亿美元）。从欧亚经济联盟进口占比 41.3%（18.502 亿美元），其中俄罗斯占 63.8%（11.805 亿美元），哈萨克斯坦 31.7%（5.86 亿美元），在其他国家中，从中国进口占比 33.5%，土耳其占比 5%，乌兹别克斯坦占比 3.7%，美国占比 3.5%（见表 4-5）。

表 4-5　2017 年吉尔吉斯斯坦与前五大贸易伙伴的进出口情况

序号	国别	贸易额/亿美元	同比增长率/%	所占比重/%	吉尔吉斯斯坦出口额/亿美元	吉尔吉斯斯坦进口额/亿美元
1	中国	15.976	3.2	25.50	0.975	15.001
2	俄罗斯	14.427	9.2	23	2.622	11.805
3	哈萨克斯坦	8.832	25.7	14.10	2.972	5.86
4	瑞士	5.075	23.1	8.10	4.893	0.182
5	土耳其	3.561	26.7	5.70	1.312	2.249

数据来源：中国驻吉尔吉斯斯坦经商参处。

2018 年 1—5 月，吉尔吉斯斯坦与 118 个国家有贸易关系，其中出口涉及 81 个国家，进口涉及 114 个国家。在吉尔吉斯斯坦整个对外贸易中，前五大贸易伙伴为中国（外贸总额 9.1 亿美元，占比 33.5%）、俄罗斯（外贸总额 5.895 亿美元，占比 21.7%）、哈萨克斯坦（外贸总额 2.999 亿美元，占比 11%）、英国（外贸总额 2.189 亿美元，占比 8.1%）、土耳其（外贸总额 1.562 亿美元，占比 5.8%）。其余贸易伙伴中，乌兹别克斯坦外贸总额 1.341 亿美元，占比 4.9%；美国外贸总额 8 450 万美元，占比 3.1%。

从国别上看进口额，从独联体内国家进口 7.281 亿美元，同比增长 2%，其中从俄罗斯进口 4.441 亿美元，同比增长 7.2%；从哈萨克斯坦进口 1.91 亿美元，同比下降 4.7%；从独联体以外国家进口 13.072 亿美元，同比增长 47.3%，其中从中国进口 8.812 亿美元，同比增长 66.1%；从土耳其进口 1.258 亿美元，同比增长 40.6%；从美国进口 8 420 万美元，同比增长 12.1%。

从国别上看出口额，向独联体内国家出口 3.562 亿美元，同比增长 33.6%，其中向俄罗斯出口 1.454 亿美元，同比增长 7.5%；向哈萨克斯坦出口 1.089 亿美元，同比增长 35.4%；向乌兹别克斯坦出口 7 020 万美元，同比增长 62.5%；向独联体以外国家出口 3.248 亿美元，同比下降 14.3%，其中向英国出口 2.15 亿美元，同比增长 178 倍；向中国出口 2 880 万美元，同比下降 29.6%；向土耳其出口 3 040 万美元，同比下降 21.9%。2018 年 1—5 月，中吉双边贸易额为 9.1 亿美元，同比增长 59.2%，其中吉方出口额为 2 880 万美元，同比下降 29.6%，吉方进口额为 8.812 亿美元，同比增长 66.1%。

（二）主要商品结构

2016 年，在吉尔吉斯斯坦出口商品中，向瑞士出口的黄金仍占主导地位，出口额为 70 158 万美元；向土耳其出口的果蔬出口额为 3 130 万美元、籽棉出口额为 1 070 万美元；向俄罗斯出口的果蔬出口额为 3 670 万美元；向哈萨克斯坦出口的牛奶及奶制品出口额为 1 300 万美元、蔬菜和水果出口额为 3 720 万美元、纸张及其制品出口额为 450 万美元（此阶段吉尔吉斯斯坦主要出口商品详见表 4-6）。

表 4-6　2016 年吉尔吉斯斯坦主要出口商品情况（按金额从高到低）

序号	商品	金额/万美元	数量/万吨	同比增长率/%
1	非货币黄金	70 158	—	5.4
2	矿石、贵金属、精矿砂	9 581.6	—	—
3	航空煤油	3 561.05	5.55	−21.4

表4-6(续)

序号	商品	金额/万美元	数量/万吨	同比增长率/%
4	水果	2 746.51	2.04	-36.9
5	牛奶及其奶制品	2 472.99	2.43	-51.2

数据来源：中国驻吉尔吉斯斯坦经商参处。

吉尔吉斯斯坦进口仍以从俄罗斯进口石油及其制品为主，进口额为2.832亿美元，铸铁和钢材1.006亿美元，天然气4 030万美元；从哈萨克斯坦进口谷物、小麦等，进口额为6 520万美元；从土耳其进口服装及其附件6 400万美元，纺织品2 500万美元；从中国进口大量服装1.823亿美元，金属制品4 230万美元（此阶段吉尔吉斯斯坦主要进口商品情况详见表4-7）。

表4-7　2016年吉尔吉斯斯坦主要进口商品情况（按金额从高到低）

序号	商品	金额/亿美元	数量/万吨	同比增长率/%
1	鞋类	2.575 5	—	190
2	服装及附件	2.547 7	—	80
3	汽油	1.527 4	46.75	-55.2
4	柴油	1.198 6	32.25	-44.8
5	药物	1.091 2	0.93	-22.3

数据来源：中国驻吉尔吉斯斯坦经商参处。

2016年，中国从吉尔吉斯斯坦进口的主要商品是油料种子和果实、药用植物、烟草、矿产品、石油及其制品、沥青、未加工的动物毛皮、珍珠和宝石、矿石和矿渣、水果和干果、羊毛等。中国向吉尔吉斯斯坦出口的主要商品是服装及其附件、铸铁、钢材、电子产品及其设备、黑色金属及其制品、交通工具、肉类及其肉制品等。

2017年，吉尔吉斯斯坦向瑞士出口的黄金仍占主导地位，出口额为4.847亿美元；向俄罗斯出口服装9 480万美元、奶制品1 300万美元、果蔬4 890万美元；向哈萨克斯坦出口矿石和精矿砂1.082亿美元、奶制品2 710万美元、果蔬2 030万美元；向土耳其出口果蔬1 930万美元、籽棉1 150万美元；向乌兹别克斯坦出口电力2 450万美元、黑色金属2 460万美元（此阶段吉尔吉斯斯坦主要出口商品情况见表4-8）。

表 4-8　2017 年主要出口商品情况（按金额从高到低）

序号	商品	金额/亿美元	数量/万吨	同比增长率/%
1	非货币黄金	7.003 8	——	-0.2
2	矿石、贵金属、精矿砂	1.437 5	——	6
3	服装及附件	1.381 6	——	90
4	干豆类及蔬菜	0.525 269	6.36	-27.3
5	水果核桃	0.441 049	3.02	40.3

数据来源：中国驻吉尔吉斯斯坦经商参处。

2017 年，吉尔吉斯斯坦进口牛奶和奶制品增长 4.8 倍，人造纤维布匹增长 3.8 倍，大米增长 2.3 倍，陶瓷制品增长 90%，蔬菜、矿泉水增长 80%，水果增长 60%，面包和点心制品增长 50%，汽车轮胎增长 42.2%，药品增长 36.4%，香皂及洗涤用品增长 25.6%，鞋增长 16.6%。同期，进口白糖下降 52.2%，植物油下降 10.5%，黑色金属制品下降 9.3%（此阶段吉尔吉斯斯坦主要进口商品情况详见表 4-9）。

表 4-9　2017 年吉尔吉斯斯坦主要进口商品情况（按金额从高到低）

序号	商品	金额/亿美元	数量/万吨	同比增长率/%
1	鞋类	3.012 5	——	16.6
2	服装及附件	2.539 6	——	0.2
3	药物	1.562 4	0.81	36.4
4	塑料及制品	1.334 8	9.73	13.8
5	陶瓷制品	0.781 682	10.02	9

数据来源：中国驻吉尔吉斯斯坦经商参处。

2017 年，吉尔吉斯斯坦与 126 个国家有贸易关系，其中出口 86 个国家，进口 120 个国家。在吉尔吉斯斯坦整个对外贸易中，独联体国家占 44.9%，独联体以外国家占 55.1%。主要国家占比情况：中国 25.5%，俄罗斯 23%，哈萨克斯坦 14.1%，瑞士 8.1%，土耳其 5.7%，乌兹别克斯坦 4.9%，英国 3.3%，美国 2.5%。

（三）辐射市场

吉尔吉斯斯坦是古丝绸之路的重要枢纽，是欧亚连接的重要通道，对乌兹别克斯坦、哈萨克斯坦、塔吉克斯坦等中亚邻国辐射作用明显，中国出口到吉尔吉斯斯坦的产品，约 70% 转口至中亚邻国。此外，由于吉尔吉斯斯坦是世界贸易组织成员，同时又是欧亚共同体成员国，产品出口独联体、欧洲、西亚国家也有一定便利。

（四）吸引外资

吉尔吉斯斯坦外国投资委员会在 2001 年提出了《吉尔吉斯共和国外资法》草案，其中引入了投资保障和扩大投资者权限的章节，明确了在投资活动停止后保证投资的措施和外资参加吉尔吉斯斯坦私有化和获取有价证券的担保措施，规定了投资者将其投入吉尔吉斯斯坦的财产和信息自由撤出的权利。此外还强调了承认外国投资者在吉尔吉斯斯坦的土地所有权、使用权、知识产权以及其他属于外国投资者的权限等。吉尔吉斯斯坦外国直接投资主要来自哈萨克斯坦、中国、俄罗斯、土耳其等邻国，累计引资共计约 6 亿美元。

根据吉尔吉斯斯坦国家统计委员会官网公布的数据，2017 年吉尔吉斯斯坦外商直接投资总额为 5.9 亿美元，同比下降 27.5%。按投资领域划分，主要集中在加工业、职业教育和科技、金融中介和保险、矿业开采等领域。按投资地域划分，主要集中在比什凯克市、楚河州、伊塞克湖州和贾拉拉巴德州。按投资国别划分，独联体以外国家对吉尔吉斯斯坦投资 5.16 亿美元，同比增长 3.4%。其中，中国对吉尔吉斯斯坦投资 2.7 亿美元，同比下降 10.4%，为吉尔吉斯斯坦第一大投资来源国。加拿大对吉尔吉斯斯坦投资 1.18 亿美元，同比下降 0.6%。独联体国家对吉尔吉斯斯坦投资 7 453 万美元，同比下降 76.3%。其中，哈萨克斯坦对吉尔吉斯斯坦投资 4 767 万美元，同比增长 206.3%；俄罗斯对吉尔吉斯斯坦投资 2 389 万美元，同比下降 91.8%。

吉尔吉斯斯坦国家统计局发布的数据显示，2018 年一季度，吉尔吉斯斯坦吸引直接外来投资 1.19 亿美元，比上年同期下降 22.4%；吉尔吉斯斯坦主要外来投资伙伴为加拿大（5 336 万美元，同比下降 20.6%，占比 45.0%）、中国（1 671 万美元，同比下降 70.8%，占比 14.1%）、哈萨克斯坦（798 万美元，同比增加 111.6%，占比 6.7%）、英国（615 万美元，同比下降 27.1%，占比 5.2%）、荷兰（610 万美元，同比增长 215.2%，占比 5.1%）。外商主要投资领域包括生产加工、地质勘探、金融中介和保险等，投资比例高达 87.8%。据吉尔吉斯斯坦中央银行官方网站公布的数据，2020 年，吉尔吉斯斯坦侨汇收入 23.77 亿美元，比 2019 年小幅下降 1.2%（2019 年为 24.07 亿美元）。按吉尔吉斯斯坦 2020 年国内生产总值 77.35 亿美元计算，侨汇收入占吉尔吉斯斯坦内生产总值比重达 30.7%。

（五）外国援助

对吉尔吉斯斯坦开展援助的国际组织主要有亚洲开发银行、世界银行、日本国际援助机构、伊斯兰开发银行，国家主要有中国、德国、俄罗斯、美国、英国、土耳其、瑞士等。援助领域包括民生、交通、基础设施、能源、教育、卫生、金融等。

2017 年 5 月，哈萨克斯坦下议院全体会议批准通过了《关于哈萨克斯坦共和国和吉尔吉斯共和国间在欧亚经济一体化条件下发展经济合作的协议》，向其提供相当于 1 亿美元的援助款。

2017 年 11 月，亚洲开发银行董事会通过了为吉尔吉斯斯坦提供 3 000 万美元无偿援助的决定，主要用于对吉尔吉斯斯坦进行技术和职业教育培训。12 月，亚洲开发银行董事会批准向吉尔吉斯斯坦提供 2 500 万美元无偿援助，用于改善吉尔吉斯斯坦投资环境和更加有效地吸引私营领域投资。

2018 年 1 月，欧盟为吉尔吉斯斯坦提供的援助资金将用于实施吉尔吉斯斯坦 2020 年前国家教育发展战略。

2018 年 1 月，哈萨克斯坦已向吉尔吉斯斯坦拨款 2 亿坚戈（约合 4 200 万索姆）用于人道主义援助。

2018 年 2 月 6 日，俄罗斯总统普京核准免除吉尔吉斯斯坦 2.4 亿美元债务。

2018 年 5 月初，中国援助吉尔吉斯斯坦灌溉系统改造工程在伊塞克湖州西南岸的阿克奥隆村举行项目开工仪式；同年 5 月底，中国援助吉尔吉斯斯坦首都比什凯克道路沥青路面修复工程举行开工仪式。

三、吉尔吉斯斯坦对外经济贸易活动的突出成效

过去 30 多年的发展，为吉尔吉斯斯坦积累了一定的对外经济贸易活动成果。

首先，吉尔吉斯斯坦积极加入各类国际组织，不断提升国家对外开放度。在中亚国家中，吉尔吉斯斯坦的对外开放度是最高的，其中含外资接纳、项目运转、资金流动、人员往来和外汇管理，以及信息公开发布等综合因素。高对外开放度有助于吉尔吉斯斯坦形成适宜国际贸易活动的营商环境，提高了经济贸易活动的便利化水平。相较而言，其相应的法律法规和国家管理较为宽松，对中小型企业项目运作有益。

吉尔吉斯斯坦非常积极加入各类国际组织，如世界贸易组织、欧亚经济联盟和上海合作组织等，并努力利用各类国际组织展开经济贸易活动，取得较好成果。在近年的国外投资中，来自国际货币基金组织（IMF）和亚洲开发银行（ADB）等的资金投入位居前列，同时，来自上海合作组织成员国的中国、俄

罗斯的投资也非常引人注目。国际组织在吉尔吉斯斯坦的对外经济活动中发挥了很好的纽带、桥梁和支撑作用。

其次，围绕国家优势产业做文章。吉尔吉斯斯坦对外经济贸易活动的重要领域是农业、矿产品开采和转口贸易产品。从该国整体资源禀赋与经济社会发展水平分析，这几大类别属于吉尔吉斯斯坦优势产业，符合吉尔吉斯斯坦家发展战略方向。此外，吉尔吉斯斯坦还积极拓展教育、科技领域的国际合作，推动人文领域的国际化，为未来开展国际经济贸易活动奠定较好基础。

最后，发挥纽带和桥梁作用，积极加入区域合作工程项目。国力有限并不代表无所作为，吉尔吉斯斯坦地处高山与谷地之间，经济贸易水平、人口数量和社会发展不尽如人意，但该国却能够克服阻碍，利用好自身的地缘优势，发挥桥梁纽带作用，做好通道工程，为推动区域一体化而努力。在加入欧亚经济联盟问题上，吉尔吉斯斯坦的态度就非常积极。对于拟建中的中吉乌铁路等项目，吉尔吉斯斯坦也提出了自己的想法和修改意见。这些都着眼于吉尔吉斯斯坦整体的战略来考量。

不论面向东方的中国，北方的哈萨克斯坦和俄罗斯，还是向西进入乌兹别克斯坦和西亚，向南进入阿富汗、南亚，吉尔吉斯斯坦的地理位置的确处于中间地带。这也是现实中吉在国家政治、经济活动中嬗变的一个背景因素。

第四节　对外经贸政策与环境

一、对外贸易政策与法规

（一）贸易主管部门

吉尔吉斯斯坦经济部是主管对外经贸活动的政府部门，其制定并实施国家的经济政策，开展对外经济贸易活动，制定市场经济活动规则，促进企业发展。

（二）贸易法律体系

吉尔吉斯斯坦对外经贸活动的法律法规基本上包括《吉尔吉斯共和国对外贸易法》《吉尔吉斯共和国海关法》《吉尔吉斯共和国许可证法》《吉尔吉斯共和国外汇业务法》等。

（三）对外贸易管理的相关规定

1. 实行进口许可证管理制度

根据吉尔吉斯斯坦许可管理制度，必须具有许可证才能进口的商品主要包括：①密码设备及其备件，以及密码程序软件；②武器和军事装备，用于武器生产专用配套产品，军事技术合作领域工程和服务（涉及商品名录由吉尔吉斯斯坦国防部另行规定）；③防止战争毒害物质的设备及其配件（涉及商品名录由吉尔吉斯斯坦国防部另行规定）；④军服及其标志（涉及商品名录由吉尔吉斯斯坦国防部另行规定）；⑤军用产品的技术规范文件，包括设计文件和使用说明（涉及商品名录由吉尔吉斯斯坦国防部另行规定）；⑥火药、爆破物、引爆物和烟花制造设备；⑦核材料、核技术、核武器及装备、特种非核材料、放射源及放射性废料；⑧可能被用于制造大规模杀伤武器的民用材料、设备和技术；⑨可能被用于制造武器和军用设备的部分原料、材料、设备和技术；⑩贵金属、贵金属合金及其制品，贵金属镀膜材料及其制品，矿石、精矿粉、边角材料和废料；⑪贵重天然石材及其制品，贵重天然石和再生材料及其制品；⑫毒品和精神药物，导致麻醉的物品；⑬剧毒物；⑭危险废料；⑮药品；⑯公务用或民用武器；⑰烟草；⑱酒精及酒精制品；⑲破坏臭氧层的物质及含有该物质成分的产品。

2. 实行出口许可证管理制度

根据吉尔吉斯斯坦许可管理制度，必须具有许可证才能进口的商品主要包括：以上名录中第1~14项和第16项，以及活牲畜、植物类的制药原料、战争物资、弹药、有色金属边角料和废料。

3. 实行进口数量限制（配额）制度

根据吉尔吉斯斯坦商品进口配额制度，对进口实行配额的商品包括生产酒精制品的乙醇酒精的生产和采购（包括该类产品的进口）实行配额制度。吉尔吉斯斯坦农业、水利和加工工业部负责配额数量的制订、分配和监督。申请使用配额的企业必须具备经营酒精制品业务的许可证。

（四）进出口商品检验检疫

吉尔吉斯斯坦商检主管职能部门是国家标准计量检验局。

根据吉尔吉斯斯坦政府2002年9月19日批准生效的《关于对进口商品安全指标进行监督的决定》，部分商品在进入吉尔吉斯斯坦境内时应接受强制性安全检验。该文件规定：①安全检验应由吉尔吉斯斯坦政府指定的监管机构或地方商检部门进行。②商检实行"一站式"服务，对同一批商品只能由一个机构进行一次检验。检验工作一般应在5个工作日内完成。③有管辖权的州（市）对同一种商品有一个以上的商检机构时，接受商检的进口商有权选择其中的一家作为实施检验的机构。④对进口商品的监督检验应按吉尔吉斯斯坦政府规定标准收费。⑤对投资项下进口、并具有国际认证（包括ISO 9000标准证书）的设备、配件、建材等商品，证书核对工作应在 23 个工作日内完成，不收取费用。⑥如受验商品不符合安全标准，指定监管机构或商检部门应向进口商发放禁止在吉境内销售该商品的命令并负责通知海关，同时协助海关提出对该商品的处置意见（转口、再加工或销毁）。⑦不超过海关规定数额的自然人携带入境的自用物品，办公设备，广告用品，以及"临时进口"项下入境的展品（不包括广播器材）均不必接受强制性安全检验。

中国和吉尔吉斯斯坦国家检验检疫部门之间尚未达成相互承认商检证书的双边协议。

（五）海关管理规章制度

吉尔吉斯斯坦海关总署隶属吉尔吉斯斯坦财政部，下设 15 个海关。除全国 7 个州和比什凯克市均设有海关外（楚河州辖区内有托克马克和卡拉巴尔达两个海关），玛纳斯国际机场和比什凯克自由经济区也分别设有海关机构，此外，还设有"南方海关""北方海关"和"北方铁路海关"。中吉边境的两个陆路公路口岸—吐尔尕特口岸和伊尔克什坦口岸分别位于纳伦海关和奥什海关辖区。

1. 海关征收的税费

（1）海关手续费：主要是报关货值的 0.15%，进出口商品都要缴纳。

（2）进口关税：按计算方法分为从价税、特种税和混合税三种。根据《吉尔吉斯共和国海关法》，吉尔吉斯斯坦政府可根据需要对某些商品实行季节性关税，但征税仅限当年，期限不得超过 6 个月。为保护国内市场，吉尔吉斯斯坦政府有权对个别进口商品实行临时性的保护性税、反倾销税和补偿税。具体商品的税率每年略有调整，依照吉尔吉斯斯坦海关总署当年公布的税则执行。进口关税税率通常分为 0、5%、10%、12% 和 15% 五个级别。除了 50% 以上的零关税商品，多数商品的进口税率为 5% 和 10%。

（3）消费税：主要有汽油、柴油、烟酒、贵重饰物等进口的商品。税率依照当年公布的消费税税则加征。

（4）增值税：税率为 20%，计算方法为"增值税＝（报关货值＋关税）× 20%"，缴纳消费税的进口商品无须缴纳增值税。

除上述四项主要税种外，据有关规定吉尔吉斯斯坦海关还有权征收下列税费：自然人统一关税（主要针对从事旅游购物贸易的个体商人，一般以整车为单位计算应纳税额）；货物保管费；海关押运费；违反海关规定罚款；办理知识产权证明手续费；银行或其他信贷机构在吉尔吉斯斯坦海关总署登记手续费。

2. 出口退税

根据吉尔吉斯斯坦现行法律规定，出口退税涉及以下两种情况：①来料加工产品的出口。利用进出口原料在吉尔吉斯斯坦境内加工后复出口的商品，凭在海关监管部门办理的许可证（办理一次有效期一年），可享受退还原料进口时缴纳的关税和增值税的待遇。原材料进口关税、增值税等以台账方式交付经吉尔吉斯斯坦海关总署登记的银行。②利用在本地采购的原材料加工的出口商品，出口时不分商品种类均可享受退还增值税的待遇。根据吉尔吉斯斯坦现行规定，税务部门应在最后一批货物出口后6个月内兑现退税。

3. 关税优惠规定

1998年，吉尔吉斯斯坦成为独联体内第一个加入世界贸易组织的国家，并根据世界贸易组织的要求对贸易管理体制进行了调整。吉尔吉斯斯坦对包括中国在内的世界贸易组织所有成员，以及与吉尔吉斯斯坦达成有关双边协议的国家给予贸易最惠国待遇。对于产自未与吉尔吉斯斯坦达成相互给予最惠国待遇国家的商品或未明确原产地的商品，加倍征收进口关税，对税则规定为零关税的商品则征收10%的进口关税。吉尔吉斯斯坦对"欧亚经济共同体"成员（俄罗斯、白俄罗斯、哈萨克斯坦、塔吉克斯坦）实行特殊的关税优惠。对来自该组织成员国的进口商品免征关税，增值税实行目的地征收制度。

4. 免征进口关税规定

免征进口关税的产品主要包括：执行国际客货运输任务的交通运输工具以及为保障其正常运行所需的各类物资（食品、燃料、配件等）和为排除故障在境外购买的物资；为保障拥有吉尔吉斯斯坦籍的船只或吉尔吉斯斯坦租用船只在境外进行海上捕捞所需而带出境外的各类物品（食品、燃料、配件等）及其境外捕捞产品；外国驻吉代表机构及其代表、根据国际协议或吉尔吉斯斯坦法律规定享有免税待遇的自然人的自用物品；吉尔吉斯斯坦法律规定应列入国家资产的商品；人道主义援助物资、用于消除自然灾害的物资、用于免费教育、学前教育和医疗机构的教学设备；用于国家、政府和国际组织的无偿援助、技术援助以及慈善项目的物资；自然人携带出入境、用于非生产或其他非商业目的的商品。

5. 免征增值税的规定

免征增值税的产品主要包括：用于消除自然灾害、武装冲突或其他灾难性事件后果的进口物资人道主义援助物资出口商品的复入境；在限定期内以原来形态复出境的临时进口物资（须缴付担保押金）；由于投送错误退还出口商的货物过境运输货物驻吉外代表机构、外交人员及家属个人的自用物品；消费税商品经吉尔吉斯斯坦政府批准的药品；经吉尔吉斯斯坦政府批准的教学用具（不涉及笔、练习本、文件夹等一般文具）；作为固定资产投资的技术设备；儿童食品。

6. 免征消费税的规定

免征消费税的产品主要包括：自然人在限定数额内携带入境的消费品；国际运输工具正常运行所需的消费税商品，包括为修理运输工具所需在境外购买的消费税商品；入境前已损坏报废的商品；人道主义援助物资；用于吉尔吉斯斯坦政府或国际组织慈善项目和技术援助项目的物资；没收充公、无主或吉尔吉斯斯坦作为主权国家享有继承权的贵重物品；驻吉外交机构、享有外交地位的国际组织、外交人员及其家属的自用物品。

二、对外投资市场准入制度

（一）对外投资

1. 投资主管部门

吉尔吉斯斯坦经济部主管外国投资，并与其他部委一起制定吸引外国投资政策。

2. 投资行业规定

吉尔吉斯斯坦对外国投资目前没有行业限制的规定。

3. 投资方式规定

外国企业可以在吉尔吉斯斯坦进行直接投资和间接投资，可以以实物、不动产、知识产权债券、企业盈利及利润投资。外国企业可以通过全资收购和参股形式对吉尔吉斯斯坦的企业进行并购。

外国企业在对吉尔吉斯斯坦企业进行收购、并购时应该咨询吉尔吉斯斯坦经济部下属的投资促进署。

4. BOT 或者 PPP 模式

目前，吉尔吉斯斯坦没有关于外资开展 BOT 的规定，没有外企进行 BOT 模式投资。

2017 年 8 月，吉尔吉斯斯坦卫生部与德国一家医疗公司在比什凯克签署了吉尔吉斯斯坦第一份 PPP 协议，该公司在比什凯克、奥什等城市提供血液透析服务。这开启了吉尔吉斯斯坦 PPP 投资方式的先河。

5. 投资的主要法规

吉尔吉斯斯坦的外国企业投资法规主要包括《吉尔吉斯共和国外国投资法》《吉尔吉斯共和国外商租赁企业经营法》《吉尔吉斯共和国自由经济区法》

《比什凯克自由经济区条例》《吉尔吉斯共和国公司法》等。

（二）企业税收的相关规定

2008 年 10 月 20 日，吉尔吉斯斯坦出台税法，并自 2009 年 1 月 1 日起实施。该税法将现行税法 16 项税种（8 项国税、8 项地税）缩减至 9 项，包括 7 项国税和 2 项地税，国税包括所得税、利润税、增值税、消费税、地矿税、销售税、财产税；地税包括土地税和宾馆行业税。其中一些税种及税率如表 4-10 所示。

表 4-10　吉尔吉斯斯坦主要税种及税率

税种	计税依据	税率
增值税	提供应税服务的销售额	12%
销售税	销售产品或提供服务	1%~5%
消费税	在吉尔吉斯斯坦生产或进口到吉尔吉斯斯坦的特定货物价值	具体取决于特定物种及体积、重量
企业所得税	营业收入减去依法扣除的成本	10%
个人所得税	工资薪金总额减去可抵扣额	个人月收入 650 索姆及以上的税率为 10%，其他则免交税
财产税	在吉尔吉斯斯坦境内的交通工具及不动产	税率由当地政府定，一般不超过 0.8%
土地税	主要根据土地面积、用途、位置等采用级差计税	0.9~2.9 索姆/平方米

数据来源：国家税务总局的网站。

（三）对外资投资优惠政策

1. 优惠政策框架

（1）对外国投资者实行国民待遇。除了在自由经济区注册的外资企业，其他外资企业一般情况下不享受税收优惠。

（2）对投资性进口商品（如外资企业用于生产的机器设备）免征进口税。

（3）对外国投资者不得歧视。外国投资者在吉尔吉斯斯坦法律允许的范围内可在吉尔吉斯斯坦境内独立自主进行投资活动，其财产、投资及合法权利受到吉尔吉斯斯坦法律保护。

（4）外国投资者可自由支配一切合法所得，可将在吉尔吉斯斯坦经营所得利润及人员的工资收入自由汇往境外，且数量不受限制。

（5）外资企业依法享有充分的经营自主权，吉尔吉斯斯坦政府部门不得随意干涉外资企业的正常经营活动（国家税务部门每年只能对企业进行一次检查）。

（6）凡在吉尔吉斯斯坦政府鼓励投资优先发展领域进行投资，以及在吉尔吉斯斯坦国家发展规划项目下对特定区域进行投资，均可根据吉尔吉斯斯坦现行有关法律规定对投资者给予相应的优惠。

（7）在吉尔吉斯斯坦政府对投资法、税法和关系到国家安全、公众健康及环境保护的法规进行修改或补充的情况下，外国投资者有权在上述修改或补充生效之日起 10 年内自由选择对其自身最为有利的适用法规条款。即外国投资者可以根据自身利益的需求，在原有法规和修改后的法规之间进行自由选择。

（8）在吉尔吉斯斯坦法律对自由货币在其境内外的流通实行限制的情况下，外国投资者不受其限制。例如，对外国投资者实行此种限制，必须以防止洗钱交易的法规为依据。

（9）外国人有权在吉尔吉斯斯坦购置不动产，但无权取得土地所有权（可以取得土地使用权）。外国自然人无权在吉尔吉斯斯坦购置住宅，但在吉尔吉斯斯坦注册的外国法人可以按规定程序购买住宅。

2. 行业鼓励政策

吉尔吉斯斯坦对外资企业实行国民待遇，无特殊行业鼓励政策。

3. 地区鼓励政策

吉尔吉斯斯坦暂无特殊地区鼓励政策。

4. 特殊经济区域的规定

为进一步规范对外资的优惠政策，提高对外资的吸引力，2014 年 1 月，吉尔吉斯斯坦出台了新一版的自由经济区法，1992 年 12 月颁布实施的自由经济区法随之作废。该法案旨在促进吉尔吉斯斯坦自由经济区制度更加高效与现代化，包括为保证经济区的良好运营与发展制定相关国家政策、加强政府部门间协作，以及创造便利条件推动区域经济增长、提高吉尔吉斯斯坦公民工作积极性等。该法案的出台是前总统阿塔姆巴耶夫执政时，除新版矿产法和投资法修订案外，在改善投资环境、规范法律法规方面的又一大举措。

三、外贸金融环境

（一）货币

吉尔吉斯斯坦独立后建立了自己的货币单位叫索姆，该国也是苏联解体后，第一个发行本国货币的国家，当时索姆很值钱，1 美元等于 4 索姆，时至今日，1 美元约兑换 89.3 索姆，贬值了很多。近几年，索姆汇率不是很稳定，这主要是因为受到乌克兰危机、西方对俄罗斯的制裁、哈萨克斯坦的坚戈大幅贬值的影响。

中国与吉尔吉斯斯坦虽然经贸活动比较密切，但是人民币不能与索姆直接结算，但是在吉尔吉斯斯坦一些城市的货币兑换点人民币可以自由兑换索姆。

（二）外汇管理

吉尔吉斯斯坦的外汇管理主要是依据《吉尔吉斯共和国外汇业务法》，另外就是吉尔吉斯斯坦政府与国际货币基金组织签署的有关货币的协议。吉尔吉斯斯坦于 1995 年 7 月颁布该法，共分六章，包括总则、外汇的移动和兑换、兑换业务机构、对外支付业务机构、授权银行和兑换处的经营许可、外汇业务监管。该法规定，吉尔吉斯斯坦国家银行全权执行统一的外汇政策，确定外汇兑换程序，指定外汇兑换的市场机制，公布自由外汇出入境程序。

吉尔吉斯斯坦实行宽松的外汇政策，实行浮动汇率制度，本国货币索姆在国内实行自由兑换。在吉尔吉斯斯坦注册的商业银行可在吉尔吉斯斯坦境内和境外自由买进或卖出外汇。任何个人、机构、团体都可在商业银行、金融机构以及兑换点将索姆与美元进行自由兑换，无须任何手续，不受额度限制。吉尔吉斯斯坦中央银行每天根据银行间外汇市场的交易情况发布当日平均汇率，并以此作为确定商务交易价格和进行结算的依据。《吉尔吉斯共和国外汇业务法》还规定，外汇收取或支付不受限制。资金汇出或汇入国境不受限制。对携带外汇出入境，法律规定只要如实申报，携带金额不受限制，若不如实申报，查出后全部没收。

吉尔吉斯斯坦外汇交易法还规定，吉尔吉斯斯坦本国公民和外国人均可携带自由兑换货币出（入）境，或将其汇出（入）境，只需履行规定程序（海关申报，向汇款银行出示相关文件和证明）即可，不受金额限制。在吉尔吉斯斯坦的外资企业和商人可自由地将经营所得通过银行汇往本国或第三国，手续简便。吉尔吉斯斯坦多数商业银行都是国际银行金融电信协会成员，可通过电子支付方式进行国际汇款业务。

吉尔吉斯斯坦目前是 SWIFT（国际结算系统）协会成员，可以通过电子支付的方式进行国际汇款业务。目前，随着中吉经贸的快速发展，两国商业银行之间汇路畅通，一些进驻吉尔吉斯斯坦的中资企业和商家利用吉尔吉斯斯坦的银行进行跨国汇款（汇进、汇出）业务，提高了支付的安全性及人身安全保障，保证了资金和人身的安全。

（三）银行和保险公司

1. 银行服务

吉尔吉斯斯坦独立以来，本国的金融业得到很大的发展。吉尔吉斯斯坦银行开展业务的主要法律依据是《吉尔吉斯共和国银行及银行业务法》，吉尔吉斯斯坦的国家银行是吉尔吉斯斯坦的中央银行，其他所有制形式的银行大约有20多家，分支机构290多家，非金融机构有1 000家左右。

吉尔吉斯斯坦的结算储蓄公司是完全国有的并且具有很多政策性职能的商业银行。

吉尔吉斯斯坦银行分为商业银行、专业贷款银行，其中又分为国有银行和私人银行。其银行监管机构为吉尔吉斯斯坦国家银行，即吉尔吉斯斯坦的中央银行，负责发行货币吉尔吉斯斯坦索姆。其属于非营利性质的独立法人实体，对外代表吉尔吉斯斯坦参与国际活动。

一些国际金融组织在吉尔吉斯斯坦设有代表处：世界银行、国际货币基金组织、亚洲开发银行、欧洲复兴开发银行等在吉尔吉斯斯坦设有代表处。

目前，中国在吉尔吉斯斯坦没有开设中资银行。2004年9月21日，中国银行保险监督管理委员会与吉尔吉斯斯坦国家银行签署了MOU。2015年12月16日，双方又签署了跨境危机管理合作协议。2016年3月，吉尔吉斯斯坦投资信贷银行宣布发行银联卡，大大方便了中国和吉尔吉斯斯坦民众的支付和经济活动。

2017年1月1日，吉尔吉斯斯坦银行系统贷款余额共计935亿索姆（约合人民币93.5亿元），比2013年同期增长133.4%，占吉尔吉斯斯坦内生产总值的20.4%；吉尔吉斯斯坦银行系统债务总额为1 496亿索姆（约合人民币149.6亿元），比上年同期增长145.6%。同期，吉尔吉斯斯坦银行系统存款规模为1 071亿索姆（约合人民币107.1亿元），比2013年年初增长145.6%；吉尔吉斯斯坦银行系统净资本金总额为2 970亿索姆（约合人民币29.7亿元），比2013年年初增长86.8%。

2. 保险服务

吉尔吉斯斯坦的保险业务主要依据《吉尔吉斯共和国保险法》开展业务。吉尔吉斯斯坦保险业较为滞后，没有国有的保险公司，只有规模不大的私人保险公司。吉尔吉斯斯坦保险业市场对外完全放开，外国保险公司在吉尔吉斯斯坦境内既可独资也可合资经营。吉尔吉斯斯坦法律对外资保险公司实行国民待遇，对其在吉尔吉斯斯坦经营险种和费率等没有限制。但是，吉尔吉斯斯坦现行法律禁止商业银行从事商务活动（包括进出口贸易）的保险业务，各保险公司也未开展进出口贸易保险业务。

（四）融资服务

吉尔吉斯斯坦的银行规模小、资金薄弱、管理滞后，而且贷款利率比较高，所以对中国赴吉尔吉斯斯坦投资建厂的企业尚不具有融资的能力。2016年3月，吉尔吉斯斯坦银行贴现率为8%；2017—2018年5月，吉尔吉斯斯坦银行贴现率为5%；2018年6月至今银行的贴现率为4.75%。吉尔吉斯斯坦家银行称，调整贴现率与国家经济状况有关，国家银行相信，贴现率的降低将促进实体经济的增长。人民币与当地货币不能直接结算，但可以在当地货币兑换点自由兑换。虽然中国银联已进入吉尔吉斯斯坦，但中吉两国货币尚不能直接兑换，需要先兑换为美元，再兑换为人民币/索姆。

（五）信用卡业务

吉尔吉斯斯坦金融系统不发达，在吉尔吉斯斯坦境内一般的商业银行网点尚不具备使用信用卡的功能，在四星级以上酒店可以使用维萨卡（Visa card）及万事达卡（Master card）。

伴随共建"一带一路"倡议的实施，银联国际正加快优化中亚地区银联卡受理环境，并推动当地更多机构发行银联卡，为国家间交流合作提供便利、安全的支付服务。2015年5月，银联国际与哈萨克斯坦ATF银行及其子行吉尔吉斯斯坦OPTIMA银行共同宣布，OPTIMA银行将全面发行银联卡（卡号以62开头）。在"一带一路"倡议所及的众多国家和地区中，银联卡的使用已越来越方便。

吉尔吉斯斯坦是中国通往中亚的门户和丝绸之路经济带的重要节点。目前，当地近20%的自动取款机可以用银联卡取现，受理银联卡的商户基本覆盖游客最常到访的场所。随着共建"一带一路"倡议的推进，中亚地区银联卡受理范围迅速扩大，越来越多当地机构开始大规模发行银联卡，银联卡不仅满足中国与该地区人员往来的需求，也为中亚与欧洲、俄罗斯等周边地区往来提供更便利、安全的支付服务。

OPTIMA银行是吉尔吉斯斯坦第一大银行，其母行ATF银行是哈萨克斯坦第五大商业银行，后者旗下所有自动取款机和商户均已开通受理银联卡业务，并于2014年年底开始发行银联卡。按约定，OPTIMA银行将发行普卡、金卡及钻石卡等多个银联卡品种。持卡人可在全球150多个国家和地区的银联受理网络方便用卡，尤其在中国境内，几乎所有商户的POS以及ATM都可受理。其中，作为中亚地区发行的首张银联钻石卡，还可提供商户优惠、机场贵宾服务等丰富权益。

（六）证券市场

吉尔吉斯斯坦的证券市场建立时间不久，所以规模较小。目前，吉尔吉斯斯坦只有吉尔吉斯斯坦电信、玛纳斯机场、吉尔吉斯斯坦工业建筑银行等 14 家企业的股票可以在交易所交易。

（七）对金融领域投资的规定

吉尔吉斯斯坦的银行监管机构为吉尔吉斯斯坦国家银行（National Bank of the Kyrgyz Republic，NBKR），即吉尔吉斯斯坦的中央银行，负责发行货币吉尔吉斯斯坦索姆。其属于非营利性质的独立法人实体，对外代表吉尔吉斯共和国参与国际活动。

1997 年 7 月 29 日发布的《吉尔吉斯共和国国家银行法》规定了吉尔吉斯共和国国家银行的总体目标是通过实施适当的货币政策来实现和维持物价稳定。因此，其首要任务是维持国家法定货币吉尔吉斯斯坦索姆的购买力和保持国家银行支付系统的稳定运作。为了执行其分配的任务，吉尔吉斯共和国国家银行依法独立管理，并从事以下活动：①制定、确定并实现金融政策；②调控和监管银行和金融信贷机构；③研究、开发并实施统一的货币政策；④全权负责发行货币；⑤促进支付系统的有效运作；⑥制定关于开展银行业务、银行体系核算及报告的法规。

第五节　经济特区、园区建设

一、经济特区

目前，吉尔吉斯斯坦境内共有四个自由经济区，分别是：比什凯克自由经济区（位于比什凯克市）、纳伦自由经济区（位于纳伦州）、卡拉阔尔自由经济区（位于伊塞克湖州）和玛依玛克自由经济区（位于塔拉斯州）。除比什凯克自由经济区外，其他三个自由经济区均是以行政辖区为界设立的。目前，在四个自由经济区中，初步成形并给地方经济发展带来一定作用的仅有比什凯克经济区，其余三个自由区非但没有达到吸引外资、扩大出口的目的，反而因法律不完善和管理不善，给了走私者以可乘之机，吉尔吉斯斯坦政府已决定对其进行整顿和进一步的经济论证。

其中比什凯克自由经济区建立于 1995 年，占地面积逾 5 平方千米，位于比什凯克市近郊的玛纳斯国际机场附近。比什凯克自由经济区视同"境内关外"，设有单独的海关和注册管理机行封闭式管理。从比什凯克自由经济区建立的年份及背景不难看出，建立的目的在于通过推动贸易往来促进经济发展。1995 年，吉尔吉斯斯坦国内生产总值仅为 16.61 亿美元。由于建国不久，政治、经济均处在探索发展阶段，投入比什凯克自由经济区建设的资金极少。但凭借着地处首都的便利位置以及在收税上的优惠政策，比什凯克自由经济区自建立起就吸引着外资不断进入。俄罗斯、土耳其、哈萨克斯坦等国的企业纷纷在此建厂并投入生产，主要涉及服装、茶叶、食品等。目前，在该自由经济区正式注册并从事生产、经营活动的有来自中国、土耳其、印度、伊朗、沙特等 23 个国家和地区的 80 余家企业，该区生产的 70% 产品出口到哈萨克斯坦、俄罗斯、乌兹别克斯坦、土库曼斯坦及中国等周边国家。

2014 年 1 月 11 日，吉尔吉斯斯坦前总统阿坦巴耶夫签署了由议会审议通过的新版《吉尔吉斯共和国自由经济区法》，1992 年 12 月 16 日颁布实施的旧版《吉尔吉斯共和国自由经济区法》将自新法案生效之日起作废。该法案旨在促进吉尔吉斯斯坦自由经济区制度更加高效与现代化，包括为保证经济区的良好运营与发展制定相关国家政策、加强政府部门间协作，以及创造便利条件推动区域经济增长、提高吉尔吉斯斯坦公民工作积极性等。该法案的出台是阿塔姆阿巴耶夫总统执政以来，除新版矿产法和投资法修订案外，在改善投资环境、规范法律法规方面的又一重大举措。法案规定，外资企业在自由经济区经营期间，免缴进出口关税及其他税费；对在自由经济区注册的外资企业输入经济区内的货物免征增值税、消费税及其他规费；当其向境外出口商品时，须向经济区管理委员会缴纳出口报关货值 1%~2% 的"提供税收优惠服务费"；自由经济区生产的产品，在出口到吉尔吉斯斯坦境外时不受其出口配额和许可证的限制。近几年，为了更好地促进自由经济区的良性发展，吉尔吉斯斯坦政府对发展政策做了相应调整，此举从一定程度上保障了自由经济区朝着健康有序的方向发展，外国投资者在比什凯克自由经济区也可享受以下基本权利和优惠：①外国投资者可在自由经济区从事任何吉尔吉斯斯坦法律不禁止的生产和经营活动。②外资企业在自由经济区经营期间，免缴进口关税及其他费、税。③对在自由经济区注册的外资企业输入经济区内的货物免征增值税、消费税及其他规费。当其向境外出口商品时，则须向经济区经理委员会缴纳出口报关货值 1%~2% 的"提供税收优惠服务费"。④自由经济区生产的产品在出口到吉尔吉斯斯坦境外时不受其出口配额和许可证的限制。⑤来料加工产品，加工新增值进口价值的 30% 以上的产品，其原产地可视为比什凯克自由经济区，如系家用电器产品，则新增值只需达到 15% 或经加工后其商品性质发生改变（4 位商品代码中任何一项发生变化），其原产地即可视为吉尔吉斯斯坦。⑥对经由自由经济区转口到第三国的货物，免征一切税费；但对从经济区输往吉尔吉斯斯坦境内其他地区的货物照章征税。⑦吉尔吉斯斯坦劳动法适用于在自由经济区注册的外国投资企业。后者应按照吉尔吉斯斯坦有关法律规定缴纳社会保险基金。

截至2018年年底，在比什凯克自由经济区内已入驻320余家企业。其中具有中资背景（独资或合资）的约50家，涉及纺织、家电、箱包等多个行业。在共建"一带一路"倡议提出后，已有10余家中国企业入驻，主要从事食品、建材和鞋类生产等。从近年吉尔吉斯斯坦与中国的往来可以看出，吉尔吉斯斯坦的未来与中国密不可分。据了解，在1998年，自由经济区曾遇到诸多困难，创始人之一的艾米尔·阿里索维奇为了借鉴中国经济开发区的经验，特意前往中国驻吉尔吉斯斯坦大使馆经济商务参赞处"取经"，并用所得到的信息在吉尔吉斯斯坦政府和议会做广泛的宣传和说服工作，最终使自由经济区得以保留。现在，自由经济区不断吸引着各国企业前来投资。在此经营灯具生产的中国商人说，除了在税收方面的优惠外，自由经济区土地租金便宜，约合0.5~3美元/平方米。在电价、用工成本方面，也有着明显优势。还可以通过吉尔吉斯斯坦零关税，把产品销往欧亚经济联盟国家等地。另外，与吉尔吉斯斯坦相邻的中国（新疆），也与比什凯克自由经济区保持密切联系。2016年，乌鲁木齐综合保税区管委会与比什凯克自由经济区签订了经贸合作备忘录，备忘录将双方保持密切联系，实现两区的优势互补，加强企业间的对接与合作，积极推动两区特色商品的流通合作，相互支持在对方园区建立特色产品展销平台达成合作协议。

二、高新技术园区

为吸引信息技术企业，2013年吉尔吉斯斯坦设立了高新技术园区，并开始对外招商，为IT公司等提供了一个开放的平台。该高新技术园区注册企业享受5%的企业所得税率（一般为10%），保险费为月平均工资的12%，企业需要每季度缴纳收入的1%作为园区服务费。对在该园区注册的企业或个人，要求其至少90%的营业收入来自以下服务：信息系统的分析、设计和编程，信息技术和软件出口，建立和提供交互式信息服务等。近几年，吉尔吉斯斯坦政府非常重视高新技术产业的发展，不断扩大高科技园区范围，据统计，截至2021年9月底，在吉尔吉斯斯坦的高科技园区成员企业享受5%的所得税，增值税、利得税、销售税为零。吉尔吉斯斯坦的信息技术出口占全国出口额的7.7%，在出口信息技术领域居世界第35位。

另外，借助"中亚科技服务站"这个桥梁，以"一带一路"综合信息服务平台为依托，以"云计算和大数据"为技术核心，吉尔吉斯斯坦也通过这个高新区国际化平台开展本国业务：主要围绕服务站内包含资源产业分布、政策环境、税收财务、人文地理、投资发展、技术转移服务等项目，致力于和服务站同频共振：打造拓展国际化业务的服务支撑中心；高科技项目的海外孵化、加速及引进基地；海内外科技成果转移转化平台；高层次创新创业人才培育和引进的前哨站；国际资本投资合作枢纽；技术研发，资本服务对接，国际市场拓展，创新成果转化与交易的资源通道。

第五章 共建"一带一路"倡议下中国与吉尔吉斯斯坦的友好合作

第一节 稳定友好的中吉关系

吉尔吉斯斯坦是中国重要的邻国。从地缘安全角度看，吉尔吉斯斯坦可视作欧亚大陆西部强国与中国西部间的战略缓冲地带。从历史文化层面来看，中国与吉尔吉斯斯坦存在着悠久的血脉、文化联系，并共享部分历史记忆，中国的部分地区（如新疆）与吉尔吉斯斯坦同属大中亚文化圈。从经济发展层面看，吉尔吉斯斯坦是中国实施加快向西开放战略，以及复兴古老的丝绸之路的关键一环，是中国输入中亚油气资源的重要通道。

对吉尔吉斯斯坦而言，中国是一个具有重要国际、地区影响力的巨大邻国，中国在国际社会和地区内对吉尔吉斯斯坦努力寻求自身发展道路的支持与理解对后者非常重要；中国的投资、援助和工业制成品的输入对吉尔吉斯斯坦的经济转型和稳定国内经济社会秩序不可缺少。总之，吉尔吉斯斯坦需要中国在民族国家建设、社会经济发展和安全等诸多领域内予以支持。自1992年1月5日中吉两国建交以来，两国关系积极、稳步地向前发展。在联合国、上海合作组织等框架下，两国积极发展双边关系，并在多边领域互相支持，积极合作，两国关系发展迅速。

一、中吉睦邻友好合作的历史意义

中国与吉尔吉斯斯坦之间往来历史悠久，早在古代时期的丝绸之路上，贸易路线就开启了中国与中亚国家之间的第一次联系，中国和吉尔吉斯斯坦在这里开始了贸易合作。自那时以来，中国与吉尔吉斯斯坦保持着密切的关系，成为近邻。

中国和吉尔吉斯斯坦同是亚洲太平洋经济合作组织的成员国，为两国在政治、经济、文化、医疗卫生、环保等各项事业共同发展、互利互助起到了稳定政治环境的作用，也为两国国际贸易活动在关税制定、经济合作方面提供了统一的国际标准。中国西陲与吉尔吉斯斯坦相邻，有两条通往吉尔吉斯斯坦的国际通道，两个对吉尔吉斯斯坦开放的一类国家级口岸，这些条件为两国开展国际贸易活动奠定了基本条件。尤其是共建"一带一路"倡议的提出，为中国和吉尔吉斯斯坦的国际贸易活动打下了良好的政治环境，有着统一的贸易标准，也有着良好的基础设施和条件。具体来说，主要有以下方面：

首先，吉尔吉斯斯坦与中国西部紧密相连，其南部与中国（新疆）的南疆地区唇齿相依，是中国通往中亚的门户和共建"一带一路"倡议的重要节点，对中国（新疆）的南疆地区的稳定发展至关重要。吉尔吉斯斯坦是中国向西拓展、实现中亚整体战略的关键节点。同时，吉尔吉斯斯坦还是中亚地区与中国相连的门户，是打通中—吉—乌铁路、贯穿亚欧大陆桥的关键环节，是中国向中亚拓展、向西方拓展的关键，是实现中亚整体战略的最为重要的环节。因此，对于中国而言吉尔吉斯斯坦战略意义重大。

其次，吉尔吉斯斯坦与中国在资源、市场等方面互补性较强。中国和吉尔吉斯斯坦有着长期的政治、经济、文化关系，其政治稳定、经济发展水平对中国边疆地区的稳定、发展和开发有着重要影响。目前，吉尔吉斯斯坦对于中国的安全至少有如下三点战略意义：在传统安全方面，吉尔吉斯斯坦对中国（新疆），尤其是南疆地区的安全而言是个战略高地，是扼守中国（新疆）安全稳定的门户；在非传统安全方面，吉尔吉斯斯坦对中国打击"三股势力"而言非常重要；在经济发展方面，吉尔吉斯斯坦是中国向西经贸发展的必经之路，是打通又一条亚欧通道的关键枢纽。

最后，吉尔吉斯斯坦是中国资源开发和产业转移的接续地。吉尔吉斯斯坦有着丰富的水资源、水电资源以及煤炭、铁、金、铜、铝等矿产资源。这些资源正是中国短缺的资源，尤其是中国（新疆）喀什地区所短缺的资源。因此，吉尔吉斯斯坦是中国开展矿业投资，获取矿产资源的重要国家。同时，吉尔吉斯斯坦是一个工业较为落后的国家，以农牧业为主，需要靠大量进口工业产品来满足本国需求。而中国工业较强，吉尔吉斯斯坦无疑是中国重要的工业产品市场，同时也是中国过剩产能转移的重要地区。

二、中国与吉尔吉斯斯坦友好关系的建立与发展

中吉关系在两国深刻利益、真诚和相互理解的基础上不断发展。吉尔吉斯

斯坦和中国共签署了几十项不同的条约、协定和其他形式文件,为两国之间的合作提供了法律和条约基础。中国是吉尔吉斯斯坦在国际舞台上的优先合作伙伴之一,这是两国关系的核心。中国和吉尔吉斯斯坦在地理上紧密相连,在政治领域相互信任,在经济领域相互补充。两国都是上海合作组织成员国,在重要国际问题上的立场相近或完全相同,因此两国的合作有促进全面发展的政治基础。

1991年12月27日,中国政府宣布承认吉尔吉斯斯坦独立。

1992年1月5日,中吉两国发表建交公报,宣布建立大使级外交关系,签署了《中华人民共和国和吉尔吉斯共和国建交联合公报》,并签署了经贸、教育、卫生、广播电视、航空运输、旅游等领域的8份合作文件,开启了中吉关系新篇章。

1992年5月6日,中国驻吉尔吉斯斯坦使馆正式开馆。同年5月16日的《中华人民共和国政府和吉尔吉斯共和国政府联合公报》指出,吉尔吉斯斯坦和中国认为彼此是友好国家,并打算在国家间关系一般原则的基础上发展关系。该公报还指出,双方将本着睦邻友好的精神,通过和平谈判解决两国之间的所有问题,不诉诸武力。同年8月31日,吉尔吉斯斯坦驻华使馆正式开馆。自正式建立双边外交关系之后,双方高层开始互访不断,签署了一系列双边合作条约。

1993年8月30日,中吉外长签署中吉领事条约。同年11月,中吉签署了《中华人民共和国公安部与吉尔吉斯共和国内务部合作协议》。

1994年4月22—25日,为在平等互利的基础上进一步发展两国间的经贸合作,达成了《中华人民共和国政府和吉尔吉斯共和国政府关于建立中吉政府间经贸合作委员会的协定》,为促进中吉双方经贸关系的稳步发展奠定了坚实基础。其间,两国还签署了《关于中华人民共和国向吉尔吉斯共和国提供政府贷款的协定》《关于建立中华人民共和国和吉尔吉斯共和国政府间经贸合作委员会的协定》《向吉尔吉斯共和国赠送一般物资的换文》《中华人民共和国贸促会和吉尔吉斯共和国工商会合作协议》《中华人民共和国政府和吉尔吉斯共和国政府文化合作协定》《关于互换中华人民共和国政府和吉尔吉斯共和国领事条约批准书证书》6份文件。

1995年,中吉双方签署了《中华人民共和国政府和吉尔吉斯共和国政府科学技术合作协定》《中华人民共和国政府和吉尔吉斯共和国进出口商品质量认证的协定》和《中华人民共和国政府和吉尔吉斯共和国教育科学部1995—1999年教育合作协议》3份文件。另外,还签署了《中华人民共和国上海市与吉尔吉斯共和国发展合作备忘录》。

1996 年是中国与吉尔吉斯斯坦外交关系发展非常重要的一年。同年 4 月 26 日，中国、哈萨克斯坦、吉尔吉斯斯坦、俄罗斯、塔吉克斯坦共同签署了《中华人民共和国和哈萨克斯坦共和国、吉尔吉斯共和国、俄罗斯联邦、塔吉克斯坦共和国关于在边境地区加强军事领域信任的协定》。同年 4 月，中国、俄罗斯、哈萨克斯坦、吉尔吉斯斯坦、塔吉克斯坦在上海共同签署协定，建立了上海合作组织。同年 7 月 3—4 日，中吉双方签署了《中华人民共和国和吉尔吉斯共和国国界协定》《中华人民共和国和吉尔吉斯共和国联合声明》《中华人民共和国和吉尔吉斯共和国民事和刑事司法协助条约》《中华人民共和国和吉尔吉斯共和国民用航空运输协定》《中华人民共和国和吉尔吉斯共和国海关互助与合作协议》《中华人民共和国和吉尔吉斯共和国气象科技合作协议》《中华人民共和国和吉尔吉斯共和国银行合作协议》和《关于中华人民共和国向吉尔吉斯共和国赠送一般物资的换文》等文件。同年 9 月 6 日，中吉签署了《中华人民共和国政府和吉尔吉斯共和国政府关于开放边境口岸及其管理制度的协定》。

1997 年 4 月 24 日，中国、俄罗斯、哈萨克斯坦、吉尔吉斯斯坦、塔吉克斯坦共同签署了《关于在中华人民共和国和吉尔吉斯共和国边境地区相互裁减军事力量的协定》。同年 8 月 28 日，中吉在北京互换《中华人民共和国和吉尔吉斯共和国关于民事和刑事司法协助条约》批准书证书，并出席了互换批准书仪式，该条约于 1997 年 9 月 26 日生效。同年，中国与吉尔吉斯斯坦在"上海五国"框架内签署了《关于在中华人民共和国和吉尔吉斯共和国边境地区加强军事领域相互信任措施的协议》和《关于在中华人民共和国和吉尔吉斯共和国边境地区相互裁减军事力量的协议》，更让两国国界成为一条友好合作的纽带。

1998 年 4 月 26—30 日，中吉双方主要就双边关系、经贸合作、中吉边界等问题交换了意见，并签署了关于进一步发展和加深友好合作关系的联合声明、引渡条约、经济贸易合作协定、《关于中华人民共和国向吉尔吉斯共和国提供政府贴息贷款的框架协定》，互换了《中华人民共和国和吉尔吉斯共和国关于中吉国界协定》批准书证书等文件。

1999 年 8 月 24—26 日，中国、俄罗斯、哈萨克斯坦、吉尔吉斯斯坦、塔吉克斯坦五国元首会晤，共同签署了《吉尔吉斯共和国比什凯克联合声明》和《中华人民共和国、吉尔吉斯共和国、哈萨克斯坦共和国三国边界交界点协议》，并与吉总统签署了中吉边界补充协议。

2000 年，吉尔吉斯斯坦通过了《2000—2003 年与中华人民共和国全面合作计划》。

2001 年 6 月 15 日，中国、俄罗斯、哈萨克斯坦、吉尔吉斯斯坦、塔吉克斯坦、乌兹别克斯坦 6 国元首共同签署《上海合作组织成立宣言》，在中国、俄罗斯、哈萨克斯坦、吉尔吉斯斯坦、塔吉克斯坦 5 国元首会晤机制基础上正式建立上海合作组织，并将我国提出的以互信、互利、平等、协商、尊重多样文明、谋求共同发展为基本内容的"上海精神"写入成立宣言。

2002 年 5 月，吉尔吉斯斯坦议会批准了同中国的《中华人民共和国和吉尔吉斯共和国国界补充协定》以及吉尔吉斯斯坦同中国、哈萨克斯坦以及吉尔吉斯斯坦同中国、塔吉克斯坦间的《中华人民共和国、吉尔吉斯共和国、哈萨克斯坦共和国三国国界交界点协定》和《中华人民共和国、吉尔吉斯共和国、塔吉克斯坦共和国三国国界交界点协定》。标志着历史遗留的中吉两国边界问题得到圆满解决，两国 1 000 多千米的共同边界已经成为友谊、合作的纽带，中国将始终坚持与邻为善、以邻为伴的方针，继续加强中吉两国各领域的交流与合作，不断推动中塔关系迈上新台阶。

2002 年 6 月 24 日，中吉两国领导人签署了《中华人民共和国和吉尔吉斯共和国睦邻友好合作条约》《中华人民共和国政府和吉尔吉斯共和国政府关于公民相互往来的协定》等其他 7 份文件。为进一步推动中吉双边关系，中吉双方将：第一，从战略高度出发，继续保持两国间高层接触与对话，增强互信，深化友谊，为两国关系进一步深入发展创造良好的政治氛围和条件。第二，进一步促进两国公安、安全、国防等强力部门的密切合作，建立稳定的合作机制，共同维护两国及地区安全与稳定，为双方开展合作营造一个和平稳定的大环境。第三，充分利用中吉地理相邻、经济互补的优势，不断挖掘两国经济合作潜力，采取切实措施，提高经贸合作水平。第四，继承传统，面向未来，继续扩大和深化两国在文化、教育、体育等领域的交流与合作，努力构筑中吉世代友好的坚实基础。为进入新世纪中国与吉尔吉斯斯坦之间进一步深化合作提供了法律框架和基础，也为两国关系的发展奠定了坚实的基础。

2004 年 9 月 22 日，中国与吉尔吉斯共和国签署了包括《中华人民共和国政府和吉尔吉斯共和国政府联合公报》《中华人民共和国政府和吉尔吉斯共和国政府关于中吉国界线的勘界议定书》及所附《中华人民共和国和吉尔吉斯共和国国界地图》，标志着两国国界线在实地得以勘定，历史遗留的边界问题获得彻底解决）。随后，两国又签署了《中华人民共和国和吉尔吉斯共和国2004—2014 年合作纲要》，为两国合作提供了中长期规划。自此，两国政府已经签署了数十项双边合作协议，涉及政治、安全、经贸、文化艺术教育、能源等多个领域，按照协议，吉尔吉斯斯坦政府相关部门与中国政府对应部门间建立起了长效对话合作机制。

2006 年 6 月 9 日，在中吉建交 14 年之际，中吉两国签署了《中华人民共和国和吉尔吉斯共和国联合声明》，以及中吉经济技术合作协定等 13 份合作文件。其间，也就以下六个方面进一步发展中吉睦邻友好合作关系：第一，恪守双边条约，巩固传统友谊。使中吉世代友好、永不为敌的理念牢牢植根于两国人民心中。第二，保持高层交往，加强政治关系。两国领导人、政府、立法机构、政党可通过多种方式，开展多层次交流，增进相互了解和信任。第三，深化务实合作，实现互利双赢。双方应抓住机遇，深挖潜力，优化贸易结构，改善贸易和投资环境，扎实推进交通、通信、矿业、建材等重点领域大型合作项目。第四，扩大人文交流，拓宽友好基础。双方可加强在互派教师和大学生方面的合作，鼓励两国科研机构开展交流，互办文化日和艺术节，积极推动两国青年团体互访，为中吉友好注入持久动力。第五，加强安全合作，维护地区安宁。双方在涉及对方核心利益的重大原则问题上，要继续相互支持与协作，共同打击包括"东突"恐怖势力在内的"三股势力"和跨国犯罪。第六，密切多边合作，促进和平稳定。双方应保持和加强在联合国、上海合作组织等国际组织内的协调与配合，促进地区和世界的和平与发展。

2007 年 8 月 14 日，上海合作组织成员国元首理事会第七次会议在吉尔吉斯斯坦首都比什凯克举行。成员国元首签署了《上海合作组织成员国长期睦邻友好合作条约》。其间，中吉两国还签署了《中华人民共和国和吉尔吉斯共和国关于进一步深化睦邻友好合作关系的联合声明》，以及两国经济技术、基础设施建设、教育、环保、禁毒等领域的 9 份合作文件。中吉两国总结了上海峰会以来该组织政治、安全、经济、人文、对外交往领域取得的成果，并就组织发展及共同关心的国际和地区问题深入交换了意见。同时，中方将同吉方一道努力，扩大和深化各领域合作：第一，积极推进务实合作。推动大型经济技术合作项目取得进展；改善各自投资环境、规范贸易秩序，为两国企业经营活动创造便利条件；深化两国毗邻地区贸易、交通、口岸、旅游合作；大力开展文化、教育、青年交流，夯实中吉关系的社会基础。第二，加强反恐安全合作。当前，"三股势力"活动猖獗，希望两国执法安全部门在双边和上海合作组织框架内加强合作，共同维护地区安全稳定。第三，共同促进上海合作组织成员国的政治互信和团结协作，推动本组织在政治、安全、经济、人文等领域合作取得更多实际成果。中方将继续为上海合作组织框架内的多边、双边经济合作项目提供支持，以促进共同发展。并巩固成员国人民世代友好的社会基础，促进成员国共同发展。

2008 年 11 月 12 日，中吉两国签署了《中华人民共和国外交部和吉尔吉斯共和国外交部 2009 年合作计划》，中吉将不断增进政治互信，扩大各领域务实合作，密切在上海合作组织、联合国等多边框架内的协作，促进共同发展和繁荣。

2009 年 3 月 4 日，中吉共同签署了《中华人民共和国和吉尔吉斯共和国经济技术合作协定》，为进一步增进两国互信、加强经贸合作关系、推动两国在各个领域的合作助力。同年 10 月 15 日，中吉共同签署了两国政府联合公报以及经济技术、公路、金融等双边合作文件，深化在水电、交通、电信、农业、油气、教育、人文等领域的互利合作，推动吉中关系迈向更高水平。

2010 年 8 月 25 日，中吉共同签署了《中华人民共和国和吉尔吉斯共和国外交部 2011—2012 年合作计划》，旨在不断加强政治互信，扩大各级别交往，推进务实合作，密切在联合国、上海合作组织等多边框架内的协调与配合，推动中吉睦邻友好合作关系迈上新的台阶。

2012 年 6 月 5 日，在上海合作组织元首理事会第 12 次会议期间，中吉共同签署了包括《中华人民共和国和吉尔吉斯共和国联合宣言》在内的 40 份双边文件。其中心：一是加快推进中吉乌铁路和中吉乌公路等跨境基础设施建设。二是积极推进吉方电网改造、中吉跨界水电联合开发项目，全面加强电力合作。三是改善投资环境，大力促进相互投资。四是协调两国地方发展战略，推动毗邻地区合作。五是继续扩大在反恐、禁毒、边防、大型活动安保、突发事件处置等方面的配合，加强执法安全合作。同年 8 月 1 日，中吉能源合作最大项目"达特卡—克明"500 千伏输变电工程在吉尔吉斯斯坦克明开工，中吉两国研究制定了《中华人民共和国和吉尔吉斯共和国毗邻地区合作规划纲要》，以拓展经贸务实合作领域。

三、中国—吉尔吉斯斯坦战略合作伙伴关系的形成与发展

吉尔吉斯斯坦位于中亚地区，从地理位置上来讲，是中国的近邻。所以中国所坚持的发展与周边国家的关系中所坚持的基本原则也是吉中在政治合作中要贯彻始终的。在这 30 多年里，两国关系经受住国际风云变幻的考验，一直保持着健康稳定发展势头，两国关系实现从睦邻友好到战略伙伴，再到全面战略伙伴的历史跨越。双方通过协商解决了历史遗留的边界问题，本着积极、健康、睦邻、友好、稳定、发展的原则，不断拓展双边关系，取得了令人瞩目的

成就。中国与吉尔吉斯斯坦自古以来就有密切和强烈的合作，日益不断地增加双方合作投资领域的互补性。尤其是共建"一带一路"倡议提出以来，增强中吉友好合作的互补性，给双方带来巨大的共同利益。合作不仅涵盖能源、矿产、天然气等资源领域，而且包括交通、农业、产品加工等领域，合作联系日益加紧，让中吉两国有了更强、更亲的合作关系。

在 2013 年北京召开的会议上，习近平主席提出了"亲、诚、惠、容"理念。这是基于中国现实国情，以马克思主义思想为指导，将中华优秀传统文化同国际发展新形势相结合的条件下所提出的关于处理和发展同周边国家的合作的基本理念和原则。所谓亲，指的是要睦邻友好，相处亲切，彼此之间平等相待，不以强欺，重视感情之间的联系和培养，多交流多见面，多做一些温暖人心之事，而不是仅仅单纯以利益相待。要想做到这一点，就必须坚持和平共处五项原则，谋求共同发展，反对霸权主义和单边主义，共同寻求经济发展，达成双赢的局面。所谓诚，就是真诚待人，这也是中国儒家传统中所一贯坚持的处理人际关系的基本原则，我们作为大国，要在与其他国家的交往中真诚对待，赢得国家的信任和拥护，消除疑虑，从而使合作长久健康地进行。所谓惠，就是一定要使各国群众在合作中切切实实地得到好处，使周边国家人民的利益落到实处，让周边人民热烈主动地搭乘中国发展列车，从而实现共同发展和进步。所谓容即包容和宽容，中国作为一个大国，在合作中要持有一个大国的胸襟和姿态，愿意同周边国家共同进步和发展，容得下其他的国家进步与发展。基于这些基本原则，中国在与吉尔吉斯斯坦的交往过程中，一方面要努力消除吉尔吉斯斯坦人民关于国家安全等方面的担心；另一方面还要考虑吉尔吉斯斯坦的国情，寻求多样化的合作方式，使发展合作成果惠及两国，促进此地区经济长期和稳定的发展，从而使得两国的互惠互利的合作可以长期地发展。1994 年 4 月，时任中国国务院总理的李鹏在访问中亚国家时，提出了处理中国同中亚各国之间关系的一些基本原则。而吉尔吉斯斯坦在外交过程中，指出的是本国是处在国际关系中充分享受到权利的主体，须独立自主、大力开展各种各样的外交活动，且有准备地同全球各国开展对外关系。这些要求和原则同中国所坚持的基本原则不谋而合，为两国良好合作奠定了坚实的基础。

中吉双方在涉及彼此核心利益的问题上也相互支持，共建"一带一路"，成果丰硕，在国际事务中密切协调和配合。中方愿同吉方一道，把握两国关系发展大势，推动中吉全面战略伙伴关系迈上新台阶。中国正在加快构建新发展格局，持续推进更高水平对外开放，这将为包括吉尔吉斯斯坦在内的世界各国提供更多发展机遇。中吉一直在推动两国务实合作持续稳定发展上倾力合作，高质量共建"一带一路",深化经贸、互联互通、农业等领域合作。同时,双方也进一步加强安全合作,维护好两国及本地区安全和稳定,在核心利益问题上的立场一致,高质量共建"一带一路"。

在未来如两国将继续保持互利合作,一直会是友善的邻国,互助互爱,互相拥有完美的合作共赢。

2013 年 9 月 11 日,在上海合作组织成员国元首理事会第十三次峰会举行期间,成员国元首签署了《上海合作组织成员国元首比什凯克宣言》。中吉双方元首签署了《中吉关于建立战略伙伴关系的联合宣言》,以及经贸、能源、投融资、中医药等领域多项合作文件签署。双方就发展中吉关系、深化两国合作坦诚深入交换意见,达成重要共识,两国元首宣布将中吉关系提升为战略伙伴关系。

2016 年 11 月 2 日,中吉双方签署了中吉两国政府联合公报,以及经济技术、产能、交通、农业、知识产权等领域多份合作文件的签署。重点围绕:密切政治对话,通过双边经济合作带动共建"一带一路",开展产能、投资、轻纺、通信、中小企业、农业、水利灌溉、航空运输、应急救灾等领域合作,推进中吉乌铁路、比什凯克公路建设项目,将两国经贸合作提升到新高度,造福两国人民。吉方愿加强两国在上海合作组织等多边机构的沟通合作。

2019 年 5 月 21 日,中吉双方共同签署了《中吉外交部 2020—2021 年合作纲要》,双方将不断拓展两国在经贸、投资、能源、交通、农业、救灾等领域合作。

2019 年 6 月 13 日,中吉两国元首共同签署了《中华人民共和国和吉尔吉斯共和国关于进一步深化全面战略伙伴关系的联合声明》,以及对中国农产品出口、对吉尔吉斯斯坦技术援助、各领域合作等 19 份文件。中吉两国将建立机制化安排推进共建"一带一路"对接合作,进一步深化贸易、投资、能源、农业、交通、地方合作,增进人文交流。习近平主席在吉尔吉斯斯坦访问期间,吉尔吉斯斯坦授予他"玛纳斯"一级勋章,该勋章是吉尔吉斯斯坦国家最高奖章。该奖项授予中国领导人"为加强合作做出的巨大贡献和对吉尔吉斯斯坦的大力支持"。

2020 年 7 月 16 日,"中国+中亚五国"(C5+1)外长会晤机制建立。此次会晤期间,中国和中亚五国分别就深化地方合作,推动阿富汗和平和解等问题发表了联合声明,决定推动中国与中亚地区的友好合作。此次会晤决定推动建立"三个中心":"中国—中亚农业合作中心",开展现代化农业合作,共享先进农业技术;"丝绸之路考古合作研究中心",开展考古和文化遗产研究,促进人文交流合作；在中亚国家建立传统医学中心，推进传统医药合作，助力各国最终战胜疫情。此次会晤还决定实施"三项计划"：首先是"一国一坊"计划，争取其后 3 年在中亚国家各建成一所鲁班工坊，合作培养各行各业专门人才。其次是教育培训计划，中方其后 3 年将向中亚国家再提供 450 个奖学金名额。最后是减贫惠农计划，中方其后 3 年每年将为中亚国家举办扶贫官员百人研修班，并推动在中亚国家建设综合农业科技示范园区。各方就推进中国同中亚国家合作、促进地区和平发展达成多项共识。各方一致决定建立"中国+中亚五国"外长会晤机制，定期举行会晤，携手应对挑战。

2022 年 2 月 6 日，中吉两国元首共同签署了《中华人民共和国主席习近平同吉尔吉斯共和国总统扎帕罗夫联合声明》，以及文化、绿色发展、经典著作互译出版等领域多份合作文件。重点围绕建设中吉乌铁路，拓展医疗卫生、扶贫减贫、职业教育、妇女、青年等领域合作，在既往合作基础上，深化中吉两国全方位互利合作，更好地造福两国人民，为中吉关系发展注入新的活力。

2022 年 9 月 15 日，中吉两国元首共同签署了农业、医疗、消防、植物检疫等领域的合作文件，未来加大相互坚定支持，全面深化互利合作。

第二节　中吉经贸合作

中吉两国政府以及各相关部门一直共同致力于营造一种相互理解和相互信任的气氛，努力推动两国关系的发展，加快"吉尔吉斯斯坦 2018—2040 年国家发展战略"与共建"一带一路"倡议的对接。尤其是两国贸易持续增长，并在改善现有运输基础设施的同时还建立了新的运输基础设施，使得两国之间的经济合作达到了相当可观的水平。作为吉尔吉斯斯坦在道路和能源基础设施修复、城市发展、采矿、制造业和其他经济领域正在实施的各类与共建"一带一路"倡议有关项目的一个部分，中吉两国之间会保持更加紧密的合作。自身在中亚的国际重要性的增强以及中国对中亚的需求的扩大推动中亚在中国外交中的地位不断提升。中吉两国亦有长时间的合作关系。自古以来，中吉两国的经贸合作关系较为紧密，两国长期持续地强化投资合作，特别是在能源、技术与非资源等诸多领域上，中吉两国在此类行业合作保持了很大的发展，两国的贸易额也在稳步提升。

一、中吉友好经贸合作伙伴关系的建立

1992 年 1 月 5 日，中吉两国政府签订了经济贸易协定、进出口产品质量认

证协定等协议，推动了两国的贸易合作关系快速取得发展。中吉经贸合作关系建立初期，吉尔吉斯斯坦与中国签署了经贸合作协定，双边贸易开始迅速发展。依照中国海关部门的相关统计来看，1992年中吉两国的贸易总额大约是3 548万美元。在1993年，吉尔吉斯斯坦是中亚首个决定引入市场经济的国家。为逐步地摆脱金融危机，1993年，吉尔吉斯斯坦政府同意使用法定国家货币索姆（SOM），两国贸易额达到102.6亿美元。1994年，吉尔吉斯斯坦政府出台了有关国有公司私有化的法令，在吉尔吉斯斯坦成立了第一家合资企业。1994—1998年，吉尔吉斯斯坦共有234家吉尔吉斯斯坦和外国联合企业，其中75家企业来自中国。1995年，中吉贸易总额处于阶段性高点，达到了2.3亿美元，双方都对贸易效果感到满意。但就总体情况来看，这段时期中吉的贸易规模依然相对较小，且情况有很大的波动。1998年，吉尔吉斯斯坦为使国内在经济方面可以获得较多的贸易的机会，主动加入各种国际经济贸易合作组织，成为独联体国家当中首个加入这一组织的国家。吉尔吉斯斯坦加入世界贸易组织之后，给吉尔吉斯斯坦对外贸易提供出不少新的机遇，提升了吉尔吉斯斯坦商品出口能力，从世界贸易组织的成员进口到吉尔吉斯斯坦来的货品也只需要缴纳低额税款，促进吉尔吉斯斯坦进口原材料成为出口型的企业。吉尔吉斯斯坦自此开始将贸易体制根据世界贸易组织的要求改革，提高国内的贸易总量。

进入21世纪，中吉两国的贸易合作情况长期保持很好的状态，中国投资人也每年逐步向吉尔吉斯斯坦进行投资。2001年，中国加入了世界贸易组织，中国加入世界贸易组织后让吉中双方的关系变得越加规范与透明，双方的贸易额度也在快速增长。另外，2003年中国和吉尔吉斯斯坦同意签署《上海合作组织成员国经济贸易合作计划》。如今在吉尔吉斯斯坦的中国公司已经有574家，中吉合作范围得以扩展，贸易合作规模也是每年都在扩展，双方进出口总额持续改进，产品结构也变得更加多样化。由此开始，吉尔吉斯斯坦持续不断地和海外国家合资，推动在优势的农业和工业上实现对外合作，同时，促进对外贸易向吉尔吉斯斯坦投资。外贸向吉尔吉斯斯坦的各类层面投资也逐步增加，吉尔吉斯斯坦牢牢把握住这一机遇，并且参考了海外国家的经济对策、工业技术逐步提升，外贸投资让吉尔吉斯斯坦建立了较为稳定的经济环境。在这种条件下，吉尔吉斯斯坦长期保持了很高的外贸依存度，因此，吉尔吉斯斯坦在中国的国内生产总值保持了较大幅度的提升，是吉尔吉斯斯坦最高峰时候的国内生产总值数据。2009年，在吉尔吉斯斯坦的中国企业公司就达到220家。中国政府也多次向吉尔吉斯斯坦提供援助。中国在中亚的利益已经从比较简单的边境安全与边境贸易逐步扩展到了打击恐怖主义、上海合作组织、地缘政治等诸多不同的领域，且在许多方面达成了共识。中国在中亚的利益从浅入深，而吉尔吉斯斯坦在许多领域具有战略重要性。

二、共建"一带一路"倡议对中吉合作关系的提升

2013 年 9 月，习近平主席在出访中亚与东南亚国家的时候，第一次提出了共同建设"丝绸之路经济带"与"21 世纪海上丝绸之路"的倡议。"丝绸之路经济带"属于由"古丝绸之路"形成的东边连接亚太经济圈、西边牵着欧洲经济圈的一个新的经济发展的区域，"21 世纪海上丝绸之路"则是按照中国和东盟构建的为期大约是十年的合作伙伴关系，为进一步深化中国与东盟等国家的合作关系而确立的。

（一）共建"一带一路"倡议的构思框架

共建"一带一路"倡议目标是要建立一个政治互信、经济融合、文化包容的利益共同体、命运共同体和责任共同体，是包括欧亚大陆在内的世界各国，构建一个互惠互利的利益、命运和责任共同体。

共建"一带一路"倡议是促进共同发展、实现共同繁荣的合作共赢之路，是增进理解信任、加强全方位交流的和平友谊之路。中国政府倡议，秉持和平合作、开放包容、互学互鉴、互利共赢的理念，全方位推进务实合作，打造政治互信、经济融合、文化包容的利益共同体、命运共同体和责任共同体。共建"一带一路"倡议覆盖的区域贯穿亚欧非大陆，一头是活跃的东亚经济圈，另一头是发达的欧洲经济圈，中间广大腹地的国家经济发展潜力巨大。"丝绸之路经济带"重点畅通中国经中亚、俄罗斯至欧洲（波罗的海）；中国经中亚、西亚至波斯湾、地中海；中国至东南亚、南亚、印度洋。"21 世纪海上丝绸之路"重点方向是从中国沿海港口过南海到印度洋，延伸至欧洲；从中国沿海港口过南海到南太平洋。

共建"一带一路"倡议是中国与丝路沿途国家分享优质产能，共商项目投资、共建基础设施、共享合作成果，是中国与沿线各国促进共同发展、实现共同繁荣的合作共赢之路、增进理解信任、加强全方位交流的和平友谊之路。

（二）共建"一带一路"倡议与吉尔吉斯斯坦在发展理念上的契合

吉尔吉斯斯坦是最早支持和参与共建"一带一路"倡议的国家之一，更是其坚定的支持者和积极参与者。目前，中国已成为吉尔吉斯斯坦最大贸易伙伴国、最大进口来源国和最大投资来源国，双方合作取得丰硕成果。两个国家，不论人口、土地规模，还是经济规模差距都很大，中国能够把吉尔吉斯斯

坦作为一个平等的伙伴，在经济方面提供了很多便利，是非常好的国家关系典范。吉尔吉斯斯坦虽小，却是重要的战略高地；中国拥有受过良好教育又干劲十足的年轻一代、支持和鼓励创新的政府、强大的生产力、广阔的市场以及发展进步的意愿，吉尔吉斯斯坦则是一块因技术和经济能力的不足而尚未被开发的资源宝库，两国之间拥有许多契合点，通过务实合作与相互支持，将在经济、创新等多个领域获得相互促进。

共建"一带一路"倡议与欧亚经济联盟都是推动全球经济发展的重要平台，契合沿线国家的共同需求，为沿线国家优势互补、开放发展提供了重要机遇。当今世界正面临重大变局，多边合作机制面临重要挑战。得益于经济全球化，许多国家的经济社会发展取得了令人瞩目的成就。然而，部分国家的单边主义、保护主义行为打破了全球贸易体系的平衡，破坏了经济全球化进程，从而带来不稳定、不确定因素。在经济全球化进程中，只有相互协商才能够解决矛盾和争端。

一是共建"一带一路"倡议与吉尔吉斯斯坦发展战略对接，稳步推进产能合作，实施重点项目，带动当地经济发展和民生建设。共建"一带一路"倡议与《2013—2017年吉尔吉斯共和国稳定发展战略》对接，中国积极投资吉尔吉斯斯坦发展战略确立的交通运输、电力、农业、采矿业等优先领域，投资合作有了重大进展，500余家中资及中吉合资企业在吉尔吉斯斯坦兴起，为促进吉尔吉斯斯坦经济发展、改善就业发挥积极作用。如2017年竣工投产的中吉最大能源合作项目比什凯克热电厂改造项目，改变了吉尔吉斯斯坦电力短缺、严重依赖他国的困境，吉尔吉斯斯坦自主用电的梦想得以实现。吉尔吉斯斯坦绿色农产品蜂蜜、车厘子、浆果等出口中国，丰富了国人的餐桌。

二是积极推动互联互通，促进中国—中亚—西亚国际经济走廊建设。共建"一带一路"倡议提出以来，中吉协调交通运输领域的法规制度和标准规范，改善了通关环境，提高了运输便利化水平。中吉乌国际道路正式运行，成为中吉两国间的交通大动脉，极大地拉动当地货运业和旅游业发展；双方积极推进新北南公路、比什凯克市政路网改造、农业灌溉系统改造、新增中吉航线等一系列项目；促进了中吉乌铁路、中国—中亚天然气管道D线、吉尔吉斯斯坦民用机场改建等项目实施，释放了吉尔吉斯斯坦的发展潜力。

三是不断推进贸易投资便利化，以实际行动维护自由贸易和多边贸易体制。6年来，中吉加强海关、检验检疫、边检、税收、标准联通、金融等功能领域合作，已签署标准、计量、认证认可等国家质量技术基础领域合作协议，开展信息交换，提高两国口岸通行能力，并探讨建立口岸合作长效机制。在动植物检验检疫领域合作，双方促进双方食品和农产品贸易便利化，防止动植物病虫害产生和传播；中吉农产品快速通关"绿色通道"建设积极推进，农产品通关时间缩短了90%。

四是人文领域务实合作惠及成千上万普通民众。自共建"一带一路"倡议提出以来，中吉在文化、教育、卫生、科技、体育、旅游、环保、考古等多方面开展了合作，并加强新闻媒体、社会团体、学术机构、民间友好组织的友好交流，互办文化日、电影日，加大科学和教育机构的合作力度。吉尔吉斯斯坦已开设4座孔子学院，为上万名学生教授中文，其中奥什国立大学孔子学院于2013年5月创立，成为当时世界上第一所以汉语本科学历教育为起点的孔子学院；中方援建的比什凯克第九十五中学成为当地最现代化的学校，2017年投入使用以来，招生名额供不应求。中国援建的吉尔吉斯斯坦奥什医院2019年4月举行交接仪式，成为"一带一路"共建国家医疗领域务实合作的新典范。

三、中国与吉尔吉斯斯坦友好合作瞩目成就

中国和吉尔吉斯斯坦是友好邻邦和全面战略伙伴。近年来，两国领导人互访频繁，双方政治互信不断提升，安全领域合作不断深化，共建"一带一路"成果丰硕，人文合作进一步开展。从总体来看，中吉关系保持稳定健康发展态势。除此之外，吉尔吉斯斯坦能在共建"一带一路"倡议背景下吸引更多国外投资者。目前，吉尔吉斯斯坦共有126个伙伴国家，中国为吉尔吉斯斯坦的第一大伙伴国家。共建"一带一路"倡议不仅促成了吉尔吉斯斯坦与其他沿线国家合作并投资，而且促进了吉尔吉斯斯坦对中国和沿线国家有在经济各方面、各行业实行合作的机会，全面提高吉尔吉斯斯坦经济的全面水平。因此，在共建"一带一路"倡议背景下，吉尔吉斯斯坦有着极好的经济优势，吉尔吉斯斯坦不仅能增加伙伴国家，而且能展出吉尔吉斯斯坦丰富的资源、特色的产品，并推广传统文化。

（一）政治互信愈渐加深

中国和吉尔吉斯斯坦是友好邻邦和全面战略合作伙伴，吉方是上海合作组织成员国，积极支持共建"一带一路"倡议，坚定支持中方涉及中国核心利益问题上的立场。中吉双方在涉及彼此核心利益的问题上相互支持，将发展同中国的友好合作作为吉尔吉斯斯坦对外政策第一方向。

2013年9月11日，中国国家主席习近平同吉尔吉斯斯坦时任总统阿塔姆巴耶夫举行会谈。两国元首宣布将中吉关系提升为战略伙伴关系，这是中吉关

系新的里程碑，具有重大深远意义，为今后两国关系发展提出了新目标。双方将以此为新起点，增进政治互信，深化互利合作，安全上密切配合，经济上互利合作，将中吉关系建设成平等、信任、合作、共赢的邻国关系典范。阿塔姆巴耶夫表示，中国是吉尔吉斯斯坦伟大邻邦和可靠伙伴，吉方将从战略高度和长远角度重视加强同中国睦邻友好合作。

2014年5月18日，中国国家主席习近平同吉尔吉斯斯坦时任总统阿塔姆巴耶夫举行会谈。两国元首高度评价中吉建立战略伙伴关系以来各领域合作取得的成果，决定共同致力于深化两国关系、维护地区和平稳定。习近平主席指出，国际形势发生了新变化，给中吉关系发展提出新的更高要求，中吉合作要高屋建瓴、着眼长远，坚持友好互信、互利共赢。双方要重点实施好吉方输变电线、热电厂、炼油厂、天然气管道、高产示范种植等合作项目，推动中吉乌公路早日全线贯通。在融资、交通运输等方面为两国合作提供支持和保障。吉方是建设丝绸之路经济带的重要一环，要把中吉有关双边合作同该倡议对接，推进本地区互联互通建设和贸易投资便利化。要加强人文交流，不断深化两国人民睦邻友好感情。阿塔姆巴耶夫表示，中国是吉尔吉斯斯坦可靠的邻居和伙伴。两国山水相连、利益攸关，吉方愿意积极参与"丝绸之路经济带"建设，促进两国经贸往来、基础设施互联互通和人文交流。

2014年9月12日，中国国家主席习近平在杜尚别会见吉尔吉斯斯坦时任总统阿塔姆巴耶夫。习近平主席赞同制定两国未来10年合作规划，共同推进"丝绸之路经济带"倡议下双边合作。中方将继续鼓励本国企业赴吉尔吉斯斯坦投资，促进当地经济发展和民生改善。中方愿同吉方在上海合作组织框架内加强沟通协调，促进成员国团结合作，共同推动本组织发展。阿塔姆巴耶夫表示，2013年习近平主席对吉尔吉斯斯坦进行的国事访问推动两国关系进入战略伙伴关系新阶段。吉方希望中方继续支持吉尔吉斯斯坦国内建设，积极参与铁路、公路基础设施建设和电力项目。吉方高度赞赏中方奉行睦邻友好的周边外交，愿意同中方加强在上海合作组织框架内的合作。

2016年6月24日，中国国家主席习近平会见吉尔吉斯斯坦时任总统阿塔姆巴耶夫。习近平主席指出，中吉建立战略伙伴关系3年来，政治互信不断加深，各领域务实合作成果丰硕，在国际和地区事务中密切沟通、相互支持。双方要加快共建"一带一路"路线图编制工作，加强产能、农业等领域合作，发挥两国经济互补性强优势，保持双边经贸合作良好发展势头。加快推进中吉乌铁路、比什凯克热电厂改造、比什凯克市政路网改造、农业灌溉系统改造等项目，让中吉合作成果尽早造福百姓。阿塔姆巴耶夫表示，中吉是兄弟般的关系。两国友好没有任何障碍，吉方欢迎中方积极参与吉方基础设施建设。

2017年1月6日，中国国家主席习近平在北京钓鱼台国宾馆会见吉尔吉斯斯坦时任总统阿塔姆巴耶夫。习近平主席指出，在中吉建交25周年之际，两国政治互信不断深化，经济合作全面推进，双边关系达到前所未有的高度，中吉已经成为真正的好朋友、好邻居、好伙伴。阿塔姆巴耶夫表示，25年来中吉在经贸、人文、安全等领域交流合作深入发展。双方在许多重大国际和地区问题上立场相近，在联合国、上海合作组织等多边框架内沟通协调富有成效。中国是吉尔吉斯斯坦重要的战略伙伴，长期以来为吉尔吉斯斯坦繁荣稳定提供了巨大支持。

2017年5月16日，中国国家主席习近平会见吉尔吉斯斯坦时任总统阿塔姆巴耶夫。习近平主席指出，中吉建交25年来，双方积极推进双边关系，形成了政治上高度互信、经济上密切合作、安全上互为依托、文化上交流互鉴、国际事务中相互支持的全面合作局面。阿塔姆巴耶夫表示，共建"一带一路"倡议将有助于加强国际合作、增进各方相互理解和相互信任。中国是吉尔吉斯斯坦的好邻居、好伙伴、好朋友，当前两国战略伙伴关系正高水平发展。

2018年6月6日，中国国家主席习近平同吉尔吉斯斯坦时任总统热恩别科夫举行会谈。两国元首一致同意建立中吉全面战略伙伴关系，翻开两国友好合作新篇章。习近平主席强调，中吉两国建立全面战略伙伴关系，是两国关系史上又一件具有里程碑意义的大事，为两国关系发展注入了新的动力，中方愿与吉方共同努力，推动上海合作组织沿着健康稳定轨道向前发展。热恩别科夫表示，中吉建立全面战略伙伴关系，使两国关系掀开崭新的一页。吉尔吉斯斯坦把对华关系置于优先方向，过去、现在和将来都是中国最可靠的邻居、伙伴和朋友。吉方支持共建"一带一路"倡议，相信它一定会有力推动本地区共同发展。

2019年4月28日，中国国家主席习近平会见吉尔吉斯斯坦时任总统热恩别科夫。习近平主席指出，当前，中吉关系保持着稳定健康发展势头。吉尔吉斯斯坦是最早支持和参与共建"一带一路"倡议的国家之一，中方要加强共建"一带一路"倡议同吉方"2040年发展战略"对接，促进贸易平衡发展，稳步推进产能合作，加快实施重点项目，带动当地经济发展和民生建设，密切人文交流，全面提升两国安全合作水平。热恩别科夫表示，中国成功举办第二届"一带一路"国际合作高峰论坛成果对世界具有历史性意义。

2019年6月13日，中国国家主席习近平在比什凯克同吉尔吉斯斯坦时任总统热恩别科夫会谈。两国元首高度评价中吉关系发展和各领域合作成果，一致同意推动中吉全面战略伙伴关系迈上新台阶。习近平主席强调，共建"一带一路"倡议已成为中吉合作的主线。吉尔吉斯斯坦自担任上海合作组织轮值主席国以来，推动各领域合作稳中有进，中方愿以比什凯克峰会为契机，推动各方凝聚更多共识，充分释放合作潜力，共同打造惠及各方的命运共同体。在新形势下，双方要推动两国发展战略深入对接，挖掘新的合作潜力，开辟新的合作空间。热恩别科夫表示，同习近平主席一年多来 3 次会晤，充分体现了两国关系的高水平和双方加强合作的积极性。中吉在国际和地区问题上立场相近，为双方加强多边协调奠定了良好基础。吉尔吉斯斯坦国家发展战略同共建"一带一路"倡议契合，吉方愿同中方建立机制化安排推进对接合作，深化贸易、投资、能源、农业、交通、地方合作，增进人文交流。

2020 年 4 月 14 日，中国国家主席习近平同吉尔吉斯斯坦时任总统热恩别科夫通电话。习近平主席指出，中吉是山水相连的友好邻邦和全面战略伙伴。中方愿同吉方一道，秉持人类命运共同体理念，在双边层面和上海合作组织等多边框架内加强团结、协调、合作，同舟共济、守望相助，为维护公共卫生安全、恢复世界经济增长做出积极贡献。热恩别科夫表示，中方在抗击疫情方面再次凸显了人类命运共同体理念的紧迫性、现实性、时代性。吉尔吉斯斯坦永远是中国人民最可信赖的好朋友、好伙伴。

2021 年，中吉两国间频繁的高层互访迈上了一个新的阶段。2021 年 2 月 22 日晚，中国国家主席习近平同吉尔吉斯斯坦总统扎帕罗夫通电话。习近平主席强调，中国正在加快构建新发展格局，持续推进更高水平对外开放，这将为包括吉尔吉斯斯坦在内的世界各国提供更多发展机遇。中吉要推动两国务实合作持续稳定发展，高质量共建"一带一路"，深化经贸、互联互通、农业等领域合作，确保重大合作项目顺利推进。扎帕罗夫总统表示，中国是吉方永远可以信赖的好邻居、好朋友、好伙伴。习近平主席在"达沃斯议程"对话会上就坚持多边主义、构建开放型世界经济提出的倡议主张十分重要，在当前形势下具有特殊现实意义。

2022 年 1 月 5 日，中国国家主席习近平同吉尔吉斯斯坦总统扎帕罗夫互致贺电，庆祝两国建交 30 周年。习近平主席指出，建交 30 年来，中吉两国达到全面战略伙伴关系新高度，以两国建交 30 周年为新起点，提升两国战略互信，深化共建"一带一路"的合作，推动中吉全面战略伙伴关系再上新台阶。扎帕罗夫总统表示，建交 30 年来，中吉两国各领域合作取得举世瞩目的成就，未来愿同中方一道，进一步深化两国关系，全力巩固和扩大双边合作。

2022 年 2 月 6 日下午，中国国家主席习近平会见了吉尔吉斯斯坦总统扎帕罗夫。习近平主席指出，中吉建交 30 年来，两国关系实现跨越式发展，已经建成高水平的全面战略伙伴关系。中方愿在既往合作基础上，同吉方深化全方位互利合作，更好造福两国人民。扎帕罗夫总统表示，吉方支持习近平主席提出的全球发展倡议，愿同中方推进经贸、交通、能源、教育等各领域务实合作，将中吉乌铁路打造成共建"一带一路"的旗舰合作项目，为中吉关系发展注入新的活力。

2022 年 9 月 15 日上午，中国国家主席习近平会见了吉尔吉斯斯坦总统扎帕罗夫。习近平主席强调，新形势下，双方应该加大相互坚定支持，全面深化互利合作。扎帕罗夫总统表示，吉方愿同中方加强经贸、铁路、抗疫、安全等领域合作，深化中吉全面战略伙伴关系。

(二) 经济合作不断深入

中吉建交以来，两国双边贸易不断增长。由于共同的陆地边界，吉尔吉斯斯坦和中国已经建立了牢固的贸易和经济联系。1992—2020 年，中吉双边贸易额增长近 180 倍，中国多年保持吉尔吉斯斯坦第一大贸易伙伴国和第一大进口来源国地位。2013 年中吉两国建立战略伙伴关系，2014 年同意进一步深化战略伙伴关系。2016 年和 2017 年中国在吉尔吉斯斯坦与其他国家的贸易额和对吉尔吉斯斯坦经济的吸引投资方面名列前茅。2017 年吉尔吉斯斯坦与中国的贸易额达到近年来的最高水平，接近 16 亿美元。中国直接投资流入 2.699 亿美元。2021 年 5 月，中国向吉尔吉斯斯坦提供了 5 400 万美元以支持其经济，并承诺提供 15 万剂疫苗以帮助对抗新冠病毒感染疫情。2021 年双方克服疫情重大影响推动中吉贸易额止降回升，1—9 月同比增长近 90%。目前，中国是吉尔吉斯斯坦最大的进口贸易伙伴，也一直是吉尔吉斯斯坦最大投资来源国，为吉尔吉斯斯坦经济社会发展做出了重要贡献。在疫情条件下中国对吉尔吉斯斯坦投资仍呈增长态势，2021 年上半年中国对吉直接投资额为 1.02 亿美元。谋求共同发展为中吉务实合作提供了巨大的内生动力，同时也在共建"一带一路"倡议的基础上为中吉务实合作搭建了重要的平台。

1. 农业领域

在农业上，吉尔吉斯斯坦由于是一个农业基础国家，大部分国民在这里从事农业生产。中吉两国的农业贸易合作自古以来持续提升，合作的农业产品的加工类型也在持续增加。两国有着良好的发展前景，彼此合作潜力大。2022 年 1 月，习近平主席在中国同中亚五国建交 30 周年视频峰会上明确提出"建设高质量发展的合作带，中国愿向中亚国家开放超大规模市场，将进口更多中亚国家优质商品和农产品"。吉尔吉斯斯坦位于欧亚大陆腹心地带，是中亚东北部的内陆国，其东南与东面与中国接壤，两国拥有 1 100 多千米的共同边界线，是中国西北重要的中亚邻国之一。2022 年 2 月，习近平主席在会见吉尔吉斯斯坦总统时就强调"中吉两国要加强发展战略对接，中方愿扩大进口吉尔吉斯斯坦优质农副产品，支持更多有实力的中国企业赴吉投资兴业，加快推进有关重点合作项目"，这为中国与包括吉尔吉斯斯坦在内的中亚国家在未来农业领域深化合作擘画了蓝图。中吉在农业产品贸易上的合作主要涉及：食品、饮料、动物产品、烟草等诸多类型的农业产品。中国在吉尔吉斯斯坦投资的农业公司主要是进行农业与农产品、畜产品与食品加工等。此外，中国生物技术公司杨凌乐达生物科技有限公司于 2014 年正式与中国畜牧业公司签署合作协议，投资了 6 亿元。中国在吉尔吉斯斯坦楚河省打造了"饲料种植加工示范基地"。这两个项目进展顺利，表明中吉农业贸易合作有着双赢的明显途径。

吉尔吉斯斯坦基本上以各种所有权制度为基础，以农业与畜牧业为主要的基础产业。在农业上，在吉尔吉斯斯坦注册的中国的大部分投资企业，都在进行农业与生产农产品、牲畜和食品工业，如家禽养殖、面粉加工等。所以，伴随共建"丝绸之路经济带"倡议的提出，中国企业在吉尔吉斯斯坦更应主动开展业务，特别是在农业领域。中国公司对吉尔吉斯斯坦农业市场非常感兴趣。2017 年，吉尔吉斯斯坦农业部门的出口总量同比增加了 129%，主要是向中国出口新鲜水果导致这一数字保持飞速增长。2018 年 7 月，吉尔吉斯斯坦的农业、食品工业与土壤改良部副部长扎内别克·克里马利耶夫在出席的新闻发布会上，提出吉尔吉斯斯坦 14 家农户签订了向中国出口车厘子的协议。他提到："我们也打算提高出口到中国的杏、苹果、黑李子、草莓等这些农产品的额度，我们的浆果文化便是一种民族品牌。"

2. 工业领域

在工业基础上，吉尔吉斯斯坦还面临着技术水平低，其主要产品是原料的现状。吉尔吉斯斯坦的工业基础薄弱、工业化程度低、运输落后。此外，吉尔吉斯斯坦是内陆国家，没有海港。这在吉尔吉斯斯坦造成了高昂的国内运输费用。这些问题影响了中吉经济贸易保持持续的增长。然而伴随共建"一带一路"倡议的推进，中吉两国在工业方面的合作也越来越多。

2019 年 6 月 13 日，习近平主席访问吉尔吉斯斯坦，其间，中吉签署了《中华人民共和国商务部与吉尔吉斯共和国工业、电力和矿产资源利用委员会和投资促进保护署关于建立投资和工业合作工作组的谅解备忘录》。近年来，中国企业在两国交通、通信、电力等领域实施了多个重大项目，为两国经济社会发展做出了积极贡献。与两国建立投资合作机制是中国携手两国拓展合作空间、提升合作水平的重要举措。

3. 能源资源领域

中国与吉尔吉斯斯坦之间有很强的经济互补性，这是促进两国战略对接的最重要因素。吉尔吉斯斯坦的能源产业由于国家经济基础、资源勘探技术等因素，限制了采矿业的发展；但中国经济正处于快速发展阶段，寻找国外资源也已成为中国能源战略发展的重要方向之一。中国在石油和采矿业拥有精湛的现代技术，因此，中国与吉尔吉斯斯坦在能源和贵金属开采领域的合作是能够实现互利的，在共建"一带一路"倡议背景下中吉两国因而具有巨大的合作潜力。

采矿业是中国对吉尔吉斯斯坦投资较多的领域，中国公司在该地区的投资规模很大。在中国对吉尔吉斯斯坦的投资中，矿业占 76.7%。而石油加工工业（主要是生产石油产品的）占 16.9%。中国中大集团公司是中吉能源有限公司的第一个重大项目，由吉林省陕西煤化工集团公司控股，这也是吉尔吉斯斯坦最大的石油加工项目。吉尔吉斯斯坦的建筑业也有很多中国企业，包括中国路桥工程有限公司、新光国际工程有限公司和中国国际工程有限公司。中吉两国自古以来就紧密合作，在合作与投资领域的双边互补性日益增强。目前，中国的济宁矿业集团有限公司、中国深圳矿业公司、中国新疆塔城国际资源有限公司等公司进行了投资。大多数中国公司在吉尔吉斯斯坦以合资企业的方式保持合作，如拥有吉尔吉斯斯坦黄金开采企业大约 40% 的股份，中国矿业集团公司子公司拥有 60% 的股份。

中吉两国在生产油气领域方面也有新的发展，构建了良好的合作关系。如今，在吉尔吉斯斯坦经营的中国企业有中国石油天然气集团、中石化集团、中国新疆国际实业股份有限公司等。此外，Shaanxi 的子公司 Zhongya Energy 在吉尔吉斯斯坦投资了 80 万吨的炼油和化学项目，增加了对石油的投资，并成立了 Zhongneng Petroleum 勘探公司。另外，中国公司在吉尔吉斯斯坦北部建立了炼油厂，这家名叫"Dzhunda"炼油厂是吉尔吉斯斯坦石油行业中最大的企业。在吉尔吉斯斯坦南部有油田，虽然石油产量并不多，但它的战略地位非常重要：该油田的石油只通过乌兹别克斯坦和哈萨克斯坦被运送到 Dzhunda 炼油厂。

中亚天然气管道 D 是共建"一带一路"倡议下的重要项目之一，途经吉尔吉斯斯坦南部，进入中国（新疆）克孜勒苏柯尔克孜自治州乌恰县区域内，它将为中国和吉尔吉斯斯坦提供巨大机遇。2013 年 9 月，在习近平主席出访中亚的这一时期里，中国与乌兹别克斯坦签订了合作协议。吉尔吉斯斯坦与塔吉克斯坦分别负责建造和运营中亚天然气管道 D。在此之前，中亚天然气管道 A、B 与 C 已经建设并且开始投入使用。关于中亚天然气管道 D 线和这三条线的差异是：D 线不是源自中国，而是源自吉尔吉斯斯坦。天山山脉的南部山麓和难民营接壤，而昆仑所在地的中国（新疆）乌兹雅山脉则汇合进入该国。可以看出，该计划对中国与吉尔吉斯斯坦的经济有着较大的影响。此计划如果实现，必然会为中吉关系的发展带来较大的帮助，特别是可以更好地促进中吉合作。

随着共建"一带一路"倡议的发展，中国和吉尔吉斯斯坦之间的交流日益频繁。双方的合作包括技术和资源的开发和使用，是一个有利于中国和吉尔吉斯斯坦的互利和双赢的结果。中国幅员辽阔，土地类型繁多，如耕地、森林、草地和平原。这些不同类型的土地资源含有丰富的矿物资源，因此，中国的矿产资源较为丰富，有助于多样化地完成产品的生产和制造。中国在资源开发方面的生产规模较大、生产能力较强，这极大地推动了中吉两国的合作和交流。今天，中国已经是全球最大的出口国，每年的出口金额保持着增长态势，为吉尔吉斯斯坦提供了许多产品，足够满足国内消费者对中国产品的需求。中国拥有着较多的资源的自然优势条件可用来更好地满足共建"一带一路"国家的市场与客户的需求，共建国家对中国产品的需求量已在增长，再引入共建"一带一路"经济政策，会使国家更加强烈地希望购买到中国的产品，中国资源丰富的这一优势直接让中国获得了较大的收益。

总之，在共建"一带一路"倡议框架内能源领域的项目受到两国政府的大力支持。对吉尔吉斯斯坦而言，这些项目能够为吉尔吉斯斯坦预算带来可观的收入，更为重要的是，这些项目是共建"一带一路"倡议和吉尔吉斯斯坦发展战略对接的重要领域之一，还可以为吉尔吉斯斯坦融入中亚地区经济一体化发挥着重要作用。因为能源合作是吉尔吉斯斯坦国家发展战略和共建"一带一路"倡议的关键内容，符合两国发展战略利益的需要。随着共建"丝绸之路经济带"深入实施，中国与吉尔吉斯斯坦之间的能源合作将进一步加深。

4. 基础设施建设

基础设施建设是共建"一带一路"倡议的核心，也是实现中亚地区经济一体化的重要因素之一。吉尔吉斯斯坦作为共建"丝绸之路经济带"的重要节点，中国与其在互联互通建设方面合作密切。

在吉尔吉斯斯坦发展战略和共建"一带一路"倡议框架下，吉尔吉斯斯坦的道路建设合作可以分为三个阶段：第一阶段，中国在其西部地区修建了高速公路，并将其延伸到与吉尔吉斯斯坦的边界，其中包括从喀什市到伊尔克什坦口岸的道路建设。第二阶段，中国参与边境过境点的重建和现代化，在中国的协助下，吉尔吉斯斯坦的伊尔克什坦口岸和托鲁加尔特口岸的道路得到了现代化，中国融资参与了奥什—萨雷塔什—伊尔克什坦口岸道路重建，中方为该项目拨款 1 亿美元。第三阶段，中国为吉尔吉斯斯坦工业中心和主要销售市场道路的重建出资，中国进出口银行拨款 2 亿美元用以修复吉尔吉斯斯坦的比什凯克—纳伦—托鲁加尔特道路，高速公路的现代化扩大高速公路的运输能力，以便从中吉边境向吉尔吉斯斯坦首都运送货物，再通向哈萨克斯坦。中国参与建设南北公路对吉尔吉斯斯坦汽车运输基础设施的发展具有至关重要的战略意义，新路线途经扎拉尔阿巴德—卡扎尔曼—查克—科奇科尔—巴利基奇，中国拨款了 6.97 亿美元用于该道路的建设。具体情况如下。

公路：中国不但高度关注共建"一带一路"倡议，且为让中国和中亚国家之间保持顺利的交往，中国承诺建设与改建吉尔吉斯斯坦的南北公路，中吉乌公路和其他高速公路，该计划对吉尔吉斯斯坦非常有用。今后，吉尔吉斯斯坦将形成便捷的道路网络，并将中国和吉尔吉斯斯坦与其他共建"一带一路"国家连接起来。

另外，中国与吉尔吉斯斯坦之间有吐尔尕特和伊尔克什坦两个公路口岸相连。长期以来，这两个公路口岸都是中国（新疆）南部地区对外开放的重要窗口。吐尔尕特口岸是通往中亚、南亚、西亚和欧洲各国的重要门户。口岸四季通行，公路状况良好，可运行大型货车。经该口岸出口的商品包括日用百货、小五金交电、机械化工以及服装鞋帽、文具、食品等。进口的主要为牲畜皮张、废旧金属、煤炭、木材和一些水果、黄金等。作为国家一类口岸，吐尔尕特口岸针对第三国开放。伊尔克什坦口岸是古丝绸之路上一个重要的通道和驿站，历史上曾是中国（新疆）南疆地区最大的贸易口岸。目前该口岸允许向中国、吉尔吉斯斯坦和第三方开放，常年通行，口岸的经济贸易可以辐射到中亚、西亚、欧洲和其他独联体国家，具有较强经济互补性。

航空：中国乌鲁木齐机场很早就开通了直达吉尔吉斯斯坦比什凯克与奥什市的航线。目前，乌鲁木齐至比什凯克的航班由中吉双方的航空公司执行。乌鲁木齐至奥什的航班也由早先的每周两班增加到目前的每周三班。

铁路：根据《共建"一带一路"倡议：进展、贡献与展望》，中巴哈吉、中吉乌等多边道路运输协议或协定相继签署，中吉乌铁路项目正积极推进前期研究。

通信设施：中吉跨境光缆信息通道建设进展顺利，已签署合作意向书，并启动丝路光缆项目建设。此外,在共建"一带一路"倡议下,中国与吉尔吉斯斯坦的互联网企业的合作潜力巨大。中吉两国的地理位置,基础设施建设和信息技术领域的合作为中吉企业互联网合作的发展提供了主要保证。同时,两国的政策也支持电子商务公司之间合作的发展。中吉两国在生产能力方面的合作正在逐步加深。中国和吉尔吉斯斯坦之间的跨境电子商务物流已根据需要发展。中国企业与吉尔吉斯斯坦企业之间的合作已从最初的实体合作转变为虚拟互联网合作。在建立自由贸易区的背景下,它在促进中国和吉尔吉斯斯坦公司的跨境物流方面也发挥了作用。互联网公司之间的合作全面发展后,中吉两国企业共同建立的基础设施,如铁路和公路,将为电子商务领域的合作提供基本保证。在资本合作方面,中国和吉尔吉斯斯坦的公司发挥了重要作用。在合作的过程中,中方投资公司将利用自己的互联网技术和经验共同创造互联网业务合作的新模式。目前,吉尔吉斯斯坦还不是通过互联网进行移动支付为主要的支付方式,主要是因为通信基础设施不符合要求,且消费者和企业也没有移动支付的习惯。但是,通过互联网进行移动支付的优势体现在支付的高效率,经济发展和便利性上,这意味着中国公司和吉尔吉斯斯坦的公司在互联网领域具有潜在的合作机会和合作趋势。

电力设施:中国新疆变压器电气有限公司开展了吉尔吉斯斯坦南北向电力传输和转换的"达卡—凯明 500 千伏电力传输和转换项目"的建设。此后,该项目将充分融合北部和南部的电网,并成为吉尔吉斯斯坦的国家能源大动脉。共建"一带一路"倡议和中国的其他相关计划为中吉两国带来了许多好处。既然中国已明确了共建"一带一路"倡议的相关政策,作为这条道路上的一个国家,吉尔吉斯斯坦拥有有利的地位和历史关系,这一举措非常有利于吉尔吉斯斯坦经济的发展。这包括促进在公路,铁路,电信,信息和通信技术等行业中的务实合作,以及加强中吉关系。

综合考虑吉尔吉斯斯坦资源禀赋、经济发展水平、城市化水平、基础设施以及未来发展规划,中吉在市场、资金、技术等领域具备较强互补性,可深化合作,实现共赢。中吉在矿产品、工业产品等领域互补性强,市场合作前景广阔。一方面,吉尔吉斯斯坦刚步入工业化发展阶段,尚未形成完整的工业体系,产业结构单一(主要为金属冶炼加工),工业产品大量进口;因国土面积小,吉尔吉斯斯坦未来发展完整工业体系的可能性较小,工业产品将长期依赖进口。中国是工业产品出口大国,与吉尔吉斯斯坦形成互补。另一方面,中国正处于工业化发展中期,须消耗大量矿产资源来支持经济、产业发展;吉尔吉斯斯坦经济发展依赖矿产品出口,矿产资源相关的金属及制品和矿产品出口约占全部出口份额的70%。中吉矿产品领域形成互补。中国可继续发挥资金优势为吉尔吉斯斯坦发展提供助力。吉尔吉斯斯坦基础设施发展较为欠缺，亟须大量资金支持国家建设。吉尔吉斯斯坦是中国资源开发和产业转移的接续地，其健康发展与中国（新疆）南疆地区的稳定休戚相关，中国可继续发挥资金优势为吉尔吉斯斯坦发展提供助力，实现共赢。中国在通信、水电建设等领域为吉尔吉斯斯坦提供技术支撑。吉尔吉斯斯坦技术水平远落后于世界先进科学技术的飞速发展和本国经济建设的需要，为维护中国在吉尔吉斯斯坦利益，中国可以在通信、矿业开发、水电建设等领域为吉尔吉斯斯坦提供技术支撑（援建项目现场如图5-1、图5-2所示）。

图5-1　中国援助吉尔吉斯斯坦　　　　图5-2　中国路桥工程援建修路

5. 双边贸易

吉尔吉斯斯坦是经济转口之地，凭借地理优势成为中欧亚的重要转口贸易中心。另外，中吉两国均是亚太经合组织的成员，为两国在政治、经济、文化、保健、医疗、环境等诸多领域保持稳定的发展创造了相对较为稳定的政治环境，也为两国的国际贸易活动的关税与经济合作发展提供了一个相对较为统一标准。中国毗邻吉尔吉斯斯坦，有通商口岸两个，这些条件为两国进行国际贸易活动准备了良好的条件。在这样的条件下，中吉两国的国际贸易活动的全面推进要具有很好的政治条件，以及统一且规范的贸易标准以及完备的基础设施和条件。因此吉尔吉斯斯坦当局应当积极稳定国内政治局势，创造良好的国外投资环境，加快国家经济发展步伐，为吉尔吉斯斯坦自己也为中亚整体局势的稳定做出努力。

吉尔吉斯斯坦如今的发展是因为拥有完善的转口贸易中心的区域位置，每年有不少从各州的国家通过吉尔吉斯斯坦进行商贸运输及经济交流。2016年，中国已成为吉尔吉斯斯坦第一大贸易伙伴国（占吉尔吉斯斯坦外贸总额的

28.3%）、第一大进口来源国（占吉尔吉斯斯坦进口总额的37.5%）和第六大出口目的地国（占吉尔吉斯斯坦出口总额的5.2%）。中吉经济贸易活动为吉尔吉斯斯坦的社会供给与稳定提供了有力支撑。过去几年，中国对吉尔吉斯斯坦直接投资就已超过12亿美元，大约占同期流入的直接投资的30%。很大一部分中国投资在于项目资金或地区合作投入。2017年7月31日，中国商务部、财政部确定吉尔吉斯斯坦亚洲之星农业产业合作区为国家级"境外经济贸易合作区"，成为农业部首批"境外农业合作示范区"建设试点单位，是我国唯一获得三部委确认的境外经贸合作区。该合作区是在共建"一带一路"国家中产业链条最完整、基础设施最完善的农业产业合作区。

2018年中吉贸易额为20.03亿美元，同比增长25%，其中吉尔吉斯斯坦从中国进口19.42亿美元，同比增长30%，吉尔吉斯斯坦向中国出口0.61亿美元，同比下降38%。在中吉的经济贸易合作中，中国的比重很高。2017年占比达77%以上。2018年多种原因导致中国与吉尔吉斯斯坦间的贸易活动量骤降，但占比仍然超过50%，如表5-1所示。

表5-1　2018年中国与吉尔吉斯斯坦贸易占中国与该国贸易比例①

中国与吉尔吉斯斯坦贸易总额/亿美元	中国（新疆）与吉尔吉斯斯坦贸易总额/亿美元	中国（新疆）占中国与吉尔吉斯斯坦贸易额百分比/%
56.12	28.74	51.21

中吉两国交往历史悠久，尤其是中国（新疆）与吉尔吉斯斯坦关系密切，合作良好。近几年来，中国（新疆）与吉尔吉斯斯坦有着较好的合作，中国（新疆）与吉尔吉斯斯坦进出口金额每年上升，主要是从中国（新疆）向吉尔吉斯斯坦进口。中国（新疆）向吉尔吉斯斯坦的主要出口产品为服装、鞋类、纺织品等。因此，在共建"一带一路"倡议背景下，吉尔吉斯斯坦与中国（新疆）的交往历史和关系优势，将进一步加强吉尔吉斯斯坦与中国（新疆）的合作关系，提高进出口金额和产品结构，消除经贸障碍，共建"一带一路"倡议为吉尔吉斯斯坦与中国（新疆）的经贸合作带来了较大的便利和机遇。可以说，中国（新疆）是促进中吉友好合作的着力点之一。由于天然的地缘优势，中国（新疆）应在促进中吉友好关系中发挥更大的作用。中国（新疆）与吉尔吉斯斯坦的合作潜力巨大，其可合作的领域非常多。在促进中吉两国友

---

① 此表数据来自中方的统计结果，与吉尔吉斯斯坦的统计有较大差异，仅供对比中国（新疆）在中国与吉尔吉斯斯坦贸易中的占比使用。

好关系进程中,中国(新疆)人民与吉尔吉斯斯坦人民之间的交流是落实民间外交的有效途径之一。通过开展一些文化活动、学生交流、旅行等,可以加深两国人民之间的相互了解。这样的民间外交可以对双边关系产生积极影响,不仅可以改变中国在吉尔吉斯斯坦人民心目中固有的形象,而且可以成为加强两国经济关系的动力。

截至 2019 年年底,中吉贸易额达到 63.462 1 亿美元,同比增长 13.1%。其中中方出口额 62.8 亿美元,同比增长 13%;进口额 0.66 亿美元,同比增长 21.5%。据吉方统计,2019 年吉尔吉斯斯坦对外贸易额约 70 亿美元,其中 50 亿美元为进口额,中国占到吉尔吉斯斯坦进口总额的 35%,约 17 亿美元,吉尔吉斯斯坦每月从中国进口规模为 1.4 亿~1.5 亿美元,其中 50 亿索姆(约合 7 200 万美元)货物供应吉尔吉斯斯坦内市场,另 50 亿索姆货物用于转口贸易。2012—2019 年中吉双边贸易情况如图 5-3 所示。

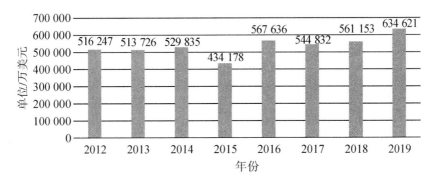

图 5-3　2012—2019 年中吉双边贸易情况

(资料来源:中国海关官网)

吉尔吉斯斯坦从中国进口的主要商品为鞋类、服装、化纤、食品;向中国出口主要商品为矿石、精矿、贵金属。此外,吉尔吉斯斯坦开始向中国出口蜂蜜。中国是吉尔吉斯斯坦的主要贸易伙伴之一,在 2019 年的总贸易额中位居第一,占 30%,其中出口额占 3.5%,进口额占 39.6%。2014—2019 年,吉尔吉斯斯坦和中国的出口贸易额增加了 1.9 倍,进口贸易额增加了 1.6 倍。

受疫情影响,2020 年双边贸易大幅下滑。2020 年 1—3 月,中吉贸易额为 6.42 亿美元,同比下降 47%,其中中方出口额为 6.30 亿美元,同比下降 47.4%,进口额为 0.12 亿美元,同比下降 10.2%。中国对吉尔吉斯斯坦主要出口轻纺产品、食品、水果、家用电器、医疗和医疗器械、农用机械、车辆等,从吉尔吉斯斯坦进口金属、棉花、毛皮等产品。吉尔吉斯斯坦的绿色农副产品广受赞誉,以往这些优质产品大多销往独联体地区,路途远、成本高,中国在地理位置上与吉尔吉斯斯坦相邻，又有广阔的市场空间，因此中吉农业合作成为极具潜力的新兴领域。吉尔吉斯斯坦的优质蜂蜜、水果也已进中国市场。华经产业研究院的数据显示：截至2020年年底，中国与吉尔吉斯斯坦双边商品进出口额为290 093万美元，相比2019年减少了344 528万美元，同比下降54.3%。2020年中国对吉尔吉斯斯坦出口商品总值为286 615万美元，相比2019年减少了341 405万美元，同比下降54.4%；2020年中国自吉尔吉斯斯坦进口商品总值为3 478万美元，相比2019年减少了3 123万美元，同比下降47.3%（见表5-2）。

表5-2 2015—2020年中国与吉尔吉斯斯坦双边商品进出口额

单位：万美元

年份	出口商品额	进口商品额	进出口额
2015	428 384	5 794	434 178
2016	560 513	7 124	567 636
2017	536 126	8 706	544 832
2018	555 721	5 432	561 153
2019	628 020	6 601	634 621
2020	286 615	3 478	290 093

数据来源：根据华经情报网数据整理。

截至2021年年底，中国与吉尔吉斯斯坦双边贸易总值就已发展为75.6亿美元，同比增长160.6%。其中，对吉尔吉斯斯坦出口74.8亿美元，增长161%；从吉尔吉斯斯坦进口7 973.2万美元，增长129.1%。贸易顺差达74亿美元，增长了161.3%。

从表5-3和表5-4可以推断出：2020—2021年，中国与吉尔吉斯斯坦的经济贸易合作逐渐改善，虽然两国刚开始贸易额处于不利，但由于双方为彼此促进、互相充补，大多数产品的贸易额回升到高点。从中吉长期经贸合作的总体来看，双方的合作状况越来越紧密、越来越扩大，双方互补互助，为了适应对方的需求而提供对方满足的商品，两国的良好合作使中吉近几年来的进出口金额飞速增长。共建"一带一路"倡议的提出就是为了加强中国与共建国家的经济合作，促进共同发展，此倡议实施后使中吉双方的好邻居和伙伴国家的关系更加密切。长久以来，中吉双方都保持美好的关系，保持悠久的交往，如今共建"一带一路"倡议让双方有互利共赢的前途，于是吉方一直表示对此倡议热烈欢迎合作。

表 5-3　2021 年中国与吉尔吉斯斯坦主要进口商品

商品	金额/亿美元	同比增长率/%
劳动密集型产品	57.1	176.3
其中：服装及衣着附件	42.9	252.3
纺织纱线、织物及其制品	5.1	−1.3
机电产品	12.3	150.4
其中：汽车零配件	1.2	76.6
家用电器	1.2	63.6
农产品	1.3	4.2
其中：核桃	0.577 45	22.1
茶叶	0.073	−68.4

数据来源：根据海关总署全球贸易监测分析中心数据整理。

表 5-4　2021 年中国与吉尔吉斯斯坦主要出口商品

商品	金额/亿美元	同比增长率/%
金属矿及矿砂	2 451.7	−8.1
牛皮革及马皮革	777.4	109.1
农产品	676.7	145.2
其中：棉花	413.6	5 788.1
生马科动物皮	150.8	847.9
干鲜瓜果及坚果	27.3	−70.9
未梳的羊毛	13.6	−41.3
天然蜂蜜	3.4	−84.7
未锻造金	3 680.8	—

数据来源：根据海关总署全球贸易监测分析中心数据整理。

　　中国与吉尔吉斯斯坦的经贸合作越来越紧密，共建"一带一路"倡议打通了中吉双方的经济带，使两国扩大了合作规模，两国的进出口额一年比一年飞速增长。同时，吉尔吉斯斯坦能在共建"一带一路"倡议下与其他共建国家进行合作，有利于吉尔吉斯斯坦吸引外国投资，扩大吉尔吉斯斯坦的对外经济贸易合作。共建"一带一路"倡议不仅让中国与吉尔吉斯斯坦的合作伙伴关系更加紧密，而且该倡议为双方带来了许多有利条件，如中吉文化交流、人民交往、互通道路以及政治沟通等。在共建"一带一路"倡议背景下中国与吉尔吉斯斯坦的合作将会日益加强，该政策将给双方带来了许多有利的机会，双方团结协作、互补互助、合作共赢。吉尔吉斯斯坦已成为中国商品走向中亚、俄罗斯和欧洲市场的重要通道和商品集散地。中吉贸易合作对中国实现产能转移、中国优势的产品出口、中国的中低端产品出口和矿产品进口等起着极为重要的作用。事实充分证明，两国之间在经贸领域的合作，无论是对两个国家，还是对整个中亚地区，乃至对整个世界的经济发展都是都有利的。

6. 投资合作

中国已连续多年保持吉尔吉斯斯坦第一大投资来源国地位。吉尔吉斯斯坦作为最早支持和参与共建"一带一路"的国家之一，双方在经贸、能源、基础设施建设、互联互通等领域取得了重要合作成果。近年来，达特卡—克明输变电工程、吉北—南公路、奥什—巴特肯—伊斯法纳公路、比什凯克—巴雷克奇公路、比什凯克—纳雷恩—托鲁加尔特公路维修工程、比什凯克热电站改造工程等均已完成，中吉乌公路已开通使用，这些项目的实施为吉尔吉斯斯坦实现能源独立、畅通道路、改善民生做出了重要贡献。据吉尔吉斯斯坦财政部的数据，截至 2017 年年底，中国对吉尔吉斯斯坦直接投资存量为 13 亿美元，在吉尔吉斯斯坦运营的中资企业 574 家，占外资企业总数的 18.5%，其中合资企业 177 家，独资企业 397 家。吉尔吉斯斯坦向中方银行借贷金额为 20.86 亿美元，其中用于道路项目建设为 11.03 亿美元，电力基础设施项目为 9.83 亿美元。截至 2018 年年底，中国累计在吉尔吉斯斯坦投资达 30 亿美元。另据统计，2 万多中国人在吉尔吉斯斯坦经商和投资，他们分布在首都比什凯克、南部贾拉巴德、奥什、卡拉苏等重要商品集散地，以中小企业、私营企业和个体经营为主，主要从事建材、食品、轻工业、农产品、食品加工、农业种植、养殖、矿产资源开发和冶炼、工程承包、通信服务、运输、房地产开发、餐饮服务等多个领域和行业。对吉尔吉斯斯坦的大型基础设施建设项目和援建项目主要由中国的央企和大型企业承担。

此外，2019 年，中国援建的奥什医院已交付使用，该医院是中亚地区规模最大、医疗设备最先进的外科医院。目前，中国公司正在帮助吉尔吉斯斯坦实施市政路网改造、灌溉系统改良等民生建设项目。但中国企业"走出去"之前，应当对海外国家的政治和安全风险进行充分评估，以避免造成投资、财产和人员损失。

可以看出：中吉两国在联合国与上海合作组织的架构内，主动发展双方关系，在诸多领域实现睦邻友好，守望相助，密切的交流与合作使两国关系快速进步。吉尔吉斯斯坦认为中国是一个大国，对国际社会直接产生了较大的影响，能够在阿富汗形势与中亚稳定中起到较为积极的作用，以及扮演重要的角色。中国是吉尔吉斯斯坦在贸易合作中的重要经济体和合作伙伴，对于吉尔吉斯斯坦的经济发展起着举足轻重作用。

在共建"一带一路"倡议的合作背景下，中吉两国有着很好的潜力与广阔的发展时机。中国不但是一个大型制造业国家，还是一个强大的生产业国家。吉尔吉斯斯坦的很多国内企业与中国公司密切合作。中国企业技术先进、市场广阔，而吉尔吉斯斯坦的当地企业资源丰富。中吉两国的政策也支持两国企业之间的合作。吉尔吉斯斯坦指导中国企业在吉尔吉斯斯坦开展合作的准则之一就是，两国的企业在合作过程中不应停留在传统资源、农业和畜牧业领域，而应利用发展机遇，在现代国际发展领域进行合作。两国企业之间的合作不但会产生较大的经济效益，而且政治和安全意义也比较重大。中吉的合作和发展，不但能够推动两国企业的互利合作，而且能够持续发展，双方也是共建"一带一路"倡议的支持者与受益人。同时，双方的合作在中亚的和平和稳定中也扮演了重要的角色，对推动亚洲与全球经济的可持续发展都有很大的帮助。

中吉之间的合作有着较大的潜能。吉尔吉斯斯坦的矿产与旅游资源极其丰富。这是中亚能源与货物转运与分配的关键区域。它是中亚首个加入世界贸易组织的国家，在这样的区域有着较高的市场地位，而且有着较大的经济潜能。另外，政治安全领域的合作以及人文方面的交流，更符合了我国外交的新理念，对于两国而言都有极大的好处。2015 年 8 月，吉尔吉斯斯坦正式加入欧亚经济联盟，为中吉经贸合作提出了较大的挑战。中国要增加对吉尔吉斯斯坦的直接投资，改变贸易方式。通过共同建设丝绸之路经济区，中吉经贸合作前景看好。共建"一带一路"倡议给中国和吉尔吉斯斯坦铺上了顺利合作的道路，中吉两国应强化合作的多个方面，将双方的劣势转变为优势，推动交流协商，寻找双方的共同点，保持良好的合作关系。

在吉尔吉斯斯坦发展战略和共建"一带一路"倡议对接的基础上，对吉尔吉斯斯坦纳伦州而言，最重要的项目之一是"At-Bashi"工贸物流中心，该项目评估价值为 2.8 亿美元，"At-Bashi"工贸物流中心将成为中亚最大的设施之一并为 1.5 万人提供就业岗位。

2019 年，中国国家主席习近平在比什凯克对吉尔吉斯斯坦进行国事访问期间，两国领导者签署了建设工业物流中心的协议，在 Nur Stroy Montazh LLC 和 One Lead One（HK）Trading Limited 的基础上成立了中吉合资企业。为了建立自由经济区，纳伦州政府经过慎重选择，划出了 2 平方千米的土地，土地位于中吉边界的托鲁加尔特口岸，通过该口岸进行中吉贸易。该中心包括仓库、货运站、商务中心和一些制造企业，基于"At-Bashi"工贸物流中心，创建数十家使用中国材料和组件来制造产品的企业，从而使某些项目重新工业化。

总之，中吉产业合作潜力巨大，吉尔吉斯斯坦的企业可成为中吉优势互补的新的驱动因素。与此同时，鉴于世界经济的发展不断催生出新的产业和新的技术领域，中国和吉尔吉斯斯坦可以在其他工业领域进行合作。中国也应该充分展现出中国公司的优势，促进中国公司向海外国家的投资与合作。吉尔吉斯斯坦要支持国内的企业家，扩大企业家对外资的认知，提供对企业家的支持，以提升国内企业对外投资。再者，中国尽管是全球最大的出口国家，资源也很多，但是如今中国内部的各种需求量也在大幅提升。中国在尽量地满足国内人口需求的基础上，也必然要对外出口，这就会面临资源有限的情况，因此中国要加快安排好资源生产量，准备好出口商品。

7. 中国对吉尔吉斯斯坦贸易与投资的突出特征

经贸合作是推动中吉全面战略伙伴关系深入发展的重要力量。长期以来，中吉经贸合作形成了以下三个特点：一是双边贸易快速发展。吉尔吉斯斯坦独立以来，中吉两国的贸易规模不断扩大，水平不断提升，中国曾多年保持吉尔吉斯斯坦第一大贸易伙伴国的地位以及第一大进口来源国的地位。但是，受新冠病毒感染疫情的影响，2020 年，中吉贸易额出现大幅下降，现在双方正共同努力，不断提升口岸过货能力，逐步恢复经贸合作水平。二是投资合作持续提升。近年来，中国一直是吉尔吉斯斯坦外商直接投资主要来源国。中国的直接投资为吉尔吉斯斯坦的实体经济发展注入了活力，创造了大量就业岗位，取得了良好的经济和社会效益。三是共建"一带一路"倡议的合作亮点纷呈。双方积极推动国际骨干通道建设，有力地促进了贸易和运输的便利化。与此同时，我们也要看见一些突出问题：

第一，在贸易结构上，中国从吉尔吉斯斯坦的进口占比较小，仅为双边贸易额的 1%。进口贸易占吉尔吉斯斯坦净支出的比重大幅下降。中国对吉尔吉斯斯坦的出口占中国从吉尔吉斯斯坦国际收入的比重基本保持平稳发展。比较而言，中国对吉尔吉斯斯坦进出口差额悬殊。

第二，在经济贸易活动主体上，数据显示目前大约有 3.5 万名中国人在吉尔吉斯斯坦经商和投资。他们分布在首都比什凯克、南部贾拉拉巴德、奥什、卡拉苏等重要的商品集散地，以中小企业、私营企业和个体经营为主，从事建材、食品、轻工业等贸易和投资活动，中国在吉尔吉斯斯坦投资建立的合资企业超过 300 家，单个项目中方投资额超过百万美元的企业有 10 余家。除此而外，主要由中国的中央企业和大型企业承担着对吉尔吉斯斯坦的大型基础设施建设项目和援建项目。

第三，在经济活动领域上，中国与吉尔吉斯斯坦的经贸交往主要是中国以轻纺、食品、家用电器、医药和医疗器械、农用机械、车辆等轻工业产品出口吉尔吉斯斯坦，并从吉尔吉斯斯坦进口矿石、精矿、贵金属、棉花、毛皮等产品。中国在吉尔吉斯斯坦的投资主要涉及轻工、农产品和食品加工、农业种植、养殖、矿产资源开发和冶炼、承包工程、通信服务、运输、房地产开发、餐饮服务等多个领域和行业，但其中多数项目规模较小。目前，一系列大型合作项目如中吉乌公路吉尔吉斯斯坦境内段修复，阿莱盆地石油勘探开采，在吉铁矿、锡矿、金矿勘探开采等项目正在协作开发中。

8. 中吉经贸友好合作成为共建"一带一路"倡议的合作典范

共建"一带一路"倡议已经成为世界上非常受欢迎、具吸引力的公共产品，因为共建"一带一路"倡议的目的之一就是建立牢固的睦邻关系。中国与包括吉尔吉斯斯坦在内的160个国家和组织签署了共建"一带一路"倡议的协议，共商、共建、共享、共赢已成为落实这一倡议的黄金原则，开启了新丝绸之路的文明征程，中吉交流不断加深，越来越多的合作被记入史册。该倡议已经为中吉两国取得诸多良好成果：

一是深化了对共建"一带一路"国际合作的认识。在提到共建"一带一路"的原则（共商共建共享）、理念（开放、绿色、廉洁）和目标（高标准、惠民生、可持续）时，都在前面加上"合作"两字，变成了合作原则、合作理念、合作目标。这就更清晰地体现出共建"一带一路"的多边主义特点，这也意味着建设更加紧密的"一带一路"伙伴关系具有更加重要的特殊意义，只有这样才可能取得互利共赢的良好效果。

二是指出了中国进入新发展阶段后构建的新发展格局给共建"一带一路"国际合作带来的新机遇，包括市场机遇、投资机遇、增长机遇等。这些新机遇通过共建"一带一路"国际合作，将转化成促进相关国家发展的新动力，进一步促进中国和相关国家的共同发展。

三是突出了共建"一带一路"国际合作的重点。在目前的情况下，中国和世界各国推动共建"一带一路"倡议继续前行，合作重点是为经济复苏作出贡献。尤其是要特别重视医疗卫生领域的合作，重视疫苗的生产与全球性使用等方面的合作，同时继续加强互联互通体系建设。

四是强调了共建"一带一路"国际合作的最终目的，即共同推动构建人类命运共同体。

从共建"一带一路"倡议十多年的实践来看，由于世界上越来越多的国家对共建"一带一路"倡议的认识不断深化，参与共建国家的数量也越来越多，已达140个。伴随着中国经济实力的进一步增强，中国为共建"一带一路"倡议所提供的各方面物质支持也越来越大，如投资项目、银行贷款、基金规模、信用保险、进口增长等都继续保持较快增长，尤其是共建"一带一路"倡议框架下的六大经济走廊建设、铁路公路建设、多国多港建设、管道建设、电站建设、跨境物流中心建设、境外经济合作区建设、中欧班列发展等成果显著。

此外，共建"一带一路"倡议也进一步增进了合作国政府在宏观政策方面的协调，有利于通过宏观政策互动促进各相关国家在经济社会等方面的长期共赢发展。共建"一带一路"倡议在社会、文化等方面的合作直接增进了各相关国家人民之间的友谊，促进了相关国家之间保持良好合作关系，进而为维护区域乃至世界和平与稳定贡献了积极力量。

（三）携手共同抗击新冠病毒感染疫情

2020年当中国暴发新冠病毒感染疫情时，吉尔吉斯斯坦政府向中国及时提供了人道主义援助物资，吉尔吉斯斯坦政府筹措近32万只医用口罩和6万瓶消毒液驰援中国。

当吉尔吉斯斯坦疫情暴发后，中国也最早向吉尔吉斯斯坦提供人道主义援助。中国政府及时提供了数批援助物资，分享防控经验和诊疗方案，尽快派遣医疗专家。同时，新疆、广东、河北、上海等省（自治区、直辖市）纷纷伸出援手，中国相关企业、慈善基金会和社会组织也均给予吉尔吉斯斯坦人民支持和帮助。

2020年4月14日，中国国家主席习近平应邀同吉尔吉斯斯坦时任总统热恩别科夫通电话，就中吉两国加强抗疫合作、推动双边关系发展等深入交换意见。两国元首通话后仅一周，中国即派出由医疗、外事和侨务专家组成的联合工作组，携带抗疫医疗物资乘包机飞抵比什凯克。联合工作组在吉尔吉斯斯坦期间毫无保留地同吉方分享抗疫经验，并看望慰问当地华侨华人、中资企业员工和留学生，向他们发放装有防疫物资的"健康包"。当地媒体予以集中报道，中吉友好占据了舆论头条。

为共同应对新冠病毒感染疫情，中国除派遣医疗专家到吉尔吉斯斯坦，还定期以视频会议的形式开展远程会诊。自2021年3月起，中国无偿向吉尔吉斯斯坦提供新冠疫苗。中国政府已向吉尔吉斯斯坦捐赠了总计140万剂疫苗，以帮助吉尔吉斯斯坦抗击疫情。

（四）旅游市场前景广阔

旅游业一直是吉尔吉斯斯坦最具发展潜力的行业和政府重点支持和推进的项目。为了进一步促进旅游业发展，2019年1月，吉尔吉斯斯坦政府批准通过了《2019—2023年吉尔吉斯共和国旅游业发展规划》，旨在加速完善旅游业相关法律法规，进一步简化外国游客入境手续，加大吉尔吉斯斯坦国家旅游品牌在国际上的推广力度，以实现旅游业五年既定增长目标。

尤为重要的是，共建"一带一路"倡议为世界和平发展和构建人类命运共同体增添了助力，也为吉尔吉斯斯坦旅游业发展，尤其是开发中国出境旅游市场带来了重要机遇，因为共建"一带一路"倡议将中国与周边共建国家紧密联系在一起，同时也为中吉两国间发展旅游业带来了巨大的契机，为吉尔吉斯斯坦与周边国家开展旅游业、建立旅游命运共同体和推进区域旅游一体化提供了可能。如果吉尔吉斯斯坦与中国、哈萨克斯坦进一步优化"丝绸之路长安—天山廊道的路网"建设，与共建"一带一路"国家共同打造出一条贯穿亚欧非的"丝绸之路"精品文化旅游线路，就能借助共建"一带一路"倡议东风，吸引更多的中国游客沿着古今"丝绸之路"在吉尔吉斯斯坦留下足迹。

第三节　中吉人文合作

中国和吉尔吉斯斯坦交往历史悠久，关系亲密，从古至今都是对方的好邻居和心心相通的好朋友。人文交流合作无疑是中国与吉尔吉斯斯坦人民文明对话的重要组成部分，它包括人际交流、精神价值交流、文化、哲学、历史、文学遗产、教育、科学和艺术领域的交流，人文交流合作的前提是关系平等、相互尊重和相互理解，这些原则是上海合作组织成员国合作的基础，主要目标之一是在成员之间形成和维持"上海精神"。

在共建"一带一路"倡议的框架内，中国与吉尔吉斯斯坦都积极加强两国间人文交流合作具体的项目，合作的重要因素之一是教育、科学和文化领域，吉尔吉斯斯坦和中国的大学、研究所共同创建各种项目，以研究邻国的历史、文化、语言和传统，中国与吉尔吉斯斯坦人文交流合作的重要目标在于促进各国的文化和社会经济发展，共建"一带一路"倡议团结人力资源，以创建共同的项目，使人们能够了解"丝绸之路"沿线各国人民的古代和现代发展的历史和文化。近年来，在中国和吉尔吉斯斯坦的科学界中，加强了对吉尔吉斯人古代和中世纪历史领域研究的趋势。从共建"一带一路"倡议与吉尔吉斯斯坦发展战略对接角度来看，民心相通概念是两国战略对接的重要环节，是两国之间架设起的重要桥梁，只有在促进人文交流合作的条件下，两国才能够成功地进行共建"一带一路"倡议与吉尔吉斯斯坦发展战略对接流程。

"国之交在于民相亲"，近年来，中吉文化交流不断拓展，有力地增进了两国人民相互了解。再加上共建"一带一路"倡议为两国提供了许多有利的条件。中吉双方都注重在合作上提升良好的关系，在文化和社会合作上做好交流。中国与吉尔吉斯斯坦土地接壤，可是两国的文化、宗教、风俗等方面还是不同的，因此中吉要加强在文化上的交流，以理解对方的文化基础，发扬丝绸之路友好合作的精神，广泛开展文化交流、科技交流、教育合作等，为深化双边和多边合作奠定坚实基础。

一、文化交流方面

文化合作交流主要包括思想文化、旅行、文化产品、文化理念、教育等多个方面的交流。自从冷战结束之后，文化因素在国家间的外交层面逐渐被重视起来，文化作为外交的一种手段，愈来愈发挥着更加重要的作用。

自吉尔吉斯斯坦独立以来，在寻求政治稳定、经济发展的同时，也着力于发展文化建设事业，如纪念国内名人、开展文化节、与其他地区进行访问学习以及开展大型文化交流活动等。因此中吉之间的人文交流在两国的合作中起着不可替代的作用，并且符合两个国家的诉求和利益。中国同吉尔吉斯斯坦自古以来就有着不同程度的联系，尤其是丝绸之路的开辟，使得彼此之间的联系更加紧密。独立至今，中吉两国开展了各种各样的主题文化节、旅游节、舞蹈节、民俗展示或诗歌比赛等。中吉之间的人文交流合作可以说比经济政治领域的合作承载着更大的责任。随着两国间人文交流持续推进，中吉旅游年、中吉旅游合作论坛、共建"一带一路"倡议研讨会等已成为加强吉尔吉斯斯坦旅游宣传和推动双方文化交流的有效途径。长期而深刻的人文领域的交流合作，使得吉尔吉斯斯坦的人民更加深入地了解中国，认知疏离逐渐消除，双方的友谊和信任不断推进，为双方的长久合作打下了坚实的基础。

文化交流活动内容愈加丰富。2007 年 8 月，中国文化部组织中国艺术团在吉尔吉斯斯坦举办了"中国文化节"活动。2008 年 9 月，吉尔吉斯斯坦在中国举办了"吉尔吉斯斯坦文化日"的活动，吉尔吉斯斯坦的艺术家们在中国表演了富有鲜明的民族特色的戏曲、歌舞。2014 年 6 月，中、哈、吉三国联合申报的"丝绸之路长安—天山廊道路网"获得审议通过，列入世界遗产名录。这次申报使用的是吉尔吉斯斯坦名额，是中国完成的首个跨国申报项目。同年，中、哈、吉三国联合提出"丝绸之路：起始段和天山走廊路网"申遗保护工作成功，以此项目为主题，展开了一系列文化论坛、艺术交流、领导会议等活动，使得吉尔吉斯斯坦对中国的形象有了新的了解。2015年成立了为服务共建"丝绸之路经济带"倡议的报纸——《丝路新观察》，此报纸在吉尔吉斯斯坦取得了长足的进步，而且成了国内人民非常喜爱的报纸之一。2018年，吉尔吉斯斯坦奥什文化日举行城市活动的时候，加入了中华文化表演节目，关于中华文化节目的表演能出现在吉尔吉斯斯坦的盛大节日里，这体现出两国文化的深入交流。2018—2019年中吉两国共同举办了纪念吉尔吉斯斯坦著名作家钦吉斯·艾特玛托夫90周年诞辰系列活动。2019年3月，中国新疆维吾尔自治区克孜勒苏柯尔克孜自治州艺术团赴吉尔吉斯斯坦演出，中国艺术家的演出给比什凯克观众留下了美好印象。同年6月，在中国国家主席习近平访问吉尔吉斯斯坦前夕，中国的中央歌剧院将歌剧《玛纳斯》带到比什凯克。这部歌剧虽然用中文演出，却深深打动了吉尔吉斯斯坦观众，演出在吉尔吉斯斯坦社会引起轰动。2019年6月，在上海合作组织比什凯克峰会前夕，应热时任总统恩别科夫邀请，中国的中央歌剧院赴吉尔吉斯斯坦演出中文歌剧《玛纳斯》，精彩的演出在吉尔吉斯斯坦引起轰动。2021年7月，中国隆重庆祝了中国共产党建党100周年，吉尔吉斯斯坦表示祝贺；两国共同致力于中吉两国人民共同文化瑰宝长篇史诗《玛纳斯》的保护和传承。"学习中文热""赴华留学热"在吉尔吉斯斯坦方兴未艾，孔子学院和孔子课堂成为吉尔吉斯斯坦青年学习中文和中国文化的热门去处。

二、科技交流方面

中国同吉尔吉斯斯坦自建交以来在科学方面也有所交流合作。中吉签署了三份关于科学技术的合作协定，分别是中吉政府科学技术合作协定，中吉气象科技合作协议，中吉关于卫生保健、医学科学和药学领域的合作协议。早在1992年，中国就邀请了吉尔吉斯斯坦邮电部人员来华参加欧亚光缆通信工程研讨会。而对于人文社科方面的交流合作，中吉之间还开展了不少的学术交流活动，诸如此类交流活动使得高校之间、研究机构之间联系紧密。

三、教育合作方面

在中亚地区独立后，中国特别关注和中亚国家之间的关系往来。随着世界上对于汉语和中华文化研究的热潮的兴起，在中亚地区也兴起了对汉语学习的一股潮流，并且在共建"一带一路"倡议的推动下，中国和吉尔吉斯斯坦之间展开了多方面深度的合作，这也就使得吉尔吉斯斯坦对于掌握了汉语的人才尤其需要，于是愈来愈多的年轻人才投入到了汉语和中华文化的学习中，为了顺应这种发展潮流，中国积极参与关于推广汉语和传播中国文化的活动，对于吉尔吉斯斯坦的汉语教育活动全面支持。

教育领域的合作与交流也是中吉两国人民和睦相处的重要方式。中方每年向吉方提供约300个奖学金名额。目前，有5 000多名吉尔吉斯斯坦学生在中国的大学学习，未来他们将成为中吉友好的使者。在文化交流的过程中，孔子学院起到了不可忽视的作用，儒家优秀文化作为在历史中积淀下来的中华文化的精华部分，构成了中华人民的人格和民族特性，在与吉尔吉斯斯坦进行交往的过程中发挥着重要的作用，对于传播中国文化、两国之间的文化交流、汉语的学习等起到了极大的推动作用。

吉尔吉斯斯坦教育部自从和中国签订了在吉尔吉斯斯坦建设孔子学院的协议之后，在国内执行得很好，每年都举行了中国文化节的活动，在部分大学还开设了汉语专业的学习，从而为两国之间的良好交流提供了更好的媒介载体。截至2019年年底，吉尔吉斯斯坦开设有四所孔子学院，每年约有4 000名学生在吉尔吉斯斯坦比什凯克、奥什和贾拉拉巴德的四所孔子学院和21个孔子课堂学习汉语和中国文化。中方援建的比什凯克第95中学成为当地最受欢迎的学校之一。孔子学院在当地汉语学习教育活动中起到了一个主要作用，不仅注重理论的研究和学习，更重视实践的效果，积极培养学习汉语的环境和文化氛围，培养了大量的汉语人才。现在孔子学院发展出了更为丰富的形式，并通过多样的方式在吉尔吉斯斯坦人民之间传播中华文化，增强了两国人民之间的文化亲近感。除了在吉尔吉斯斯坦大量培养汉语人才，中国国内高校也积极地开展了小语种教学，为适应共建"一带一路"倡议的发展提供了人才方面的支持。中国部分高校很早就开展了民族语言的教学和研究活动，同吉尔吉斯斯坦之间签订了联合办学的协议。此外，吉尔吉斯斯坦的部分领导人被授予了中国国内大学的荣誉学位，通过这一政策，中国同吉尔吉斯斯坦高校间的联系进一步密切，促进了两国教育教学领域的合作。孔子学院建设、在对方图书馆开办主题国文化展览和设立对方国家的文化中心，以及在运动体育项目中相互支持，共同举办和参加各种国际赛事等，都成为双方开展文化合作的优秀领域。中方设在奥什的孔子学院，成为中国首批海外孔院设立本科招生专业的教育机构，开中国国际教育先河，取得了突出成绩。《习近平谈治国理政》第一卷吉文版首发式在吉尔吉斯斯坦成功举行。

习近平主席指出，人民友好是促进世界和平与发展的基础力量，中国人民愿意同世界各国人民和睦相处、和谐发展，共同促进人类和平与发展的崇高事业。相信在中吉双方共同努力下，两国人民的相互交流必将不断深入。

第四节　中吉友好关系前景展望

吉尔吉斯斯坦是中国西部的重要邻国，密切中吉合作对中国有着极为重要的作用，未来发展前景大有可为：

第一，充分利用上海合作组织、亚洲相互协作与信任措施会议、"中亚五国+中国"（C5+1）、中亚区域经济合作（CAREC）等多边合作机制和平台，全方位推进与吉尔吉斯斯坦务实合作，加大对"三股势力"、跨国有组织犯罪和毒品走私打击力度，进一步推动两国"一带一路"共建，打造政治互信、经济融合、文化包容的利益共同体、命运共同体和责任共同体。

第二，继续保持和密切中吉高层间的合作与交流，密切关注吉尔吉斯斯坦政局变化，在吉尔吉斯斯坦问题上与俄罗斯保持密切合作和一致性，建立中国+吉尔吉斯斯坦+俄罗斯的合作模式，形成共同繁荣的紧密合作关系。吉尔吉斯斯坦政局变化大，常有"黑马"突起，中国应与吉尔吉斯斯坦目前活跃的各方政治力量保持接触与联系，提前做好防范措施。

第三，进一步推动中吉两国"一带一路"建设，提升产能合作水平。吉尔吉斯斯坦是最早支持和参与共建"一带一路"倡议的国家之一，双方要加强共建"一带一路"倡议同吉方"2040年发展战略"对接，促进贸易平衡发展，稳步推进产能合作。中吉两国合作已经有一批重大项目取得了进展，这些项目投入了大量的资金、技术和人才，对两国经贸合作发展起着引领作用。

第四，重视中国在吉尔吉斯斯坦海外利益保护，提高应对和解决突发事件的能力，中方在涉及投资合作、资源开发、债务问题等方面应采取谨慎态度，及时处理中资企业在吉合作中出现的问题，避免问题扩大化以及在吉尔吉斯斯坦政局动荡的敏感时期被人利用成为反华借口。

第五，在上海合作组织框架内建立中国—中亚国家信息交流机制，尽可能充分地互换和交流双边最新的信息，增进相互间了解与信任。中亚地区一些普通民众对中国缺乏信任，存在很多误解，获取信息的渠道依赖于西方等所谓主流媒体对中国的报道。

第六，联合国内研究力量，加大对吉尔吉斯斯坦跟踪研究的力度，中国在吉尔吉斯斯坦有重要的战略利益，扎帕罗夫新政府上台后政策变化，尤其是对华政策和对华投资态度应引起我们高度关注。

第七，充分发挥区位、人文优势，进一步推动中国与吉尔吉斯斯坦的经贸合作。中国与吉尔吉斯斯坦直接相连，开放有两个国家一类口岸。吉尔吉斯斯坦是中国的重要贸易伙伴，然而近年来，受各种因素的制约，中国对外贸易出现大幅下挫，对中亚国家出口贸易合作下降明显。中国应充分发挥区位、人文优势，统筹运用国际国内两个市场、两种资源，进一步推动与吉尔吉斯斯坦的经贸合作。

第八，经贸合作是推动中吉全面战略伙伴关系深入发展的重要力量。长期以来，中吉经贸合作形成了以下特点：一是双边贸易快速发展。自吉尔吉斯斯坦独立以来，中吉两国贸易规模不断扩大，水平不断提升，中国曾多年保持吉尔吉斯斯坦第一大贸易伙伴国的地位以及第一大进口来源国的地位。但是，受新冠病毒感染疫情的影响，2020 年中吉贸易额出现大幅下降，现在双方正共同努力，不断提升口岸过货能力，逐步恢复经贸合作水平。二是投资合作持续提升。近年来，中国一直是吉外商直接投资主要来源国。中国的直接投资为吉实体经济发展注入了活力，创造了大量就业岗位，取得了良好的经济和社会效益。三是共建"一带一路"倡议的合作亮点纷呈。双方积极推动国际骨干通道建设，有力地促进了贸易和运输的便利化。在中国政府的支持和帮助下，吉尔吉斯斯坦使用中国的援助和贷款实施了一批民生项目，为吉尔吉斯斯坦民众带来了福祉，夯实了两国友好的民意基础。疫情给中吉经贸等务实合作带来了挑战，我们相信，在中吉双方的共同努力下，中吉经贸合作一定能够克服困难，迎来高质量发展的新时期。

一是技术提高。虽然这十几年来吉尔吉斯斯坦在经济和其他方面有着很好的发展，但是吉尔吉斯斯坦的技术仍然较落后。吉尔吉斯斯坦缺少发展技术的资金和技术专家等，因此在技术方面上吉尔吉斯斯坦必须要靠其他国家，如电器、机电产品等 100% 是从国外进口，本国无法生产这一系列的产品，导致吉尔吉斯斯坦每年都要多付基本费用，从而影响吉尔吉斯斯坦人民的消费。共建"一带一路"倡议吸引了许多中国和其他共建国家商人向吉尔吉斯斯坦投资做生意，吉尔吉斯斯坦的各种技术借此逐渐改善发展，同时，吉尔吉斯斯坦也有了更多机会向中国与其他共建国家学习并提高技术。

二是促进产品出口。吉尔吉斯斯坦地理位置优越，自然资源丰富，可以为许多国家提供货物出口。吉尔吉斯斯坦在"一带一路"共建背景下存在巨大的促进产品出口的机会，出口贸易有了新的机遇。吉尔吉斯斯坦与共建国家之间的合作机构将会更加便利和简单，从而能够积极展示国内的精致的产品、繁多的产品类型，进而促进国内产品被更广泛地宣传到共建国家，吸引共建国家的商人和消费者，提高吉尔吉斯斯坦经济水平。

三是资金援助。吉尔吉斯斯坦与中国从古至今有着友好的关系，在文化、经济、政治上都有着密切的沟通和交流，两国合作日益顺利。自从吉尔吉斯斯坦开始与中国合作，吉尔吉斯斯坦持续收到中国的资金援助，使吉尔吉斯斯坦的经济进一步发展。如今"一带一路"倡议给吉尔吉斯斯坦带来了更多资金援助的机遇，并为中国与吉尔吉斯斯坦和其他共建国家提供了经贸合作的便利。吉尔吉斯斯坦是相对较新独立的国家，国内的企业品类尚未齐全，仍有许多空位可提供给新企业，此外，吉尔吉斯斯坦的地理优势明显，位于转口贸易中心之处，这些对外资有很大的吸引力。因此吉尔吉斯斯坦在"一带一路"建设背景下将吸引更多外资的兴趣与资金援助，不仅是中国外资，而且其他共建国家也开始关注吉尔吉斯斯坦并表示愿意合作。

四是跨国铁路。中国已建设并开通了中吉乌公路，该公路对吉尔吉斯斯坦而言十分有利。2017 年 12 月 25 日，吉尔吉斯斯坦和乌兹别克斯坦工作组在塔什干进行磋商中吉乌铁路项目，吉尔吉斯斯坦总统表示中吉乌铁路是一个具有战略意义的项目，有益于国家的经济发展。吉尔吉斯斯坦交通的便利，将更多地消除经贸交通上的障碍。

当前，中吉关系已经步入"而立之年"。建交 30 多年以来，中吉关系经受住国际和地区形势风云变幻考验，始终保持健康稳定发展的势头。在两国领导人的战略引领和亲自推动下，中吉关系实现了从睦邻友好到战略伙伴，再到全面战略伙伴的历史跨越。当前，中吉关系处于历史最高水平，两国已成为相望相亲的好邻居、互学互鉴的好朋友、合作共赢的好伙伴、彼此信赖的好兄弟，中吉双方将继续携手前行，共同推动建设中吉命运共同体。

参考文献

捷连季耶夫，1983. 征服中亚史 [M]. 新疆大学外语系，译. 上海：商务印书馆.

亨廷顿，1989. 变化社会中的政治秩序（中译本）[M]. 上海：三联书店.

汉布里，1994. 中亚史纲要 [M]. 吴玉贵，译. 北京：商务印书馆.

赵常庆，1999. 中亚五国概论 [M]. 北京：经济日报出报社.

孟楠，2000. 俄国统治中亚政策研究 [M]. 乌鲁木齐：新疆大学出版社.

马大正，冯锡时，2000. 中亚五国史纲 [M]. 乌鲁木齐：新疆人民出版社.

阿卡耶夫，2001，直言不讳 [M]. 耶尔波里，译. 北京：国际文化出版公司.

孙壮志，2001. 中亚新格局与地区安全 [M]. 北京：社会科学出版社.

阿卡耶夫，2002. 难忘的十年 [M]. 武柳，等译. 北京：世界知识出版社.

刘庚岑，陈联璧，吴宏伟，2002. 中亚民族与宗教问题 [M]. 北京：中央民族大学出版社.

徐亚清，2003. 中亚五国转型研究 [M]. 北京：民族出版社.

潘志平，2003. 中亚的地缘政治文化 [M]. 乌鲁木齐：新疆人民出版社.

丁笃本，2004. 中亚通史：现代卷 [M]. 乌鲁木齐：新疆人民出版社.

傅仁坤，2005. 发现中亚 [M]. 北京：三文印书馆有限公司.

刘庚岑，徐小云，2005. 列国志·吉尔吉斯斯坦 [M]. 北京：社会科学文献出版社.

杨恕，2005. 转型的中亚与中国 [M]. 北京：北京大学出版社.

王沛，2006. 中亚五国概况 [M]. 乌鲁木齐：新疆人民出版社.

祝政宏，2006. 中亚地区安全与大国因素 [M]. 乌鲁木齐：新疆大学出版社.

汪金国，2006. 多种文化力量作用下的现代中亚社会 [M]. 武汉：武汉大学出版社.

王治来，2007. 中亚通史：古代卷 [M]. 乌鲁木齐：新疆人民出版社.

奥卡特，2007. 中亚的第二次机会 [M]. 李维建，译. 北京：时事出版社.

郑羽，2007. 中俄美在中亚 [M]. 北京：社会科学文献出版社.

陈达，2007. 颜色革命：中亚面临的现实抉择 [M]. 兰州：兰州大学出版社.

赵华胜，2008. 中国的中亚外交 [M]. 北京：时事出版社.

焦一强，2010. 从"民主岛"到"郁金香革命"：吉尔吉斯斯坦政治转型研究
[M]. 兰州：兰州大学出版社.

邓浩，2011. 苏维埃时期吉尔吉斯斯坦的民族问题研究 [M]. 北京：中国社会
科学社出版.

赵常庆，2011. "颜色革命"在中亚 [M]. 北京：社会科学文献出版社.

张宁，李雪，李昕韡，2013. 吉尔吉斯斯坦独立后的政治经济发展 [M]. 上
海：上海大学出版社.

孙力，2013. 中亚国家发展报告（2013）[M]. 北京：社会科学文献出版社.

赵常庆，2014. 中亚五国新论 [M]. 北京：昆仑出版社.

包毅，2015. 中亚国家的政治转型 [M]. 北京：社会科学文献出版社.

陆南泉，2015. 曲折的历程：中亚卷 [M]. 北京：东方出版社.

许涛，2016. 中亚地缘政治沿革 [M]. 北京：时事出版社.

PRZEWORSKI A, 1991. Democracy and the market：political and economic reforms
in eastern europe and Latin America [M]. Cambridge : Cambridge University
Press.

BRILLOLCOTT M, 1996. Central Asia's new states [M]. Washington DC：United
States Institute for Peace.

LUBIN N, 1999. Calming the fergana valley：development and dialogue in the heart
of central Asia [M]. London & New York：The Century Foundation Press.

EVERETT-HEATH T, 2003. Central Asia aspects of transition [M]. London & New
York：Routledge Press.

RUMER B, 2005. Central Asia at the end of the transition [M]. London & New
York：Routledge Press.

COLLINS K, 2006. Clan politics and regime transition in Central Asia [M]. Cam-
bridge：Cambridge University Press.

MCMANN K M, 2006. Economic autonomy and democracy hybrid regimes in Russia and Kyrgyzstan [M]. Cambridge: Cambridge University Press.

ASLUND A, 2006. How capitalism was built: the transformation of central and eastern Rurope, Russian, and Central Asia [M] Cambridge: Cambridge University Press.

KARAGIANNIS E, 2010. Political islam in Central Asia the challenge of Hizbut – Tahrir [M]. London & New York: Routledge Press.

OMELICHEVA M Y, 2011. Counterterrorism Policies in Central Asia [M]. London & New York: Routledge Press.

MÜLLER – BÖKER U, 2011. Making a living in uncertainty: agro – pastoral livelihoods and institutional transformations in post-socialist rural Kyrgyzstan [M]. Zurich: University of Zurich.

ENGVALL J, 2011. Flirting with state Failure: power and politics in Kyrgyzstan since independence [M]. Washington: Central Asia – Caucasus Institute & Silk Road Studies Program.

BUGAZOV A, 2013. Socio-cultural characteristics of civil society formation in Kyrgyzstan [J]. Sik Rood Paper (8): 78.

CUMMINGS S, 2013. Domestic and international perspectives on Kyrgyzstan's "Tulip Revolution": motives, mobilization and meanings [M]. London: Routledge Taylor & Francis Group.

DAGIEV D, 2013. Regime transition in Central Asia [M]. London & New York: Routledge Press.

OHN ANDERSON, 2013. Kyrgyzstan: Central Asia's island of democracy? [M]. London: Routledge Taylor & Francis Group.

DAGIEV D, 2014. Regime transition in Central Asia stateness, nationalism and political change in Tajikistan and Uzbekistan [M]. London & New York: Routledge Press.

RUMER B, 2015. The gathering storm in Central Asia [M]. London: Routledge Taylor & Francis Group.

SCOTT D, 2016. The management of public services in Central Asia: institutional transformation in Kyrgyzstan [M]. London & New York: Rouledge Press.

CORNELL S E, STARR S F, 2018. Modernization and regional cooperation in Central Asia: a new spring? [M]. Washington: Central Asia-Caucasus Institute & Silk Road Studies Program.

GLEASON G, 2018. The Central Asian states: discovering independence [M]. Oxford: Westview Press.

SVANTE E, CORNELL S, STARR F, 2019. A steady hand: the EU 2019 strategy and policy toward Central Asia [M]. Washington: Central Asia - Caucasus Institute & Silk Road Studies Program.

附录

附录一　吉尔吉斯斯坦政府部门和相关机构一览

1. 外交部

地址：57Erkindik　bl. Bishkek

电话：00996-312-620545

网站：www. mfa. kg

2. 财政部

地址：58Erkindik　bl. Bishkek

电话：00996-312-660504

网址：www. minfin. kg

3. 经济部

地址：106Chuy Pr. Bishkek

电话：00996-312-625237

网址：www. mert. kg

4. 投资促进署

地址：106Chuy Pr. Bishkek

电话：00996-312-623844

网址：www. invest. gov. kg

5. 农业和土壤改良部

地址：106Chuy Pr. Bishkek

电话：00996-312-655237

网址：www. mert. kg

6. 交通部

　　地址：42Lsanova　st. Bishkek

　　电话：00996-312-610211，664781

　　网址：www. mtk. gov. kg

7. 国防部

　　地址：26Logvineko Bishkek

　　电话：00996-312-661804

8. 内务部

　　地址：469Frunze　Bishkek

　　电话：00996-312-662450

9. 国家地质和矿产资源署

　　地址：2Erkindik bl. Bshkek

　　电话：00996-312-300706

　　网址：www. geo. gov. kg

10. 国家环保与林业署

　　地址：228Toktgul st. Bishkeke

　　电话：00996-312-352727

11. 海关总署

　　地址：4a Sovetskay st. Bishkek

　　电话：00996-312-511899

　　网址：www. customs. gov. kg

12. 国家税务服务总局

　　地址：219Chuy pr. Bishkek

　　电话：00996-312-61106

　　网址：www. sti. gov. kg

13. 司法部注册局

　　地址：32Molodoya　Gvardiya bl. Bishkek

　　电话：00996-312-656494

　　网址：www. minjust. gov. kg

14. 国有资产管委会

　　地址：151Moskovskayast. Bishkek

　　电话：00996-312-615187

　　网址：www. spf. gov. kg

15. 劳动就业部

地址：106Chuy pr. Bishkek

电话：00996-312-625236

16. 工商会

地址：107Kievskaya　st. Bishkek

电话：00996-312-613873

附录二　《中华人民共和国和吉尔吉斯共和国关于进一步深化全面战略伙伴关系的联合声明》

2019 年 6 月 13 日，中国和吉尔吉斯斯坦发布关于进一步深化全面战略伙伴关系的联合声明。声明指出，中方提出的共建"一带一路"倡议和吉尔吉斯斯坦《2018—2040 年国家发展战略》对接合作潜力巨大，将本着互利共赢的原则寻找更多利益交汇点，努力实现共同发展。

全文如下：

应吉尔吉斯共和国总统索隆拜·沙里波维奇·热恩别科夫邀请，中华人民共和国主席习近平于 2019 年 6 月 12 日至 13 日对吉尔吉斯共和国进行国事访问。

两国元首在信任、热烈、友好的气氛中举行会谈，高度评价中华人民共和国和吉尔吉斯共和国（以下简称"双方"）建交以来各领域合作取得的丰硕成果，就进一步提升双边关系水平、深化互利合作以及共同关心的国际和地区问题深入交换意见，达成广泛共识。

双方高度评价 2002 年 6 月 24 日签订的《中华人民共和国和吉尔吉斯共和国睦邻友好合作条约》、2013 年 9 月 11 日签订的《中华人民共和国和吉尔吉斯共和国关于建立战略伙伴关系的联合宣言》、2014 年 5 月 18 日签订的《中华人民共和国和吉尔吉斯共和国关于进一步深化战略伙伴关系的联合宣言》、2018 年 6 月 6 日签订的《中华人民共和国和吉尔吉斯共和国关于建立全面战略伙伴关系的联合声明》以及其他双边条约和协议的重要历史和现实意义，认为上述条约为两国关系发展奠定了坚实的国际法基础。双方重申将恪守两国建交以来签署的双边文件中确定的基本原则和精神，进一步巩固睦邻友好关系，深化互利合作与协作，实现共同发展与繁荣。

双方一致认为，2018 年 6 月中吉建立全面战略伙伴关系以来，两国政治互信达到高水平。为进一步深化中吉全面战略伙伴关系和各领域合作，巩固两国人民传统友好，促进地区和世界的和平稳定与繁荣，双方声明如下：

一

双方一致认为，进一步深化中吉全面战略伙伴关系符合两国和两国人民的根本利益。双方将本着相互尊重、平等相待、互利共赢的原则，推动中吉全面战略伙伴关系迈上新台阶。

双方强调，高层交往对双边关系发展具有引领作用，将继续保持两国领导人互访和在各类国际活动框架内会晤的良好传统，就发展双边伙伴关系和共同关心的国际和地区问题定期交换意见。

双方将落实两国领导人达成的各项共识，继续推动两国立法和行政机构、社会团体开展合作，扩大和深化政治、经贸、人文、安全等各领域合作。

双方重申，政治互信是中吉全面战略伙伴关系的基础。双方将继续在涉及国家主权、安全和领土完整等核心利益问题上相互支持。双方不参加任何损害对方主权、安全和领土完整的联盟或集团，也不同第三国缔结此类条约。双方不允许第三国、任何组织、团体或人员在本国领土上从事损害对方国家主权、安全和领土完整的活动。

吉方坚定奉行一个中国原则，重申中华人民共和国政府是代表全中国的唯一合法政府，台湾、西藏是中国领土不可分割的一部分。吉方反对任何形式的"台湾独立"，支持两岸关系和平发展和中国政府为实现国家统一所作的一切努力。

吉方高度肯定中华人民共和国政府在保护新疆维吾尔自治区各民族文化多样性和宗教信仰自由方面所作的努力，支持中方为维护新疆安全、稳定与发展所采取的措施。

中方高度评价吉尔吉斯共和国独立以来在国家建设事业中取得的成就，坚定支持吉尔吉斯斯坦人民自主选择的发展道路和吉尔吉斯斯坦政府为维护国家内部稳定、促进社会经济发展所采取的措施。

二

吉方支持中方"一带一路"倡议。双方认为，"一带一路"倡议通过实施重大合作项目对促进双边关系发展、巩固地区合作具有重要意义。双方指出，中方提出的共建"一带一路"倡议和吉尔吉斯斯坦《2018—2040 年国家发展战略》对接合作潜力巨大，将本着互利共赢的原则寻找更多利益交汇点，努力实现共同发展。

双方高度评价今年 4 月在北京举办的第二届"一带一路"国际合作高峰论坛，愿根据在论坛期间达成的重要共识，推动高质量共建"一带一路"。吉方认为习近平主席提出的构建人类命运共同体具有划时代和历史意义。

双方将充分利用中吉政府间经贸合作委员会及其下设中国新疆-吉尔吉斯斯坦工作组机制，深挖合作潜力，进一步扩大贸易规模、优化贸易结构和程序，推动双边贸易平衡发展。

双方愿深化交通领域合作，进一步扩大跨境和过境运输能力，充分挖掘中吉乌（兹别克斯坦）公路的运输潜力，为双边和区域经贸发展创造良好条件。双方愿继续保持沟通，商讨技术参数，稳步推进中吉乌铁路相关工作。

双方将加强农业领域合作并共同推动建立双边农业合作平台。扩大在种质资源交换、农业技术示范、兽医和动物检疫、农业机械以及人员培训等方面的合作。双方将鼓励和支持两国企业开展育种、农产品加工、发展节水技术、农业投入品领域的合作。中方欢迎吉尔吉斯斯坦优质、绿色农产品对华出口，愿与吉方共同开展相关准入工作。

双方将为促进贸易发展创造条件，包括以中国国际进口博览会、中国-亚欧博览会为平台，促进双方企业交流。

双方支持深化两国金融领域合作，将进一步推进双边本币结算，更好地服务双边贸易和投融资等活动。

双方将在中吉政府间经贸合作委员会框架下成立投资和工业合作工作组，统筹推动两国投资、工业等领域合作。

双方支持本国企业赴对方投资兴业，将采取有效措施，改善本国投资环境，严格根据各自国家法律和双边条约切实保护本国境内的对方国家公民和法人的安全与合法权益。

双方愿利用好中吉合作机制，共同协助企业推动实施产能与投资合作重点项目。

吉尔吉斯共和国总统热恩别科夫宣布 2019 年为吉尔吉斯斯坦"地方发展和数字化年"，双方将支持两国加强地方合作，共同落实好《中吉毗邻地区合作规划纲要》，支持两国建立并巩固友好省州和友好城市关系，并认为吉尔吉斯共和国农村清洁饮用水保障项目具有重要意义。

为加强两国商务、旅游等各领域合作，促进人员交往，双方将积极研究采取进一步签证便利化相关措施。

三

双方强烈谴责和反对一切形式的恐怖主义、极端主义和分裂主义，重申"三股势力"是两国和整个地区安全稳定面临的严重威胁。

为共同应对上述威胁和日益严峻的国际和地区安全形势，双方将进一步深化执法安全部门间合作，加强对口部门交流，加大情报信息共享、边境管控、重大活动安保、嫌犯遣返等领域合作，共同打击包括"东突"恐怖势力在内的"三股势力"、对恐怖活动的资助以及将犯罪所得合法化（洗钱）、毒品走私、网络犯罪以及跨国有组织犯罪活动，维护两国和地区安全与稳定。

双方愿进一步加强防务领域的务实合作，继续开展团组互访、人员培训、联合演训等领域交流与合作，共同参与上海合作组织框架内多边防务安全领域合作。

双方将充分落实中吉共建"一带一路"安全保障联合工作组机制的任务，为达成目标，将在上述机制框架内加强安全保障情报信息交流。

四

双方重视人文交流对推动两国关系长远发展的重要意义，愿继续提升人文合作水平，巩固两国关系社会基础，深化两国人民的相互理解和友谊。

双方将巩固教育领域合作，中方将继续在中国院校培养吉尔吉斯斯坦发展经济所需的高素质人才，包括发挥好孔子学院多元交流合作平台作用。

双方将进一步扩大危险废物处理、气候变化等方面的合作，共同开展相关科学研究。

双方愿共同致力于提升预防和应对紧急状态领域合作水平，包括共用先进信息通信技术、共享紧急状态信息、提供救灾援助、建立气象卫星数据共享机制。双方愿加强在上海合作组织等多边机制下的降低紧急状态风险及减轻紧急状态后果领域合作，并探讨共同推动建立"一带一路"防治自然灾害和应对紧急状况国际合作机制。

双方支持加强科技创新领域合作，扩大科技领域交流。中方欢迎吉方参加中方举办的各类技术培训班，并将邀请吉尔吉斯斯坦青年科学家赴华进行短期学习、工作。

双方愿加强卫生、体育、旅游、历史、考古等人文领域合作，密切媒体、文化艺术组织、青年组织、社会组织友好往来，互办文化日、电影日。

五

双方指出，两国在一系列重大国际和地区问题上的立场相同或相近。双方愿进一步加强在联合国、上海合作组织、亚信等多边机制内的合作，共同应对全球和区域性挑战，对双方提出的涉及共同利益的倡议保持协作。

双方支持联合国在国际事务中发挥核心作用，将加强两国在联合国等框架内的协作，促进国际秩序和国际体系朝着公正合理的方向发展。双方认为，安理会改革涉及联合国未来和全体会员国切身利益，需要通过充分民主协商，寻求兼顾各方利益和关切的"一揽子"解决方案，并达成最广泛共识。

双方支持构建开放型世界经济，维护以世贸组织为核心的多边贸易体制，坚决反对单边主义和保护主义，推动贸易自由化便利化，为世界经济稳定发展作出积极贡献。

双方满意地指出，上海合作组织已成为国际关系的重要建设性力量。上海合作组织在有效应对新的威胁与挑战方面潜力巨大。双方将秉持"上海精神"，进一步加强协调配合，尽最大努力不断深化和发展上海合作组织框架内政治、安全、经贸、人文、科技创新等领域合作，共同推动上海合作组织维护地区安全稳定、促进成员国发展繁荣。

中方高度评价吉方为推动举办世界游牧民族运动会所作努力。联合国大会就这一国际体育赛事通过相关决议并获得广泛支持。举办世界游牧民族运动会有助于推动民族历史类体育运动发展和促进文明文化间对话。

双方将继续在联合国和其他国际组织竞选中积极合作。2026 年第 80 届联合国大会全体会议将举行 2027—2028 年联合国安理会非常任理事国选举，中方欢迎吉方作为亚太组成员参选。

吉尔吉斯斯坦担任 2018—2019 年上海合作组织轮值主席国期间，根据《上海合作组织宪章》的宗旨和任务积极开展工作，为进一步巩固和发展上海合作组织框架内的合作注入了新动力。中方祝愿上海合作组织比什凯克峰会取得圆满成功。

中华人民共和国主席习近平感谢吉尔吉斯共和国总统索隆拜·热恩别科夫和吉尔吉斯斯坦人民的热情友好接待，并邀请热恩别科夫总统在双方方便的时候对中华人民共和国进行国事访问。

后记

中吉两国山水相连，世代友好，人民间有着深厚情谊。作为最大的贸易和投资伙伴，中国一直是吉尔吉斯斯坦外交政策推进的主要优先方向之一。随着共建"一带一路"倡议的稳步推进，中国与吉尔吉斯斯坦在双边和多边框架内不断巩固和深化全面战略伙伴关系，双方的友好合作迈向了新的发展阶段。

在中吉建交30周年的历史时刻，笔者编写此书敬献给广大读者，希望构建一个较为通俗、直观的吉尔吉斯斯坦影像，给大家认识和了解该国提供一个较为便捷、具体和客观的渠道。

"一带一路"沿线国家经济社会发展丛书由新疆社会科学院中亚研究所策划。本书为该丛书其中之一。此书能顺利出版，得到了新疆社会科学院领导和诸多同仁的大力支持与协助。中亚研究所所长石岚研究员从本书的出版计划制订到联系出版单位出版，倾注了大量时间和心血；马媛研究员在本书的资料搜集与翻译工作上给予了巨大的帮助；有着多年驻吉经历的胡红萍副研究员也通过切身感受，时常给笔者讲述吉尔吉斯斯坦见闻并提供了很多珍贵图片，在此表示衷心感谢！

此外，还要郑重感谢西南财经大学出版社的编辑老师们不辞辛苦，本着严谨认真的态度，在审稿过程中不断提供宝贵的修改意见，让书稿更加完善并最终顺利出版。

由于笔者水平和见识有限，书中难免有遗漏之处，恳请各位读者不吝指教，提供宝贵意见。

阿依古力·依明

2023 年 9 月于乌鲁木齐